세 번째 전장,
자궁철제술

세 번째 전장, 자궁절제술 : 의학의 반여성적 폭력과 자본주의 가부장제
Isterectomia : Il problema sociale di un abuso contro le donne

편저자	마리아로사 달라 코스따
옮긴이	박지순
펴낸이	조정환
책임운영	신은주
편집	김정연
디자인	조문영
홍보	김하은
프리뷰	김차랑 · 남승현 · 문주현
초판 인쇄	2024년 12월 24일
초판 발행	2024년 12월 30일
종이	타라유통
인쇄	예원프린팅
라미네이팅	금성산업
제본	바다제책
ISBN	978-89-6195-370-2 03300
도서분류	1. 페미니즘 2. 여성학 3. 사회운동 4. 의료사회학 5. 의료인문학
값	20,000원
펴낸곳	도서출판 갈무리
등록일	1994. 3. 3.
등록번호	제17-0161호
주소	서울 마포구 동교로18길 9-13 2층
전화	02-325-1485
팩스	070-4275-0674
웹사이트	www.galmuri.co.kr
이메일	galmuri94@gmail.com

Korean translation copyright © 2024 by Galmuri Publisher
Korean edition is published by arrangement with the editor Mariarosa Dalla Costa.

일러두기

1. 이 책은 Mariarosa Dalla Costa가 편저한 *Isterectomia : Il problema sociale di un abuso contro le donne*를 완역한 것이다. 번역은 저자가 직접 제공한 원고를 토대로 진행되었으며, 이 책의 이탈리어판은 1998년에 FrancoAngeli 출판사에서, 영어판은 2007년에 Autonomedia 출판사에서 출간되었다. 두 판본 모두 번역에 참조하였다.
2. 외래어로 굳어진 외국어는 표준 표기대로 하고, 기타 고유명사나 음역하는 외국어는 발음에 가장 가깝게 표기하였다.
3. 인명, 책 제목, 논문 제목, 전문 용어 등 고유명사의 원어는 맥락을 이해하는 데 꼭 필요하다고 생각되는 경우를 제외하고는 본문과 각주에서 병기하지 않았으며 찾아보기에 수록하였다.
4. 영어판에서 이탤릭체로 강조된 것은 고딕체로 표기하였다.
5. 단행본과 정기간행물에는 겹낫표(『 』)를, 단체, 선언문, 위원회, 협회, 헌장, 학회에는 가랑이표(< >)를 사용하였다.
6. 옮긴이의 덧붙이는 말 중 짧은 내용은 대괄호([ ])에 넣고 긴 내용은 옮긴이 주석으로 넣었다. 옮긴이 주석에는 * 표시하였다.

차례

- 6   편저자 한국어판 서문
- 11   감사의 글
- 12   마리아로사 달라 코스따의 서문

23   **1장 자궁절제술**
: 여성의 시각으로 본 자궁절제술의 의학적 측면들,
역사적 발달 과정, 그리고 윤리적이고 법적인 쟁점들
마리아로사 달라 코스따

93   **2장 의사-환자 관계의 진화**
주세뻬 뻬릴로

111   **3장 자궁절제술의 진화와 현재의 접근들**
다리아 미누치

131   **4장 의사-환자 관계의 위기 속에서의 동의와 자궁절제술 사례에서의 책임**
빠올로 벤치올리니

세 번째 전장, 갱년기

149	5장 갱년기에 대한 의학적이고 수술적인 대안
	리카르도 사마리따니
171	증언
247	마리아로사 달라 코스따의 후기 : 일 년 후
262	피오렐라 가제따 박사의 공개서한
266	필립뽀 비앙케띠 박사의 갱년기 여성에게 보내는 편지
271	옮긴이 후기
274	글쓴이 소개
282	인명 찾아보기
284	용어 찾아보기

Isterectomia... mi chiede una giovane donna cos'è? È l'asportazione chirurgica dell'utero, un intervento che è molto praticato dalla medicina moderna e che, con questo libro ho cercato di ricondurre all'attenzione sia dei medici che delle pazienti perché non si tratta di un'operazione di lieve impatto sul corpo e sulla psiche della donna, e che quindi dovrebbe essere prescritta solo in casi in cui non ci siano delle alternative valide e poco impattanti.

Ma ciò non è. Spero si taccino le conseguenze negative sia certe che probabili di questo intervento che, se conosciute a maggior ragione con buona probabilità orientato diversamente la scelta della donna. Il problema non riguarda solo l'Italia. Gli Stati Uniti sono il paese leader a questa tendenza. Qui, sin dagli inizi del secolo nostro, con la disponibilità di anestesia, antibiotici e anticoagulanti, c'è stata un'esplosione di isterectomie che si è diffusa in tutto il mondo suscitando nel tempi più recenti sempre maggiori perplessità e autointerrogativi in vari filoni ad iniziare da una stessa.

In questa pagina ho cercato di far parlare i vari soggetti, coinvolti in questo intervento chirurgico. Oltre ai medici e agli operatori sanitari, hanno partecipato a vari momenti di discussione e confronto anche giuristi e studiosi dei diritti umani e, anzitutto le donne che testimoniavano la loro esperienza avendo subito questo intervento. Un altro contributo molto significativo è stato quello di due medici di base che hanno avuto il coraggio di informare le loro pazienti attraverso una lettera affissa in ambulatorio intitolata "Lettera a una utero-censita"

dell'eccesso di isterectomie che si registrava in città invitandole a un incontro per valutare la loro condizione medica e fare in modo da richiedere un intervento di isterectomia. Ed è stato anche grazie alla diffusione di questo libro che il problema di questo intervento specificamente si è imposto fra le problematiche mediche per le quali, non solo in Italia il sistema sanitario è fortemente sotto accusa. Le questioni sul parto e dell'aborto, che furono al centro di grandi mobilitazioni negli anni Settanta e che ottennero una regolamentazione e un trattamento più adeguati, sono oggi sotto tiro. Ma le donne non sono impreparate, mantengono memoria del lungo cammino che le ha portate alle vittorie già ottenute. Occorre dunque attrezzarsi ancora per mantenere i risultati raggiunti e per vincere anche questa terza grande battaglia che il corpo femminile deve affrontare nel suo "percorso vita": l'isterectomia.

Mariarosa Dalla Costa

:: 편저자 한국어판 서문

    자궁절제술… 한 젊은 여성이 내게 묻습니다. 그것이 무엇인가요? 자궁절제술은 자궁을 외과적으로 제거하는 것으로, 현대 의학에서 매우 흔히 시행되는 수술입니다. 이 책을 통해 저는 의사와 환자 모두가 이 수술에 주목할 수 있게 하려고 노력했습니다. 이 수술은 여성의 신체와 정신에 상당한 영향을 주는 수술이기 때문입니다. 따라서 더 적절하고 덜 침습적인 대안이 없는 경우에만 이 수술을 처방해야 할 것입니다.
    하지만 현실은 그렇지 않습니다. 이 수술로 인한 확실하거나 잠재적인 부정적 결과들이 숨겨지는 경우가 많습니다. 만약 이러한 점이 알려졌다면 여성의 선택은 달라졌을 가능성이 높습니다. 이것은 이탈리아만의 문제가 아닙니다. 미국은 이러한 경향에서 선두를 달리는 국가입니다. 지난 세기 초부터 마취제와 항생제 그리고 항응고제의 사용이 가능해지면서 자궁절제술의 시술은 폭발적으로 증가하며 전 세계로 퍼져 나갔습니다. 최근에는 저를 포함한 여러 학자가 점점 더 많은 의문과 우려를 제기하고 있습니다.
    이 책에서 저는 이 외과적 수술과 관련된 다양한 주체의 목소리를 담고자 했습니다. 의사와 의료계 종사자뿐만 아니라 법률가와 인권 연구자 그리고 무엇보다 이 수술을 받은 경험을 공유하는 여성들이 토론과 논쟁에 참여했습니다. 특히 중요한 기여를 한 두 명의 가정의는 용기를 내어 자신들의 도시에서 기록된 과도한 자궁절제술 건수에 대해 환자들에게 알렸습니다. 그들은 자기 병원에 통신문을 게시함으로써 그렇게 하였고 여성들의 건강 상태가 자궁절제술을 진정으로 필요로 하는지를 진단할 수 있는 회의 자리에 여성들을 초대하였습니다. 또 이 책의 보급 덕분에 자궁절제술이라는 이슈는 점차 의료 문제의 초점 중 하나가 되었습니다. 그리하여 자궁절제술은 이탈리아에서뿐만 아니라 [전 세계에서] 의료 체계가 심각한 비판에 직면한 문제 중 하나가 되었습니다.

1970년대에 우리는 출산과 임신중지의 문제를 거대한 사회 운동의 중심에 놓음으로써 승리했고 그 결과 더 적절한 규제와 처우를 얻어 냈습니다. 오늘날 그것이 다시 공격받고 있지만 여성들은 준비가 되어 있으며, 이미 승리로 향하는 긴 여정을 겪어 보았고 또 기억하고 있습니다. 따라서 이미 달성한 성과들을 유지하면서, 여성의 몸이 "삶의 여정"에서 맞닥뜨리게 되는 세 번째 위대한 전투인 자궁절제술에 대항하는 투쟁에서도 승리하기 위해 다시 한번 대비해야 합니다.

2024년 11월 30일

빠도바에서

마리아로사 달라 코스따

모든 여성에게, 그리고 의사에게 바칩니다.

:: 감사의 글

    소중한 식견과 경험을 제공하여 이 책의 완성을 도와준 모든 이들에게 감사합니다. 특히 정교한 통계적 정보를 제공해 준 빠도바 대학교의 마리아 까스띨리오니에게 감사를 전합니다.

:: 마리아로사 달라 코스따의 서문

이 책은 최근 남용되고 있는 자궁절제술hysterectomy에 관한 논의를 시작하기 위해 쓰였다. 여러 서구 선진국에서의 수술 빈도와 시술을 받은 여성들의 경험은 자궁절제술이 남용되고 있음을 분명히 보여주고 있다. 이 수술 방법이 개발된 것은 20세기 이전이었지만, 대부분의 시술은 최근 100년 이내에 이루어졌다. 이미 1800년대에 대서양을 사이에 둔 아메리카와 유럽 양쪽 모두에서 자궁의 병리와 무관한 것이 명백한 다양하면서도 일관성이 없는 범위의 부인과 질환을 위해 자궁절제술과 난소절제술ovariectomy 그리고 음핵절제술clitorectomy이 탈선적인aberrant 외과 수술법으로서 시술되고 있었다. 그 시대에 환자들에게 제공된 외과 수술의 생존율이 극도로 낮았기 때문에 실제 시행의 빈도는 그리 높지 않았지만 말이다. 근본적으로 이러한 수술법은 여성을 처벌하는 수단이자 행동을 통제하는 수단이었으며 남성이 두려워하는 여성이라는 성을 액막이하듯 몰아내고 남성의 의지가 지배할 수 있도록 하는 수단으로 사용되었다.

얼마나 많은 현대의 의료 관행이 역사에 기록된 가장 큰 성적 학살인 마녀사냥에 뿌리를 둔 관행들로부터 비롯된 것일까? 14세기부터 17세기까지 유럽을 뒤덮었던 마녀사냥은, 수십만 명의 산파와 치료사를 다른 가난한 여성들과 함께 끔찍하게 고문하고 화형에 처했다. 마녀사냥을 당한 여성들은 모두 자본주의의 부상이 요구했던 가족 규범들과 남성의 권위 앞에 충분히 고개 숙이지 않은 죄로 다양한 죄명에 따라 처형당했다. 여성의 신체와 그들의 의학 지식은 화형대에서 불타버렸고 그 자리는 국가와 교회가 통제하는 남성의 "과학"과 남성 부인과婦人科 의사들이 차지하게 되었다. 우리의 역사는 이를 바로잡았을까? 아니라면, 자궁절제술은 수많은 이유를 근거로 시술되지만, 그것의 남용은 여전히 여성 신체에 대한 남성의 지배 열망을 다소 은밀하게 품고 있는 것일까? 그리고 이 지배 열망은 하나의 신체가 여성 신체일 수 있게 하는 바로 그것을 **빼앗**고 파괴하기에 여기에서 가장 치명적인 형태를 취한다고 할 수 있지 않을까?

이러한 질문은 수 세기에 걸친 역사라는 관점에서 제기되어 왔으며 그로써 사람들은 그 오랜 기원을 인식하게 되었다. 이러한 오랜 기원은 여성사에서 중심적인 것이었기에 많은 여성 연구자가 이미 유익한 분석을 제시한 바 있다. 오늘날 공식적 과학으로서의 의학의 반反여성적 기원, 특히 부인과 의학의 반여성적 기원은 더는 수수께끼 같은 문제가 아니다. 그러나 시간이 많지 않다. 여성들은 언제나 더 많은 권리를, 무엇보다도 불필요한 고통에서 벗어날 권리를 요구하고 있다. 이러한 이유에서 우리는 현재에 초점을 맞춘 토론을 시작했다. 현재 무엇이 용인되고 있고 무엇이 용인되고 있지 않은지에 관해서, 현재의 불필요한 고통에 관해서, 여성과 남성 모두를 포함하는 시민들의 현재의 권리들에 관해서, 현재 의학이 여성에게 제공하고 있는 것이 합리적인지에 관해서 토론을 시작했다. 그러나 시간이 많지 않다. 여성에 국한하지 않고, 그리고 인간에 국한하지 않더라도 몸은 다양한 "과학"으로부터 물리적 공격을 받고 있고 이에 우리는 우리가 고유한 개체로서 갖는 신체의 권리를 계속해서 주장할 수밖에 없다. 이러한 권리는 개체에 귀속되어 있고 누구나 가지고 있으며, 우리의 주장을 강조하자면, 여성 역시 개체로서 이러한 권리를 갖는다. 여기서 권리란 그 속에서 삶을 만들어가고 지속하고 삶의 끝을 맞이하는 관계망 속에 있는, 살아 있는 자의 권리, 죽어가는 자의 권리, 사망한 자의 권리, 그리고 이들과 관계가 얽혀있는 다른 개체들의 권리를 말한다. 하나의 신체가 또 다른 신체에 연결되고 하나의 개체가 또 다른 개체에 연결되는 경로를 포함한 이러한 신체와 관계의 덩어리를 우리는 "사회적 몸"social body이라고 부른다. 그리고 우리는 관계망과 사회적 몸 안에서 자신의 신체에 대한 주권을 지니고, 살다가 죽음이 찾아와 애도하고 추모하는 엄숙한 순간에 이르기까지 우리 신체에 대한 소유권을 지닌 개체의 권리로서 하베아스 코르푸스[1]를 요구한다.

자궁절제술이 남용되었을 때 부당하게 제거되는 신체 장기에 관한 토론을 시작하면서 나는 죽음과 수정 그리고 착상의 순간에 제거되거나 활용되기도 하는 신체 장기 또는 신체 일부에 관한 또 다른 문제도 염두에 두었다. 또한, 나는 이러한 문제를 다루어 본 여성 및 남성과 가능한 한 빨리 이 문제를 논의해 보고자 했다. 한편, 여기에서 나는 자궁절제술이라는 문제를 탐구하면서 다시 한번 강조하게 된 나의 하베아스 코르푸스에 관해 다음과 같이 선언한다. 나의 하베아스 코르푸스는 인권과 성문법에 기초하여 정당하다고 말하는 것만으로는 부족하며, 점점 더 수용expropriation의 위협과 포위에 노출되고 있는 인간 신체에 대한 열성적인 변호의 일부이다. 신체는 단순히 장기를 담는 그릇이 아니며 기계도 아니다. 신체는 개체 고유의 것으로 모든 개체는 살아가는 동안은 신체를 온전하게 보전하고 묻힐 때는 완전체로 묻힐 수 있는 양도할 수 없는 권리를 가진다.

무엇보다도 시민으로부터의 "암묵적 동의"tacit consent를 근

---

1. * habeas corpus. 신체의 자유를 뜻하는 라틴어로 "내 몸은 내 것이다"라는 뜻이다. 일반적으로 위법한 신체 구속을 당한 사람들의 신체적 자유 확보를 위해 발달한 법률적 제도를 뜻하지만, 여기에서는 법률적 용어로 쓰이기보다는 라틴어의 의미를 그대로 담아 신체에 대한 권리를 주장하는 뜻으로 사용되었다.

거로 하여 장기의 제거를 허가하는 그 어떤 법안도 허용될 수 없다.

자궁절제술은 시술의 과도한 적용으로 사회적 문제가 되어 왔다. 이러한 이유에서 나는 1998년 4월 12일 빠도바 대학교에서 개최된 '자궁절제술: 여성과 의학의 관계에 관한 열린 질문'이라는 학회가 좋은 토론의 장이 될 수 있다고 생각했고 그 결과물을 이 책에 수록했다. 학회를 개최하면서 여성과 남성 학자들, 의사, 사법관, 보건의료인 그리고 현재와 미래의 시민과 환자들이 내는 목소리를 들을 수 있는 장소가 되기를 바랐다. 또한, 〈세계 인권 선언〉 50주년을 맞이하여 여성의 권리를 강조하는 것도 의미가 있을 것으로 보였다. 그리하여 모든 시민과 마찬가지로 모든 여성에게도 신체적 존엄integrity을 유지하는 것이 근본적이면서도 대체 불가능한 선善이며 의학적 절차는 그 존엄이 적절하게 보호되는지를 확인해야 한다고 강조했다. 학회가 진행되는 동안 이러한 요구가 분명해졌고 모두가 여기에 공감했다.

그러나 자궁절제술이 언제부터 왜 시술되었는지를 확인하는 것은 선진 사회만의 문제가 아니다. 이는 여성의 "재생산 건강"reproductive health이라는 쟁점에도 조속히 포함해야 하는 주제이다. 1995년 베이징에서 열린 제4차 세계여성대회의 보고서는 여성의 "재생산 건강"을 열두 개 위기 영역 중 하나로 선정했다. 이러한 결정적인 질문들은 여성 운동과 여성 단체가 특별히 노력해야 하는 목표가 되어야 한다. 그리고 자궁절제술에 대한 문제 제기는 내가 [이 사안에 관해] 페미니스트이자 학자로서 내딛는 첫 발자국이 될 수 있을 것이다. 감사하게도 〈이탈리아 산부인과 협회〉는 1997년 12월 팔레르모에서 개최된 부인과 의학 학회에 나를 초대하여 발언 기회를 주었고 학회에서 같은 질문이 제기되었을 때도 나는 이 문제에 관한 토론의 장을 마련할 수 있었다. 나의 노력은 사회적 문제를 밝히는 데서 그치지 않고 밝혀진 문제에 정면으로 맞서서 희망컨대 더 나은 해결책을 모색하기까지 계속될 것이다. 사실 우리의 삶이 전개되고 새로운 연구가 진화하는 과정에서 전쟁과 죽음의 전략이 점점 더 거대한 모습을 드러내고 있다. 하지만 우선 우리가 안으로부터의 죽음을 거부함으로써 죽음의 생산에 저항하기 위해서는 "불가피함의 미로" 바깥에서 사유하고 행동해야 한다. 많은 사람이 여기에서 다뤄지는 주제에 대해 문제를 제기하지 못한 채로 이 미로에 항복을 선언했다.

왜 자궁절제술이 문제가 될까? 국제적인 부인과 의학 학술지들에서 인정되는 바와 같이 20세기 이후에 자궁관 난소절제술에 주로 동반되는 자궁의 외과적 제거나 난소의 외과적 제거 같은 자궁절제술이 폭발적으로 늘어났다. 하지만 질병의 폭발적 증가로 이러한 절차를 정당화하기에는 그 심각성을 충분히 설명할 수 없다. 이 시기에 마취제와 항응고제 그리고 항생제의 발전으로 이러한 유형의 수술 빈도가 증가했고 이러한 기록은 심각한 문제의식을 불러일으켰다. 미국은 자궁절제술 시술을 선도하는 나라이다. 미국 여성 세 명 중 한 명은 60세 이전에 이 수술을 받으며 64세 미만 여성의 40퍼센트가 이 수술을 받을 것으로 예상된다. 수술 사례의 50퍼센트에서는 합병증이 발생하는데, 이는 지역과 인종 그리고 사회 계층에 따라 큰 차이점을 보였다. 이러한 차이는 의문을 키울 수밖에 없었다. 환자의 변호사들은 이러한 격차가 의학적 훈련과 전문적인 관심사 그리고 경제적 이득의 차이에 의한 것이라고 보고 있다. 이러한 특징은 분명하게 나타나고 있다. 유럽의 비율은 일반적으로 평균에 비해 더 낮지만, 국가 간에는 믿을 수 없을 정도의 상당한 차이가 나타난다. 예를 들어 프랑스와 네덜란드는 비교적 낮은 시술 비율을 보이지만, 이탈리아는 다소 높은 비율을 보인다. 〈이탈리아 산부인과 협회〉는 연간 4만 건의 자궁절제술이 시행된다고 보고하고 있으며 이는 이미 같은 기간 내에 덜 파괴적이고 침습적인 기술이 개발되었음을 고려한다면 너무 많은 것이라고 볼 수 있다. 〈이탈리아 산부인과 협회〉에서는 다른 국가에서와 같이 이러한 (최소한으로 침습적인 수술과 같은) 기법에 대한 정보를 알고 있는 것이 의사의 의무라고 규정한다. 베네토[베네치아를 주도^{州都}로 하는 이탈리아 북

동부 지역] 지역의 자료를 살펴보면 이 지역의 시술 비율이 특히 높고 증가 추세인 것을 볼 수 있다. 1993년부터 1996년 사이에 자궁절제술 시술은 5,909건에서 6,685건으로 증가하여 해당 지역의 여성 네 명 중 한 명은 시술을 받았을 것으로 예상된다. 이는 동일한 데이터를 토대로 산출한 이탈리아 국가 평균인 8명 중 1명이라는 수치의 두 배에 달한다.

그렇지만 나는 이러한 과잉 시술이 어디에서 일어나고 있든지 간에 주된 원인이 단지 구식 훈련 때문은 아니라고 생각한다. 데이터와 더불어서, 부인과 의학에 두 가지 접근법이 있다는 점을 오래전에 알아낸 여성들의 경험이 있다. 한 가지 접근법은 보다 전체론적이며 여성을 개인으로 존중하고 그들의 신체적 존엄을 지킬 권리를 옹호하는 접근법이고, 꼭 필요할 때만 자궁절제술(때로는 난소절제술)을 제안하는 의사들이 대표하고 있다. 다른 하나의 접근법은 기계적이며 환원주의적인 접근으로 "연령에 기반을 둔 접근"이라고도 묘사될 수 있다. 이러한 접근은 완경기가 가까워지면 여성의 난소나 자궁은 더는 불필요해진다고 생각해 환자의 질병이 아니라 연령에 따라 수술을 추천하는 의사들이 대표한다. 이러한 접근법은 이탈리아의 여러 지역에서 나타나고 있으며 또는 많은 지역에서 두 가지 접근법이 공존하여 나타나고 있기 때문에 자궁절제술을 사회적 문제로 만든다. 그래서 우리는 학회에서의 분석과 이 책에

실린 다양한 글을 통해서 이에 대해 문제를 제기하려 한다.

후자의 접근법으로 인해 자궁절제술이 추천되며 중년 여성의 신체를 옭아매는 일종의 그물이 만들어진다. 이 접근법은 연령(또는 여성들이 원하는 만큼의 자녀를 출산하였는가)과 연관되어 있어서 객관적으로 여성이 "자궁을 절제당할" 위험을 증가시켰다. 여성은 충분한 근거도 없이, 단순한 시간의 흐름이나 자궁의 병리적 진행을 이유로 자기 삶에 심대한 육체적·정신적 영향을 미치는 수술을 견뎌내야 했다. 앞서 언급한 데이터와 시술받은 여성의 보고를 살펴보면 조기 진단과 치료법이 마련된 자궁경부암을 근거로 자궁절제술이 제안되는 사례도 있다. 이처럼 병리의 심각성으로 자궁절제술의 빈도 증가를 정당화할 수 있는지 여부를 확인하기 어렵다는 점도 이 접근법의 결과를 명백히 보여주고 있다. 그러나 가장 중요한 것은 많은 여성의 경험에 기록된 바와 같이 이러한 접근이 의사와 환자 사이의 관계적 결함을 극명하게 보여준다는 점이다. 그러므로 우리는 이러한 문제가 발생했을 때 우리가 더 적절한 방향으로 문제의 재구조화에 도움을 줄 수 있기를 희망하면서 이 문제에 각별한 주의를 기울이기로 하였다.

더 일반적으로, 자궁절제술의 남용이 여성의 신체에 대한 부인과 의학의 공격이자 거세적castrating 관행의 정점이라면, 부인과 의학의 폭력성이 자궁절제술의 남용에 그치지 않는다는 점은 명백하다. 약 25년 전 페미니스트 운동과 여성 운동은 출산과 임신중지 그리고 여성 생식기에 대한 특별한 돌봄이 필요한 다른 상황에서 여성이 겪는 불필요한 고통 전반에 관해 비판했다. 그리고 그들의 비판과 행동 덕분에 분명 많은 것이 바뀌었다. 그런데도 많은 질문이 여전히 눈앞에 산재해 있고 또 다른 질문이 제기되는 동시에 기존의 문제는 다시 다르게 나타나거나 악화하기를 반복한다. 출산의 순간에 느낀 굴욕과 불필요한 가학성을 절대 잊지 못한다는 여성 환자는 남성 부인과의사들이 부인과 의학을 여성에 대한 복수의 기회로 활용해 왔다는 결론에 이르렀다는 중요한 증언을 했다. 그녀는 자궁절제술의 남용은 여성이 견뎌왔던 n번째의 신체적 수용expropriation이자 n번째의 폭력적 남성 지배로서 이를 통해 남성 의사들은 여성이 이 사회에서 지니고 있는 여성성이라는 비공식적이지만 실재하는 유일한 힘을 파괴한다고 말했다.

  이 간략한 서론의 고찰을 마무리하면서 나는 오늘날 의학뿐만 아니라 과학 전체의 공격성을 강조하고자 한다. 이러한 공격성은 점점 더 자연의 재생산 역능을 거세하려는 경향을 드러내면서, 한편으로는 희소성을 창출하려 하고, 다른 한편으로는 생명의 재생산 기제를 자본화하여 생명을 실험실에서 만들어지는 상품으로 만든다. 또한, 유명한 에코페미니스트 반다나 시바와 마찬가지로 나 역시 생명과학에 공학이 도입될수록

스스로 재생산할 수 있는 생명의 능력은 그 끝이 더 가까워진다고 믿는다.

사람들이 점점 생동하는 창조 에너지와 경제 자원을 대가로 시장과 실험실에 의존하게 되면서 의학의 공격적 관행은 질병이나 쇠약을 일으키고 불행을 가져왔으며 의학은 이렇게 만들어진 비극의 덕을 보고 있다. 이를 말미암아 의학은 건강에서의 희소성과 재생산 기제의 자본화라는 결과를 가져왔다. 나는 우리가 나눈 토론의 결과가, 사람들이 의학이란 시민에게 봉사해야 하는 것이지 그 반대가 되어서는 안 된다는 점을 기억하는 데 도움이 될 수 있기를 희망한다. 마지막으로, 나는 이 토론을 통해서 여성들이 자신의 신체에 관해 배우고 기초적인 의학 지식을 쌓아서 의학이 여성들에게 무엇을 제공하는지를 적절하게 평가할 수 있기를, 그리고 단 하나의 의학만 존재하는 것은 아니라는 점을 상기할 수 있기를 간절히 바란다.

그의 정체

양심의 시간으로 보자면 인생이 아침이, 추억의
양심의 방다 깊게, 그리고 왕 리진이고 배정이 들
— 마리아나 다란 고스타

"인생이라는 선로"의 정류장들[1]

내가 과거에 여성 문제들women's issues에 대해 학술적이고 실천적으로 참여하는 과정에는 몇몇 근본적인 단계들이 있었다. 그 단계들은 모두 자궁절제술이라는 주제와 거의 직접적이라고 할 수 있을 만큼 관련이 있기 때문에 지금 다시 그것들을 상기해 볼 필요가 있다. 첫 번째는 여성의 몫으로 치부되면서도 보상도 없이 여성의 한평생에 영향을 주는 노동, 즉 다른 인간 존재를 생산하고 재생산하는 노동을 발견한 것이다. 이 일은 임신에서 출산까지, 그리고 양육에서 돌봄까지 다양한 범위의 일을 포함한다. 또 출산과 임신중지처럼 이 노동이 수행되는 중요한 순간들에 [여성이 처하게 되는] 조건들을 분석한 것도 앞서 말한 근본적인 단계들에 포함될 것이다. 내가 다른 생명들을 생산하는 이 생산 주기와 관련하여 임신중지를 언급하는 것은 다음과 같은 이유에서이다. 또 다른 생명의 출산을 포기해야만 하는 극적인 결정은 그때까지의 임신과 임신중지 자체의 고역과 고통이 출산childbearing 노동의 실제적인 일부라는 점을 부정하지 않는다. 출산과 임신중지라는 두 가지 사건을 중심

---

1. 이 책의 1장 「자궁절제술」은 1997년 12월 6일에서 8일까지 팔레르모에서 〈이탈리아 산부인과 협회〉(SIGO)가 주최한 '제1차 상임 산부인과 전문의 회의, 국가 건강관리 서비스와 군진의학'에서의 발표문을 확장한 것이다.

으로 한 페미니즘 운동과 여성 운동 조직의 투쟁은 1970년대에 자발적 임신중지 관련 규제(법안 194/78)[2]를 통과시키고 적어도 일부 병원에 더 인간적인 환경의 분만실을 배치하는 성과를 끌어냈다. 그러나 다른 환경 조건은 오히려 더 퇴행했고 단 몇 킬로미터 떨어져 있는 시설 사이에서도 여전히 뚜렷한 차이가 나타난다. 부인과 의학에 대한 왜곡된 접근과 여성에 대한 기만이 만연했던 수십 년이 지난 후, 문제는 분만을 자연스럽고 비-병리학적인 사건으로 되돌려놓고 여성이 다시 그 사건 자체의 주인공이 될 수 있도록 하는 것이었다. 여성은 자신의 지식과 어머니와 다른 여성들로부터 물려받은 지식 그리고 부인과의사로부터 전해 들은 지식을 결합하여 분만의 방식을 결정하고 분만 과정을 직접 관리하며 고통 속에 방치되지 않고 신뢰하는 사람들로부터 위로받고 도움을 받을 권리를 누릴 수 있어야 했다. 나는 이 글을 효율적으로 쓰기 위해서 이 단계들만을 언급하는 것이 적절하다고 생각했다. 왜냐하면 이 단계들이 의학 담론 그리고 보건 시설 및 노동자들, 특히 의사들이 작동하는 방식과 직접적으로 연결되어 있기 때문이다. 그럼에도 불구하고 더 일반적으로 본다면 건강은 19세기 미국에서 그랬듯이 1970년대 이탈리아와 여러 서구 선진국에서 페미니

---

2. * 1978년 이탈리아에서 통과된 임신중지 합법화 법안.

스트 운동의 토론과 주장initiatives에서 중심적인 사안이었다.

1974년 빠도바에서 우리는 독립적인 자주 관리 센터인 '여성 건강 센터'를 개관했으며 뒤이어 다른 도시에서도 센터들이 생겨났다. 이들은 새로운 '의사-여성' 관계의 예시를 제공하고 여성을 위해 의학(역사적·전통적으로 여성은 치유사나 산파였다)을 재전유하고 우리 몸을 위해 지식을 재전유해야 한다고 생각했다.[3] 이러한 움직임은 의사들의 행동 변화를 일으키고 보건 시설들에서는 근본적인 변형들을 가져오는 수단이 되었다.

또한 1973년 빠도바에서 우리는 처음으로 여성에 대한 임신중지 재판을 정치적 문제로서 제기하였고 이를 바탕으로 앞서 언급했던 법안 통과의 발화점이 된 일련의 주장들을 했다. 이러한 건강 관련 주장들은 공공기관 내에서 중대한 조사 연구를 야기했고 동시에 비난과 투쟁의 쟁점이 되었다. 무엇보다 우리의 주장은 여성에 대한 마땅한 존중을 요구하는 것이었고 의사들이 때로는 저속하고 가학적이기까지 한, 성급하고 피상적인 청문회를 하는 것이 아니라 여성의 요구들에 적절한 주의를 기울여야 한다는 것이었다.[4] 더욱이 출산 시의 어이없는

---

3. 이 시설은 관련 자료가 잘 보여주고 있듯이 대도시에서 개관한 최초의 독립 센터였다. 추가적인 정보와 함께 이후 개관한 센터들과의 경험적 비교로는 조던(Jourdan 1976)의 *Insieme contro. Esperienze dei consultori femministi* (p. 48과 그 이하)를 참조하라.
4. 피아지오(Piaggio 1976)의 *Avanti un'altra. Donne e ginecologi a confronto*에 잘

죽음과 겸자 분만[5]에 따른 장애아의 출산, 그리고 당시의 문헌에 글자 그대로 적혀있는 "전체 자궁절제술이 필요하지 않은 상황에도 종종 실시되는 수술로 여성을 불임으로 만드는" 관행으로부터 여성을 보호하는 환경도 요구했다.[6] 당시에 우리가 나이 든 여성mature women의 자궁절제술에 국한하지 않고 여전히 출산할 능력이 있는 여성에게까지 자궁절제술이 시술되

설명되어 있다. 그러나 이 주제에 관해 경험과 증언 그리고 투쟁의 순간을 기반으로 한 1970년대 문헌은 매우 광범위하다. 따라서 일부 의사의 가학적 행동에 관해서는 6번 주석과 거기에 언급된 문헌들의 예시를 참조하라.

5. * 분만 집게로 태아의 머리를 끌어내 출산하는 방식.
6. 이탈리아 페라라 지역의 〈가사노동 임금을 위한 페미니스트 그룹〉에 의해 편집된 *Dietrola normalità del parto* (1976), p. 145. 이 책은 보건 시설의 상태와 여성의 사회적 운동에 관한 수많은 자료를 수록하고 있다. 빠도바 병원 산부인과에서 단 몇 달 만에 분만 중이던 여성 세 명이 사망하면서 페미니스트 운동 전체와 더불어 〈여성 병원 노동자 그룹〉이 앞으로 나서게 되었다. 이런 사건들은 당시 의료 서비스 분야에서 흔한 일이었다. 이 책은 지능이나 다른 건강 문제가 있는 아이의 출산이 많았던 페라라에 있는 세인트 앤 병원 분만실의 상태를 철저하게 규명하고자 하였다(p. 50). 마취 없이 시술되는 인공 유산 수술과 봉합 같은 불필요한 가학성의 사례도 기록되었다. 또 이 책에는 임신중지 시술의 환경으로 인한 다수의 사망 사례도 기록되어 있다. 현재와 마찬가지로 당시에도 이미 아이나 가족을 돌보고 있는 어머니들이 주로 임신중지를 결정했다. 1976년 4월 7일 빠도바 병원에서 사망한 두 명의 자녀를 둔 27세 여성이 바로 이러한 경우였다. 이 사건은 빠도바시의 여성들이 부인과 의학을 교육하고 실천하는 장소들(대학 강의실과 대학 병원)에서 연좌 농성을 벌이는 것으로 이어졌다. 바로 전날에는 트라파니에서 세 명의 자녀를 둔 25세 여성 로사 M.이 내과의와 산부인과의 사이를 오가며 치료를 받다가 자신도 모르는 사이에 자궁을 제거당하기도 했다. 이 일로 그녀의 남편이 떠나버렸고 그녀는 임신중지를 한 죄로 고소당하여 3년 형을 선고받았다.

고 있다는 점에 관해 비판하고, 투쟁하고, 글을 쓰고, 공론화했다는 점은 오늘날 충분히 기억할 가치가 있다. 나는 여기에서 약 25년 전의 이야기를 하고 있다. 그때의 우리는 꽤 젊었기 때문에 이러한 시술이 나이 든 여성에게 어떠한 영향을 미치는지 개인적으로 경험할 기회는 없었다. 젊은 여성에게까지 시술된 자궁절제술에 대해서 남용의 문제를 제기했을 때, 우리는 우리가 투쟁해 왔던 출산 환경이나 다른 건강 관련 문제에서와 마찬가지로 더 나은 미래가 다가올 것이라는 환상을 가지기도 했다. 우리의 마음과 활기 넘치는 에너지는 다른 곳에 쓰여도 좋을 것처럼 보였다. 그러나 그렇지 않았다. 우리는 출산과 임신중지에 관해 목소리를 냈던 세대의 여성들이었고 이뤄낸 것들이 있었지만, 그 쟁점들은 이후 등한시되는 경우가 많았으며 우리는 자궁절제술의 문제는 전혀 해결되지 않았다는 것을 알게 되었다. 오히려 이 세대는 중장년이 되어서야 여성의 몸이 갖는 "생애 주기"에서 새롭고 커다란 방해물이 되는 문제의 실체를 경험할 수 있었다. 나는 스스로 "다른 분야에 나 자신을 헌신해도 좋은" 사람 중 하나라고 여겼다. 다시 말해서 재생산 노동과 여성이 처한 조건에 관한 토론이 시작되어 일련의 사회, 문화, 법 영역에서의 변화(예를 들어 가족법 및 성희롱에 관한 법률 개편)로 이어졌지만, 경제 영역의 관점에서 볼 때 이러한 변화들은 중요성이 덜하며 여성이 삶의 과정에서 마주하게 될 잘 알려진 문제들과 딜레마들에 주요한 영향을 주는 것도 불가능할 것처럼 보였다. "경제 문제"가 여성이 처한 조건의 핵심 문제인 것처럼 보였다. 그런데 이 "경제 문제"는 1980년대 내내 개선되기보다는 악화하였다. 세계 인구의 점점 더 많은 부분의 삶의 질이 전반적으로 저하됨과 동시에 일어난 일이었다. 이러한 현상은 나로 하여금 1990년대에 발전의 문제를 다시 고찰하게 만들었으며, 그래서 나는 또 다른 더 크고 중요한 문제인 "땅/대지라는 문제"를 고찰하지 않을 수 없었다. 대지 The Earth, terra 7 역시 여성적이며 생성한다. 나는 다음의 결론을 내리게 되었다. "난개발"[8]과 그 과학, 기아·질병·죽음의 확산을 전제로 하는 법률의 남용에 맞서서는 방법은 기술적 도약이 아니다. 오히려 땅의 재생산 역능의 재통합 그리고 토지 경작의 다양화와 함께 땅의 재분배가 이뤄진다면, 여성과 남성은 살아갈 수 있고, 건강을 지킬 수 있으며, 식량을 누릴 수 있다.[9] 1990년대 이

---

7. [영어판 옮긴이] 이탈리아어 terra는 "땅"과 "대지" 모두를 의미한다. [*이탈리아어 terra는 여성형 명사다.]
8. 난개발(maldevelopment)이라는 용어는 개발에 관한 에코페미니즘 관련 문헌에서 자주 사용되며 다른 학문 영역으로도 퍼져 나갔다. "잘못된"의 뜻을 가진 난(mal)이라는 접두사를 의도적으로 남(male)과 유사한 의미를 가진 것처럼 배치하고 있다. 그렇다면 "남성이기 때문에 잘못된 것일까?" 이 독특한 문장에 관한 해석은 독자들에게 열어두고 넘어가겠다.
9. 토지의 수용과 상업적 착취, 화학 물질과 생명공학적 변형으로 인한 토지오염 그리고 국가의 법령이 세계 기아와 빈곤의 주요한 원인이라고 보았던 수많은 남성과 여성 학자들이 이러한 결론을 공유하였다. 토지의 재생산 능력을 회

래로 라틴아메리카에서 인도, 미국으로 확산되어 온 한 운동의 표현을 빌리자면, 그들은 "신선하고 참된 음식"[10]을 나눌 수 있다. 다시 말해서 다른 여성과 남성 학자들과 마찬가지로 나

복시킨다는 것은 인류를 재생할 수 있는 건전한 생태학적 기준에 근거를 두고 농경문화를 재정립하는 것을 의미한다. 토지의 소유권을 사람들에게 돌려주고 생태학적으로 그리고 경제적으로 지속 가능한 농경을 유지하는 것은 사람들이 땅에 뿌리를 내리고 생활을 지속할 진정한 기회를 가지도록 하는 첫 번째 방어선이다. 오늘날 사람들은 이러한 권리와 기회를 빼앗기고 끊임없이 정든 땅을 떠나며 옮겨 다녀야 한다. 이러한 질문들은 내가 공동 편저한 소론의 모음집(M. and G. F. Dalla Costa, 1999)에서 국제 부채를 둘러싼 잘못된 가정에 관한 분석과 함께 제시된다.

10. 1992년 설립된 〈비아 캄뻬시나〉는 오늘날 이 분야에서 가장 큰 조직 중 하나다. 중앙아메리카에서 인도, 프랑스까지 이어지는 농민들의 네트워크이다. 이 단체 설립에 영감을 준 원칙은 "식량 주권"으로 땅을 사용할 권리 그리고 유기농의 기준에 따라 땅을 경작할 수 있는 권리를 의미한다. 이 네트워크 소속인 인도의 〈카르나타카 농부 연합〉은 자연의 씨앗을 조달하고 보존하여 사람들에게 나누어 주는 센터를 설립했고 이를 통해 거대 기업의 실험실 잡종 씨앗이 남용되지 않도록 저항했다. 이러한 실험실 잡종 씨앗은 종자를 맺지 않는 씨앗을 생산하기 때문에 결국 농부들은 매년 "실험실 시장"에 완전히 의존할 수밖에 없게 되었다. 미국의 경우 1990년대에 많은 사람이 대서양 연안에서부터 태평양 연안까지 화학적 독소가 없고 유전적으로 조작되지 않은 신선한 식량을 생산하는 유기농 경작의 재정립을 주장했다. 이러한 목적의 달성을 위해 전국적으로 〈지역사회 식량 안보 연합〉(Community Food Security Coalition)이 초동 조직되었다. 이 연합은 적절한 비용으로 신선한 식량을 지역에 분배할 수 있도록 하는 네트워크를 창출했다. 도쿄의 교외 지역에서는 1960년대에 비슷한 계획이 시작되었다. 나는 1996년 11월 15일 로마에서 식량 농업 기구(FAO)의 회의와 함께 진행된 "음식에 관한 여성의 날" 행사 중 「신자유주의, 토지, 식량에 대한 몇 가지 기록」(Dalla Costa 1997)에서 이러한 문제를 언급했다. 농업을 변화시키고 유기농 원리들에 기반하여 농업을 구축하려는 시도들에 대해서는 Mander and Goldsmith 1996 [2001]을 참조하라.

는 불행과 질병이 없는 길로 되돌아갈 수 있는 유일한 방법은 자연/땅의 재생산 능력의 완전성을 재건하고 존중하는 것이라는 점을 알게 되었다. 이러한 방법이 인류 공동체의 재생산 능력을 보호하는 것과 일치한다는 점은 우연이라고 할 수 없다.

공교롭게도 나는 여성 신체가 처한 자궁절제술의 문제라는 이상하고도 괴로운 사건을 마주하던 시기에 출산과 양육에 대한 여성 노동과 여성 지식 그리고 약물 및 영양분의 생산과 매우 밀접하게 엮여 있는 토지라는 문제를 면밀히 조사하던 중이었다.[11] 땅의 본성nature에 영향을 주고 공격을 가했던 정책과 여성 신체의 성질nature에 영향을 주고 공격을 가했던 정책 사이의 연관성과, 땅과 여성의 신체를 연결하는 공생적 운명이 순식간에 나에게 명료하게 드러났다. 즉 여성의 신체는 인간의 생명을 생성하고 보살피고 땅에서 생성된 생명을 돌보

---

11. 나는 여기에서 수 세기에 걸쳐 특히 토착민 여성이나 더 일반적으로는 세계의 남부 지역의 여성들 사이에서 습득되고 전해진 풍부한 지식을 언급하고 있다. 이 지식은 땅이 회복할 수 있도록 "송두리째 뽑아내지 않고 되돌려줌"(Shiva 1989)으로써 땅에서 영양분을 얻는 방식에 관한 것이다. 이러한 지식은 땅을 "더 생산적"으로 만들고 물이 "불어나도록" 하는 자본주의적 관계와 정책의 확산에 따른 파괴로 지속적인 위협을 받고 있다. 그러나 반다나 시바가 파괴적인 농업 방식과 보수적인 방식 사이의 지속적인 대립과 충돌을 분석하고 전자의 방식이 사람들의 생존 기회와 삶의 질에 미치는 영향을 분석한 자신의 연구 『살아남기』(1989 [1998])에서 현명하게 관찰한 바와 같이 "물은 주어지는 것이지 불릴 수 있는 것이 아니다." 이 여성 저자는 주로 인도에 초점을 두고 있지만, 이는 서구 사회의 삶의 질도 관련된 세계적인 문제이다.

는 노동 속에서 이미 생성, 양육, 경작의 지식을 부정당했고, 이미 자신이 수행하는 노동과 연결된 권리들을 부정당했다. 그리고 여기서는 다시 한번 동일한 기계적 환원주의의 이름으로 더 근본적이고 폭력적인 방식으로 부정당했다. 이 기계적 환원주의는 한편으로는 여성의 신체를 하나의 유기체, 한 명의 인격체로 보기보다는 부품들의 집합으로 보았다. 그리고 다른 한편으로 이 기계적 환원주의는 대지를 인간이 속한 하나의 살아있는 유기체가 아니라 잠재적 상품을 쌓아둔 창고이며 인간은 제한이나 배상 없이 거기에서 가져가고 약탈하며 땅이 가진 생명 재생산 과정을 끊임없이 유린할 수 있는 것으로 보았다. 실제로 자궁절제술에 대한 투쟁은 새로운 것처럼 보이면서도 점점 더 일련의 문제들에 연속되는 예측 가능한 쟁점으로 보이게 되었다. 즉 여성에게 이것은 거세적이고 파괴적인 과학과 정책들에 맞서서 자연의 재생산 역능을 지키는 것 ― 그리하여 자신들의 신체의 완전성과 땅의 완전성을 지키는 것 ― 과 관련된 문제였고 현재도 그러한 문제이다. 또 자연의 재생산 역능들에 관한 여성의 지식을 지키는 것과 관련된 문제였고, 현재도 그러한 문제이다.

역설들

나는 작은 자궁근종에 관한 치료법으로 자궁절제술을 제안받고 처음으로 이 수술을 접하게 되었다. 작은 섬유종은 절대적으로 자궁절제술을 정당화할 만한 질병이 아니었다. 나는 다년간의 페미니스트 경험으로 얻은 강한 자아상에 감사해야 했다. 불필요하고 힘든 수술을 피할 수 있도록 해 주었기 때문이다. 그러나 그 후 여러 의사와 다른 여성들과 만나면서 나는 자궁절제술이라는 선택지가 지난 수년간 나이 든 여성의 신체를 함정에 빠뜨리기 위해 설치된 그물[12]이 되어 왔다는 것을 알

---

[12] 내가 그물(net)이라는 용어를 사용한 것은 아래에서 설명하는 바와 같이 병리의 심각성보다는 환자의 나이에 더 큰 비중을 두는 접근법이 객관적으로 여성의 주변에 산재해 있으며 여성이 단순한 자궁 이상의 증상만으로도 시간이 흘렀다는 이유로 자궁절제술을 당할 가능성이 증가하고 있다는 점을 반영하기 위해서였다. 1997년 11월 17일 로마에서 〈이탈리아 산부인과 협회〉가 발표한 언론 성명서의 자료 역시 우리의 이러한 생각을 지지하고 있다. 보고된 자료에 따르면 이탈리아에서 연간 40,000건의 자궁절제술이 시술되고 있으며 오늘날 많은 병리에 대한 덜 파괴적이고 덜 침습적인 해결책이 있다는 점을 고려할 때 이러한 시술 빈도는 "너무 많다"고 협회는 주장한다. 프란시스코 콜렝기의 1997년 3월 13일 자 *La Repubblica* 사설은 이탈리아에서 극단적으로 많은 자궁절제술이 시술되고 있으며 전 세계적으로도 같은 결론에 도달할 수 있다고 주장했다. 이 연구에서 해외 국가 분석을 위해 활용한 데이터는 내가 아래에서 인용한 영문 자료에서 가져온 것이다. 이 연구는 자궁절제술이 전 세계에서 가장 흔한 수술이며 특히 미국에서는 제왕절개 수술 다음으로 흔한 수술이라는 점을 밝히고 있다. 이탈리아에서 두 수술 중 어느 수술이 더 흔한지는 밝히지 않고 있다. 그러나 최근 통계에 따르면 이탈리아에서 여성은 60세 이전에 6명 중 1명이 이 수술을 받게 될 것이고 미국의 경우 3명 중 1명, 프랑스의 경우 18명 중 1명이다. 콜렝기는 "자궁을 완전히 제거하는 자궁절제술이 너무 흔해져서 부인과의사들은 이제 완경 직전 또는 완경 동안 발생하는 문제의 가장 첫 징후만 나타나더라도 반사적으로 이 수술을 처방하고 있

게 되었다. 이 그물은 조용히 기다리고 있다가 순식간에 여성의 신체를 잡아채고 가두어서 잘라내고 거세하는 수술이 이루어지게 한다. 이러한 방법의 적용은 신체적이고 정신적인 면 모두에서 극도로 유해하기 때문에 다른 해결 방법이 없는 절대적으로 예외적인 상황에서만 정당화될 수 있다. 그러나 마음의 상처로 언급하기를 꺼리는 일부 여성들이 있음에도 여성들이 보고한 시술의 빈도는 그것을 정당화할 만한 심각한 질병의 발생률에 부합하지 않으며, 자궁경부암 같은 질병은 조기 진단법과 치료법이 마련되었다는 점을 고려하면 특히 더 그러하다. 그리고 이러한 빈도는 비교적 작은 자궁근종으로 인한 출혈 등과 같이 이 여성들이 겪은 문제들과도 분명히 상충된다.[13] 나와 아주 가까운 한 사람의 사례에서도 특정한 병리 없

다"라고 말했다. 불필요한 손상과 상해를 가하는 것에 관해 더 신중한 태도를 가지고 더 적합한 접근법을 채택하는 의사들도 있다는 점은 강조할 필요가 있다. 그러나 이 사설에 나타난 자료에 따르면 이러한 관행은 지나치게 일반적이다.

13. 자궁근종은 가장 흔한 자궁 질환 중 하나이며 예외적인 경우를 제외하고 호르몬 치료 또는 수술을 통한 근종 제거와 같은 다양한 방식으로 치료할 수 있다. 이러한 치료법은 자궁 자체는 보존한다. 종종 자궁근종은 완경 동안 사라지기도 한다. 그런데도 미국에서 자궁근종은 자궁절제술 시술의 가장 큰 원인으로 33퍼센트의 비율을 차지한 반면, 암이 원인으로 꼽힌 경우는 11퍼센트에 불과했다. 이탈리아에서도 유사한 연구가 수행되어야 한다. 이러한 연구 결과와 자궁절제술의 원인이 되는 자궁의 병리에 관해서는 *Hysterectomy and Its Alternatives* (1996)에 나타난 표를 참조하라. 이 연구에서는 자궁절제술은 환자의 목숨이 위협받는 상황에서 대안이 없을 때만 시술해야 한다고

이 자궁절제술이 제안되기도 했다. "어느 날" 자궁이 정상 상태보다 약간 더 부어 있었고 부인과의사는 "어쩌면 문제가 될 수도 있다"고 말했다. 여성은 수술을 거부했고 간단한 호르몬 치료 후 짧은 시일 내에 그녀의 자궁은 정상으로 돌아왔다.[14]

앞의 이야기로 되돌아가 보자면 나는 내가 받은 제안의 합리성을 확인하고 나의 거부권을 공식화하는 과정에서 다른 남녀 의사와 여성들 앞에서 이야기할 기회를 가졌다. 나는 보통 난소의 제거를 동반하는 자궁절제술은 매우 불만족스러운 의사-환자 관계가 동반하는 문제라는 점을 점점 더 알게 되었다. 그리고 나는 이 점을 다양한 방식으로 분명히 하고자 한다. 그렇다고 해서 자궁절제술의 시술이 규범이라거나 대부분의 사례에서 타당하다고 가정하지는 않을 것이다. 오히려 나는 시술의 빈도가 심각하게 받아들여져야 한다고 믿는다.

가장 눈에 띄는 점은 의사가 다양한 방법으로 특정한 나이에서는 전체total 자궁절제술이 적절하다고 믿도록 여성들을 유도하여 수술에 대한 환자의 의사 결정을 실제로는 의사가 대

강조하고 있다. 이러한 상황은 세 가지 정도로 나열할 수 있는데 자궁과 난소의 암, 분만 후 멎지 않는 출혈, 심각한 골반 감염 등이 포함된다.
14. 이 사건에 관해 제기된 질문들로 인해 나는 다음의 사실을 밝힐 수밖에 없다. 빠도바 출신의 여성 프란체스카 람파조는 1998년 4월 23일 빠도바에서 열린 학회 '자궁절제술, 여성과 의학의 관계에 관한 열린 질문'에서 자신의 이야기를 공개 발표했다.

신한다는 것이다. 여기에서 병리는 그저 그럴듯한 구실의 역할만 하는 것으로 보인다. 제한적인 크기의 자궁근종15 같은 가장 일반적인 근거가 되는 사례를 고려해 보았을 때 자궁근종절제술이나 자궁경절제술처럼 덜 침습적이며 파괴적인 대안이 있어서 전체 자궁절제술이 정당화될 수 없는 병리의 경우에도 의사는 특정 연령에서 전체 자궁절제술은 권장할 만하다고 주장하기도 한다. 일반적으로 의사들은 대안 치료법을 고려하기는커녕 환자들에게 대안 치료법의 존재조차도 알려주지 않는다. 그리고 여성이 덜 침습적인 치료법에 관한 정보를 물어보면 의사는 "그 나이에" 그런 방법은 가능하지도, 적절하지도 않다고 부인한다. 이러한 대처는 근거가 빈약할 뿐만 아니라 일반적으로 부인과의사를 신뢰하고 있는 여성이 왜 어떤 나이에는 특정 치료 방법이 적합하고 어떤 나이에는 그렇지 않은지에 대한 이해 없이 의사의 이야기를 수용하는 방식으로 마무리됨

---

15. 나는 이러한 상황에서 의학적 관행은 자궁절제술을 권하는 경향이 많기 때문에 이 사례가 더 심각한 상황에도 적용될 수 있는 보편적인 사례라고 생각한다. 예를 들어 뒤에 인용된 한 영어 문헌에서는 호르몬 치료 또는 자궁내막 제거 및 기타 치료법으로 치료될 수 있는 자궁내막 증식증의 경우 40세 이상 여성의 자궁내막 세포에서 암세포 변이가 나타나기 전에 이를 막기 위해 자궁절제술을 시술하는 근거가 될 수 있다고 보고했다(P. Dranov, *American Health*, 1990, pp. 36, 38~41). 분명 이탈리아에서도 유사한 의학적 관행이 있다. 앞서 언급한 SIGO(1997)의 언론 배포자료에서는 이 질병에 대해서 자궁절제술 대신 자궁내막 제거를 권장하고 있다.

으로써 혼란을 일으킨다. 추가적인 설득을 위해서 여성은 끊임없이 "당신 나이에 자궁이 필요할까요?" 그리고 "뭐가 문제죠? 해로워 보이나요? 밖에 다니는 50대 여성의 세 명 중 한 명은 자궁이 없이 돌아다니고 있어요."라는 이야기를 반복적으로 들어야 한다. 만약 여성이 모든 신체 장기의 중요성을 주장하고 나선다면 의사는 "당신은 장기 이식을 반대하고 있군요!"라는 말로 죄책감을 느끼게 할 수도 있다. 여성은 자궁절제술이라는 생각에 실제로 심원한 공포를 느끼지만, 그 공포를 억압하며 자신을 질식시킨다. 왜냐하면 의사가 필요하다고 말한다면, 수술이 필요한 것이 사실일 것이라고 믿기 때문이다. 이러한 환자의 공포감을 의사는 전혀 고려하지 않는다. 왜냐하면 오늘날 환자와의 인간적 관계라는 것은 과거 시대의 낭만적 환상으로 여겨지는 듯 보이기 때문이다. 게다가 앞서 인용된 의사의 말에 반복적으로 나타나는 어조에는 왜 "자연스럽게" 수술을 받아들여야만 하는지를 되풀이하는 전문 용어의 공포 horror of the jargon도 도사리고 있다. 나는 이 분위기에서 항상 나치 Nazi가 느껴진다. 여성의 신체를 위한 일종의 "최종 해결책"을 경험해 본 사람들은 친척이나 친구들 앞에서 그 느낌을 "모든 것을 다 꺼내 가버렸어. 난 이제 완전히 가버렸어."라고 표현했다. 연령에 초점을 둔 주장에서 의사는 이미 앞서 제시된 것과 같이, **자궁과 난소라는 전체 생식기관의 기능이 곧 정지될 것이**

며 불필요하기에 일반적으로 난소가 건강하더라도 제거할 것을 제안한다.16 의사는 자신의 입장을 더 공고히 하기 위해서 암 발병의 위험을 크게 강조하기도 했다. 많은 의사들이 자궁과 난소는 어쩌면 언젠가 암에 잠식될 수도 있다고 말한다. 이것은 모든 것을 통째로 제거해야 하는 또 하나의 이유가 된다. 따라서 이 수술은 너무 많은 경우에 환자가 특정 나이가 되었고 치료가 필요한 어떤 병리를 가졌을 때 유일한 해결책이자 적절한 해결책이며 환자를 더 큰 위험으로부터 보호하는 이점이 있는 것처럼 제안되고 있다. 반면 아래에서 설명하겠지만 실제 수술 경험자들의 증언에서 명백하게 드러나는 수술 자체의 손상과 위험은 체계적으로 숨겨지고 있다.

부정적인 결과 중에서도 가장 먼저 즉각적으로 비난받아 마땅한 것은 이른 시기에 폐경17이 일어나 여성의 몸에 엄청난 해악과 폭력을 가한다는 것이다.18 이는 부인과의사의 **수술 방법 선**

---

16. 45세가 지나면 자궁을 제거할 때 추가로 난소도 함께 제거하는 것이 당연한 진료 기준이다.
17. * menopause. 여성 신체의 생리적인 변화에 따른 월경의 멈춤을 의미할 때 이 단어는 '완경'으로, 자궁절제술과 같은 외과적 개입에 의한 강제 멈춤을 의미할 때는 '폐경'으로 옮겼다.
18. 나는 (양측 난관난소절제술을 동반하는) 자궁절제술이 가장 빈번하기 때문에 완경 전에 시술되는 사례로 가장 먼저 이를 언급한다. 이것은 완경 이후에 시술되기도 한다. 그럴 때 완경 전에 수행되는 경우와 어떤 문제점을 공유하는지에 주의를 기울이고자 한다. 흉터, 자궁 내 구조의 변화에 가져오는 불안, 수혈을 필요로 할 가능성과 관련된 위험 그리고 심리적 상처의 영향과 같은

택으로 인해 즉각 폐경을 하게 된 것이지 자연의 주기에 따라 자연스러운 끝을 맞이한 것이 아니다. 일반적으로 정기적인 월경을 통해 모든 난자를 배출하는 데는 몇 년이 걸린다. 완경이 여성의 신체와 정신 상태에 미치는 부정적인 결과는 매우 잘 알려져 있다. 그런데 이러한 결과는 수술로 인한 폭력적인 변화에 따라 더 악화하고 부정적으로 결합하여 나타나거나, 완곡하게 표현하자면 "부조화" 상태가 된다. 따라서 의사가 여성의 신체에 행할 수 있는 최악의 서비스는 환자가 적절한 이유 없이 이 수술을 받도록 유도하는 것이며 이는 수술 이후 여성을 더는 출산할 수 없는 상태로 만드는 결과와 연결된다.

따라서 왜곡된 관행에 따른 의학적 주장에 입막음당한 여성들이 어떻게 의도적인 폐경 유도에 당혹감과 저항을 표현하는지 강조하는 것이 중요하다. 의사들은 여성이 왜곡된 관행에 대해 감정을 표현하면 "당신은 완경에 접어든다는 사실을 받아들이지 않기 때문에 수술을 거부하고 있는 것입니다."라는 의학적 소견을 통해 죄책감을 느끼게 하고 이러한 관행이 자연스러운 절차인 것처럼 포장한다. 이러한 절차는 역사적으로 강

수술 자체의 영향이 이러한 부정적 결과라고 할 수 있다. 또한, 본문에서 설명하는 부정적인 결과로는 수술이 완경 이후에 자궁이 수행하는 기능까지 제거한다는 점을 들 수 있다. 난소의 경우에도 완경 후에 얼마간은 낮은 수준의 에스트로겐을 생성하며 무엇보다도 여성의 남은 생애 기간에 매우 중요한 안드로겐 호르몬을 생성하기도 한다.

간에 대한 전형적인 재판에서 여성들이 경험했던 것과 마찬가지로 피해자를 가해자로 둔갑시킨다. 또한, 다른 대안이 존재하는데도 여성이 자궁절제술과 난소절제술을 받도록 준비시키는 것은 의심할 여지 없이 의사가 여성에게 저지르는 가장 심각한 침략 행위이다.

나는 앞서 설명한 의사-환자 관계[19]에서 적절한 근거도 없이 환자를 가장 침습적이고 파괴적인 수술로 유도하고 대안의 가능성을 무시하거나 과소평가하는 동시에 수술의 손상과 위험을 언급하지 않는 것은 고지에 입각하지 않은 동의uninformed consent보다 더 나쁜 잘못된 고지에 입각한 동의misinformed consent의 성격을 띤다고 본다. 이러한 경우에 동의는 사기(기만적 동의 deceptive consent)를 통해 얻은 것이며 환자는 얻을 수 있는 정보를 통해 자유롭게 선택사항을 고르지 못하고 일부 잘못 유도된 근거 없는 정보(대안이 부재한다거나 난소절제술을 동반한 자궁절제술의 이점에 관한 것)와 불완전한 정보(즉각적 손상과 추후 예상되는 손상 중 명확한 것과 가능성이 있는 것에 관한 정보)에 기초하여 선택해야 한다. 고지에 입각한 동의 informed consent에 관한 논쟁은 많은 발전을 이루었다. 이탈리아

---

19. 본문에서 제시된 왜곡된 의학 행위와 언어의 예시는 내가 경험한 것과 후에 내가 다른 여성의 경험으로부터 알게 된 것들이다.

헌법 제32조 및 제13조와[20] 국민건강보험 883/78 자체를 만들어낸 법안에 따르면 대부분의 법리와 이론은 시민이 극한 상황이라 하더라도 치료를 거부할 권리를 존중하고 이 내용을 의학 의무론medical deontology에 관한 새로운 법령(제29조, 제31조, 제34조 그리고 제50조)에[21] 명시하고 있다. 이와는 역설적으로 이 사례에서는 전혀 극한 요인이 없는 상황에서조차 가장 침습적이고 파괴적이며 손상을 주는 수술을 추천하거나 강요함으로써 또 다른 병리를 일으키거나 추가적인 수술을 하도록 하는 관행이 나타나고 있다.

주인의 권리를 빼앗긴 여성들은 다시 한번 선택할 권리마저 빼앗긴 채 의사에 의해 물건으로 취급받았고 의사들이 원하는 치료 선택지의 대상이 되었다. 앞서 언급한 상황이나 덜 침습적인 방법으로 치료할 수 있는 상황에서 선택에 어려움

---

20. 이탈리아 헌법 제32조는 "법이 정하는 때를 제외하고는 누구도 강제로 의학적 치료를 강요받을 수 없다….".라고 명시하고 있으며 제13조는 "개인의 자유는 불가침이다"라고 명시하고 있다.
21. 제29조와 제31조는 각각 "신체적 완전성"에 영향을 미칠 수 있는 경우 환자에게 이를 알리는 것과 고지에 입각한 동의를 받는 것에 관한 내용을 다루고 있으며 이를 통해 환자의 의도에 관한 명백한 증거를 남기도록 하고 있다. 제34조는 환자가 의사 표현을 할 수 없으면 의사는 필요와 응급 상황에 따라 절대적으로 필요한 조치만을 취할 수 있는 것으로 제한하는 내용을 명시하고 있다. 제50조는 의사는 환자에게 강제로 음식을 먹게 하는 치료와 같은 방식을 시행할 수 없으며 비록 수감된 자가 음식을 거부할 때도 의사의 치료는 지속적인 관리로 제한해야 한다고 규정하고 있다.

이 있을 때는 환자의 안녕에 주안점을 두고 판단해야 한다. 그러므로 법에 관한 나의 지식이 틀리지 않았다면, 또한 위에서 언급한 법이나 법원 판결을 참고한다면, 자궁절제술과 난소절제술은 심각한 병리를 다른 방법으로 치료할 수 없음이 확실할 때만 시술되어야 한다고 생각하며 이것이 유일하게 이 수술법을 정당화할 수 있는 길이다. 그렇지 않고 시술된다면 그것은 형법 제582조의 극도로 심각한 개인적 상해에 관한 범죄에 해당하며 형법 제583조 2항 3호에 "신체 장기 기능의 상실 또는 생식 기능의 상실을 일으키는 개인적 상해"라고 표현된 가중 폭행 상황에도 잘 설명되어 있다. 자궁절제술 남용의 사례에서는 실제로 불필요하게 신체의 완전성이 훼손되며 뒤에 설명된 것과 같이 장기 기능뿐만 아니라 장기 자체를 제거하여 기존에 수행하던 본질적 기능과 함께 생식 이후에도 연속해서 나타날 수 있는 기능마저 훼손된다. 비록 환자가 "서면 동의"를 하였다고 하더라도 마찬가지이다. 의사가 환자에게 가능한 한 제일 나은 방법으로 질병을 치료하기 위해 대안 치료법과 수술에 관한 완전한 정보를 제공하고 환자가 선택사항에 관해 완전히 인식할 수 있는 상황에서 전달한 정직한 의사소통 과정의 결과가 아니라면 동의서에 서명하는 것은 무의미하다. 또한, 내 견해로는 이 모든 조건에도 "서면 동의"가 필요 이상의 파괴적인 수술을 "허용"한다면 이 역시 무의미하다. 이는 극단적으로 완전한 정보가 있는 경우에도 마찬가지이다. **의사와 환자 간의 협상은 정해진 틀 내에서 이루어져야 한다.** 의사는 한편에서 "과학과 양심"에 따라 행동해야 하며 비용과 편익을 고려하여 가장 적은 해악을 초래하는 치료법을 제안해야 한다. 다른 한편에서 환자는 가능한 한 제일 나은 방법으로 자신의 안녕을 도모한다고 생각되는 방향의 수술만을 요구할 수 있다. 극단적인 가설을 들어보자면 자기 파괴적인 환자의 경우에도 양심적인 의사는 환자의 자기 파괴성을 수용할 수 없다. 그러므로 미래에 있을지도 모르는 유방암에 대한 두려움 때문에 양쪽 유방을 제거해달라는 여성의 요구를 수용하는 것은 있을 수 없는 일이라고 생각한다. 같은 이유에서 자궁이나 난소 또는 둘 모두를 제거해달라는 요구 역시 수용할 수 없다.

형법 제583조에 명시되어 있으며 이를 바탕으로 추론할 수 있는 심각한 상해와 극도로 심각한 상해의 구분 기준을 바탕으로 나는 형법 제582조 그리고 형법 제583조 2항 3호에 따라 여성 생식기의 범죄적 제거가 극도로 심각한 개인적 상해의 사례에 해당한다고 분명히 밝혀두는 바이다. 이는 완경이 지난 이후에 발생한 제거 수술을 포함하는 **모든 경우를 말한다**. 이러한 판단을 내리는 근거는 이 수술이 성행위를 포함하여 완경 이후에도 계속해서 수행할 수 있는 근본적인 기능을 제거할 뿐만 아니라 다른 장기가 절대 수행할 수 없는, 여성 생식기 그 자체가 가지는 생물학적인 성 정체성이나 성적 관계에서의 생물학적 토대가 되는 기능을 제거하기 때문이다. 그러므로 이 기관의 제거는 여성이 가진 모든 사회적 관계에 매우 심각한 영향을 준다. 만약 이 글에서 내가 밝힌 의견이 현실의 법de jure condito, actual law에 부합하지 않는다면 나는 이 내용이 잠재적 법 de jure condendo, potential law으로 고려되어야 한다고 제안한다. 이러한 관점에서 나는 동료 법학자들에게 법령이 정비되도록 협조를 요청한다.

앞서 언급한 내용은 각각의 개인이 가진 정체성이 걷고자 하는 길은 무수히 많을 수 있다는 사실을 배제하지 않는다. 그러나 여기에서 우리가 관심을 두고 있는 것은 법적 관점에서의 범죄 행위에 대한 평가이다. 이러한 관점에서는 다른 장기가 수행할 수 없는 생식기의 일반적인 기능이 근거 없이 제거되는 것은 극도로 심각한 개인적 상해라는 범죄에 해당하는 것으로 보인다. 나는 남성의 고환이 제거되는 것에 관해서도 같은 방식으로 생각할 수 있다고 본다. 고환의 기능 중 하나 이상을 다른 장기에서 수행할 수 있다고 가정을 해본다면, 그런 경우에조차도 근거 없는 고환의 제거는 극도로 심각한 개인적 상해라는 범죄에 해당한다고 생각한다. 왜냐하면, 이 기관 역시 성 정체성을 특징짓고 있으며 다른 장기로 대체될 수 없는 기능을 가지고 있기 때문이다. 이 기관의 제거는 분명 단순한 남성의 성적 기능뿐만 아니라 남성의 인간관계에 큰 영향을 미칠 것이다.

의사-환자 관계와 그것의 결함이 근거 없이 시행되는 자궁절제술에서 반복해서 나타나고 있다는 주장으로 돌아가 보자. 극단적인 사례겠지만 적절하게 정보가 고지되었음에도 자기 파괴적인 선택을 하는 환자에 대해서도 따로 숙고해 보아야 한다. 결국 자궁절제술 남용은 잘못 고지된 동의와 기만적 동의 그리고 환자의 시술 결정을 대신하는 의사의 관행에 기반을 두고 있다.

따라서 모든 환자/시민에게는 자신의 몸과 치료법의 문제에 관해서 가능한 선택지들에 대해 충분한 정보를 고지받고 결정할 주권sovereign right이 있으며, 이 권리의 행사에서 의사와 환자의 역할이 역전되는 것은 용납할 수 없다. 그럼에도 의학적 관점에서뿐만 아니라 법적 관점에서도 이러한 제안을 정당화하는 근거로서 '암 발병 위험 방지'가 자주 인용된다는 점은 대단히 당혹스럽다. 훗날 병에 걸릴 것을 피하고자 장기를 제거하는 것은 전혀 효과적인 전략으로 보이지 않는다. 나는 자궁암과 난소암을 예방하기 위해 난소절제술과 함께 자궁절제술을 시술하는 것은 역설적이라고 생각한다. 또한, 건강한 난소조차도 제거하고자 하는 추세가, 일부 사람들의 주장처럼 암이 난소에 미치는 영향에 관한 연구가 상대적으로 적다는 사실에 의해 정당화되고 있다는 것 역시 역설적이라고 나는 생각한다. 현재의 발견들에 기초할 때는 적시에 개입하기가 종종 불가능하다는 것이다. 그러나 암 예방의 일환으로 건강한 난소를 제거하는 것은, 내가 보기에는 그리 많은 것 같지 않은 나이인 45세에도 진행되고 더 젊은 여성에게도 시술되는데, 이는 그 문제에 관한 추가적인 연구 노력을 방해할 뿐이다.

또한, 무엇보다 이 영역에서의 연구 부족을 보완하기 위해 여성의 신체를 희생하는 것은 적절하지 않다. 난소를 제거하여 우리 몸을 난소암으로부터 보호하려는 태도에 관해 일부 의사들의 견해가 불일치함을[22] 상기시키는 것이 우리의 의무이며 여성의 신체가 불합리하고 비생산적인 방식으로 희생되지 않도록 추가적인 연구를 해야 한다.

문제가 되는 결정적 쟁점은 의사들이 자궁절제술(그리고 난소절제술)을 냉담하게 지시하고 있고 이는 환자의 근본적이고 **명백한 인권** 즉 자기 신체의 완전성을 보호할 권리를 침해하고 있다는 것이다. 신체 자체에 깃든 재생산 능력을 고려할 때 의학 윤리의 기준은 무엇보다 우선적으로 전체로서의 신체를 보호해야

---

22. 펜실베이니아 대학의 켈소 라몬 가르시아 박사는 첫 번째 논문에서 난소의 제거로는 난소암과 동일한 것으로 보이는 유형의 암이 발달하는 것을 막지 못한다고 주장했다. 일부 연구에 따르면 자궁절제술을 받았지만, 난소는 그대로 유지한 여성은 여러 비교 집단 중 가장 낮은 난소암 발생률을 보였다(P. Dranov, *American Health*, 1990, pp. 36, 38~41).

할 것이다. 자연에 의해 주어진 힘으로 우리는 또 다른 신체들을 생산할 뿐만 아니라 무엇보다도 각 개인의 신체를 있는 그대로 재생산한다. 이러한 이유로 의사는 필수불가결할 때만 가능한 최소의 침습적 수단을 써서 수술해야 한다. 관행적으로 남용되는 자궁절제술에 의한 여성 신체의 불필요한 훼손은 의학의 본질이라 할 수 있는 원칙을 부인하는 것이다. 그리고 여기에서 "연령에 기반을 둔 접근"이라고 부르는 기계적이고 환원적인 접근법의 도입을 강조하며 여성 주권을 용납하지 않는 방식은 신체의 전체론적 시각과 인간으로서의 여성 개념을 훼손한다.

그러나 각 기관의 주요 기능을 강조하면서 각각의 신체 기관을 분리하여 생각하는 관점 안에서 잠시 더 생각을 진행시켜 보자. 이러한 관점만으로도 우리는 자궁절제술(그리고 난소절제술)에 대한 냉담한 태도와 즉각적이고 폭력적인 폐경의 유도로 생식을 불가능하게 하는 부정적인 영향을 충분히 종결시킬 수 있다. 체내에서 구조적으로 중요한 역할을 담당하는 자궁의 제거가 다른 장기에도 부정적인 결과를 초래하는 잠재적 손상이 될 수 있다는 점도 추가할 수 있다. 이 점은 어떤 의사도 부정하지 못한다. 여기에 나는 여러 나라에서 그들 신체에 대한 체계적 거세에 저항한 여성들의 헌신을 덧붙일 수 있으며, 나아가 이러한 저항들이 아마도 자궁이 여성 내분비계의 근본 기관으로서 출산 가능 연령 이후에도 어떻게 중요한 기능을 담당하는지를 밝히는 데도 기여했다는 점을 밝히고자 한다. 이러한 이유로 출산 가능 연령이 지난 이후 완경기 동안에 그리고 그 이후에도 여전히 활성화된 상태로 호르몬과 다양한 물질을 생산하는 자궁의 기능에 관한 신중한 논의가 광범위하게 이루어지고 있다.[23] 이렇게 자궁이 생산하는 물질 중에는 신체에 천연 진통제 역할을 하는 베타엔도르핀과 혈전 생성 억제제 역할을 하는 프로스타글란딘의 일종인 프로스타사이클린prostacyclin이 있다. 따라서 자궁절제술 후 혈관 질환의 증가는 아마도 후자의 물질이 손실됨에 따른 것일 가능성이 있고 수술 후 많은 여성이 고혈압을 겪는 것 역시 같은 원인에서 기인하는 것일 가능성이 있다. 또한, 활력과 신체 지구력의 감소 또는 성관계 시 육체적 쾌락이나 분비물의 감소 역시 나타난다. 따라서 내가 여기에서 강조해 온 극도로 힘겨운 부정적 영향에 관한 연구가 필요하며 이러한 연구에서는 수술을 받은 여성의 반응을 필수적으로 다루어야 한다. 자궁의 뒷받침을 잃은 방광으로 인해 비뇨 기관에도 악영향이 발생할 수 있으며 장기의 제거에 따라 빈 곳을 채우려는 신체의 특성으로 인해 장腸 기능에도 영향을 줄 수 있다.

---

[23] 여기에서 보고된 내용을 확인하기 위해서는 F. 콜렝기의 사설을 다시 참조할 수도 있지만, *Hysterectomy and Its Alternatives* (1996)와 같은 미국의 자료에서도 유사한 내용을 확인할 수 있다.

또한, 수술 후 일부 여성은 상실감, 심리적 문제, 우울증, 성적 욕구 상실, 체중 증가, 피로감, 불면증, 두통, 관절 경직 및 현기증을 경험한다.[24] 그리고 많은 여성이 뚜렷하게 경험하는 가장 중요한 특징은 성적 행위의 뚜렷한 감퇴였다. 라이언(Ryan 1997)이 언급한 연구를 포함한 다양한 연구에서 이 문제를 다루고 있다. 그렇지만 다음을 고려할 때 이러한 감퇴는 논리적인 결과로 볼 수 있을 것이다. 우선 자궁절제술이, 아래에서 인용된 연구들이 입증하고 있고 온전한 성생활을 누렸던 여성들이 확인해 주고 있듯이 일반적으로 자궁경부를 거친 오르가슴에서 중요한 기능을 수행하는 질과 자궁 모두에 영향을 주는(보통은 통째로 제거된다) 해부학적 구조의 변화를 일으키기 때문이다. 그리고 자궁경부의 제거로 질 분비물이 감소하고 자궁절제술은 지나치게 자주 난소절제술을 동반하므로 난소가 생산하는 모든 에스트로겐의 급작스러운 상실이 일어나기 때문이다. 또한, 수술로 인한 즉시 폐경에 의해 급작스러운 호르몬 변화가 일어나는데 이 또한 성적 욕구에 영향을 주며 종종 우울을 일으켜 성 건강에 부정적 영향을 초래하기 때문이다.

위에서 언급된 모든 문제는 성애의 영역에 부정적으로 영

---

24. 이러한 증상은 자궁절제술을 받은 여성들이 보고한 것이며 *American Health* (1990, pp. 36, 38~41)와 *Hysterectomy* (1994) 그리고 *Hysterectomy and Its Alternatives* (1996)에서 P. 드라노프도 같은 내용을 보고했다.

향을 미친다. 성적 창의성과 상상력이 자리 잡아야 할 마음의 자리에 다른 수술과 치료를 감당하며 지속하는 고통이 항상 침투해 있기 때문이다. 이 시점에서 우리는 왜 일반적으로 의사들이 여성의 성생활에서의 부정적인 문제를 고려하지 않고 원하지 않는 임신의 위험에서 벗어날 수 있다는 성생활에서의 이점만을 강조하는 경향이 있는지 궁금해할 필요가 있다. 이는 거의 무의식적인 수준에서 나타나는 일종의 남성 공동 모의male collusion의 표현이다. 현실에서 자궁절제술을 통해 성생활에 이득을 얻어가는 사람은 여성의 파트너인 남성이며 그는 수술에 의한 영향도 없이 피임 예방책의 필요성에서 벗어날 수 있다. 이 수술은 심리적으로 남성 성생활에는 부정적인 영향을 주지 않기 때문에 그들의 고려 사항이 아니었다.

어쨌든 부인과의사들은 보통 여기에서 고려된 일련의 명확하거나 잠재적인 결과들을 수술의 부정적인 영향으로 언급하지 않는다. 앞에서 설명했던 것 중에서 즉각적이고 폭력적인 폐경의 시작과 출산 능력의 상실과 같은 영향들도 마찬가지이다. 반면 수술을 거부할 시 암이 발병할 위험이 있다는 점은 반복적으로 언급되며 결국 어쩔 수 없이 여성이 수술에 동의하게 하는 것으로 보인다. 사실 어떤 여성도 절대적으로 필요하지 않다면 자궁절제술을 받고 싶어 하지 않을 것이다.

마찬가지로 어떤 여성도 불필요한 경우에 흉터와 유착 그리고 일반적인 신체적 손상과 다양한 위험을 동반하는 이런 큰 수술을 받고자 하지 않을 것이다. 이 수술은 수혈을 필요로 할지도 모르는데, 우리 시대에는 과거의 질병, 새로운 질병, 아직 알려지지 않은 질병들이 나타나고 있고 사망률이 높다. 이런 상황에서 수혈은 절대적으로 예측 가능하지 않은 방식으로 질병이나 죽음을 초래할 수도 있다.[25]

또한, 적어도 이탈리아에서는 분명히 전체 자궁절제술이 더 높은 빈도로 시행되고 있지만, 자궁절제술의 대안에 관해 진행되는 국제 수준의 논의에서는 (삶의 질을 포함한) 비용과 편익에 관한 일련의 연구에 따라 자궁경부상부절제술 supracervical hysterectomy과 같은 부분 자궁절제술을 시행할 가능성이 있는지를 다시 고려하고 있다는 점 역시 강조될 필요가 있다. 핀란드에서의 한 연구는 자궁경부를 제거한 경우 오르가슴이 감소한다고 강조한다.[26] 미국의 다른 연구자들도 이러한 관계를 입증할 계획을 가지고 있다.[27] 그러나 수술 후 여성이 말했

---

25. 나디아 베리니는 자궁근종으로 34세에 아솔로에 위치한 병원에서 자궁절제술을 받았으나 HIV 바이러스가 포함된 피를 수혈받고 39세의 나이로 1992년 1월 7일 빠도바에서 사망했다. 내가 많은 여성에게 영향을 미치는 문제를 파악하려고 노력하는 과정에서 그녀의 사례를 언급하는 것은 단순히 사랑하는 동료를 기억하기 위한 것이 아니라 인간의 신체를 다룰 때 극도의 주의를 기울이는 접근법이 촉구되기를 바라는 마음 때문이다.
26. P. Dranov, *American Health* (1990, p. 36, 38~41)를 참조하라.
27. 보건 정책 및 연구 기관(Agency for Health Care Policy and Research, AH-

던 내용을 진지하게 받아들이기만 했다면 그러한 결과는 이미 널리 알려졌을 것이다. 그리고 진정으로 자궁절제술 시술이 필요할 때에는 질식vaginal procedure 자궁절제술을 통해 흉터를 거의 남기지 않는 덜 파괴적인 방식을 사용하는 것이 권장되고 있다. 이러한 방식이, 반드시 그렇다고 할 수는 없지만, 보통은 난소와 난관을 제 위치에 남겨두기 때문이다. 그러나 어떤 의사들은 질식 수술 방식으로 인한 내부의 흉터로 인해 성생활 회복이 곤란하거나 불가능해질 수도 있다는 점을 강조한다. 우리는 왜 건강한 난소가 제거되어야 하는지 그리고 왜 복부를 통하지 않는 다른 방식이 있음에도 개복수술을 통한 자궁절제술이 시행되어야 하는지에 대해 의문을 가질 수밖에 없다. 또한, 우리는 왜 질식 수술에 대한 전문적 경험을 가진 의사가 거의 없어서 대부분의 자궁절제술이 흉터와 위험을[28] 동반하는 개복수술을 통해 이루어지는지에 대한 의문도 가질 수밖에 없다. 가능한 경우 부분 자궁절제술을 시행하는 것에 관한 논의가 진행되고 있는 상황에서는 질식 수술 절차로도 자궁경부를 보전할 수 없다는 점을 항상 기억해야 한다. 어떤 사람들은 자궁근종절제술은 기술적으로 자궁을 완전히 제거하는 것

CPR)에서 1996년 10월 31일 '자궁 질병에 관한 자궁절제술 대 대안 치료 비교 연구 기금'에 관한 언론 자료를 웹을 통해 배포했다.

28. P. Dranov, *American Health* (1990, p. 36, 38~41)를 참조하라.

보다 더 복잡하기 때문에 수술 경험이 더 풍부하고 뛰어난 의사를 요구한다고 말하는데 이것은 수술실에서 더 과격한 해결책이 선호되는 이유를 설명해 주는 사실이다.[29] 내가 확인한 바로도 대부분의 경우 자궁근종절제술의 사례는 자궁절제술보다 더 복잡하다. 난소를 제자리에 남겨두고 자궁만을 제거하는 것은 더 복잡한 수술이며 전체 생식기관을 제거하는 것보다 더 많은 시간이 필요하다. 그러나 일부 외과 의사의 제한된 기술이나 시간의 부족으로 여성의 신체에 더 심각한 손상을 가하고 여성이 한 명의 사람으로서 상당한 모욕감을 느끼도록 하는 수술을 정당화할 수 없다.

복부를 통한 제거 수술로 남겨진 흉터에 대해 말해보자면 배꼽에서부터 음부까지 수직으로 이어지는 흉터는 음모 가장자리와 수평으로 이어지는 흉터와 비교해서 심미적 손상이 더 심하고 이는 경시될 수 없는 점이다. 두 종류의 절개 모두 심각한 부작용을 안고 있다. 수평적 절개는 복부 근육을 끊어놓고 상처의 치유 과정에서 종종 보기에 흉한 "덮개"[flap] 효과[30]가 나타난다. 수직적 절개는 흉터가 매우 보기에 거슬리고 봉합선이 있을 때는 더욱 눈에 띄기 때문에 수술을 받은 사람은 신체

---

29. 콜렝기(Collenghi 1997)의 사설을 다시 참조하라.
30. * 켈로이드 또는 과증식으로 인해 흉터가 부어오르는 현상.

상에 부정적인 영향을 받게 되고, 따라서 성적인 관계나 일반적인 대인 관계에 부정적인 영향을 받을 수 있다. 이러한 점에서, 남성의 눈으로도 여성 신체의 아름다움과 조화를 알 수 있다는 점을 고려한다면, 다른 대안이 있는데도 남성 의사가 일반적으로 복부를 통해 시술되어 흉한 수직의 절개선을 남기는 자궁절제술 시술을 권하는 것은 더욱더 옹호할 여지가 없는 선택으로 보인다. 아니면 어떤 의사들은 여자를 두 종류로 나누어서 나만의 여자(아내나 정혼자)와 그 외의 여자들로 나누어 보는 것일까? 이러한 내 의심은 산부인과의사가 한 학회에서 의사들의 배우자들은 일반적으로 자궁절제술을 받지 않는다고 공개적으로 말하는 것을 들었을 때 시작되었다.

또한, 환자들은 병원을 떠날 때 자궁절제술로 인해 발생할 수 있는 부작용들, 예를 들면 복부 근육의 무너짐 같은 문제를 설명하고 어떻게 그것에 대처해야 하는지, 어디서 도움을 받을 수 있는지에 관한 "서면 안내"를 받지 못한다고 말한다. 늘 그렇듯 이러한 문제는 고등교육을 받은 환자와 문제에 집중하고 해결책을 찾기 위해 노력할 수 있는 자원과 시간이 더 많은 환자에게는 더 쉬울 것이다. 자원이 별로 없는 환자들은 한동안 문제에 적응하려고 노력하다가 결국 좋든 싫든 문제에 굴복해 버릴 것이다. 예를 들면 적절한 시설에서 적절한 운동을 하면 요실금과 근력 저하가 예방될 수 있다는 점만 알면 되는데, 그

전에 먼저 돈과 시간이 있어야 이러한 배움을 찾을 수 있다.

결론적으로 장기가 한 사람의 일부를 구성하고 있다는 사실을 잊은 채로 신체 기관을 대한다면, 의사들은 맹점을 갖게 될 수밖에 없다. 의사들은 다른 대안이 가져올 수 있는 이득들을, 자신들이 실제로 "보지 못하는" 고난의 바다에 빠트려 버릴 위험이 있다.

그러나 나는 신체적, 정신적, 사회적 기능의 복합체인 신체 기관의 제거를 둘러싸고 나타날 수 있는 모든 부정적 결과를 설명하려고 노력하는 이 논쟁으로 돌아가 확실히 이야기하고 싶은 것이 있다. 즉 신체의 각 기관이 수행하는 기능은 지금까지 밝혀진 것보다 오늘날 더 다양하고 다면적인 모습을 드러내고 있으며, 주어진 특별한 기능의 중요성을 넘어서 자궁과 난소는 신체의 본질적인 구성요소로서 신체의 재생산에 기여하고 그 자체로 완전성을 구성하는 부분이기 때문에 극한 상황을 제외하고는 대체될 수 없다. 이들은 여러 신체 기관이 촘촘하게 짜인 생명의 구조에서 한 부분을 담당하며 신체의 재생산 능력 그 자체라고 할 수 있다. 숲은 목재를 생산하기 위해서만 존재하는 것이 아니다. 인도의 칩코 운동[31]에 참여한 여성들은 "숲이 흙과 물 그리고 순

---

31. * Chipko. 인도어로 "껴안는다"라는 의미이며 벌목 위기에 처한 나무를 껴안아 보호하는 비폭력 형태의 시위 운동.

수한 공기를 만들어낸다"고 노래한다.[32] 숲은 마을에 그늘을 제공하고 시장의 상업적 기제 바깥에서 영양분을 제공하여 삶과 풍요를 이루도록 보장한다. 이는 완전성을 가진 사람의 신체에서도 마찬가지이다. 몸의 균형과 힘은 신체 기관의 복합체를 통해 표현된다. 한 명의 사람은 자신의 신체의 역사의 산물이다. 그 역사 안에서 그 사람의 마음은 그 자신의 생식기 및 다른 모든 기관과 공생적으로 살아왔고 살아가고 있다. 신체가 바로 그 사람이다. 여성 신체에서 성 정체성을 특징짓는 중요한 부분에 타격을 입히면서 어떻게 육체적으로나 심리적으로 사람으로서 심각한 상처를 입지 않을 것으로 생각할 수 있는가? 이는 여성에 대한 기계적인 관점이며 여성을 단지 아이의 생산자이자 인류 번식을 위한 기계로만 보는 것이다. 또한, 여성의 유용성을 이 기능에 국한된 것으로 보고 신체의 생산력이 거의 다하게 되면 더는 필요하지 않게 된 신체의 부품을

---

32. 반다나 시바(Shiva 1989, p. 219)는 다음과 같이 쓴다. "대안 노벨상[Right Livelihood Award, 올바른 삶을 위한 활동을 벌인 사람에게 수여하는 상] 수여와 더불어 세계 공동체의 일부는 진보와 계몽라는 이 개념에 대항하는 칩코 여성의 투쟁에 동참하게 되었다. 헨발 가티[Henwal Ghati, 인도 북부 유타란찰 근방의 지명]의 여성들이 대낮에도 손에 전등을 들고 임업 종사자들에게 '빛'을 밝혀주기 시작한 지 10년이 흘렀다. 그들이 밝히고자 했던 '빛'은 숲은 단지 목재와 수입을 만드는 것이 아니라 흙과 물을 생산한다는 사실이었다. 그들은 이제는 더 이상 서양의 전문가들이 밝히는 '빛'의 배타적인 독점에 맞서는 싸움에서 혼자가 아니었다."

몸에서 떼어낼 수 있다고 생각하는 시각이다.

내가 만나본 여성 부인과의사들이 그렇게 많지는 않지만, 그들에게서는 같은 접근법을 접하지 못했다는 사실도 밝혀둘 필요가 있다. 그리고 그들은 분명하게 대안 치료법을 제시해 주었다. 전부는 아니지만, 상당히 많은 남성 부인과의사는 이를 언급하지 않았다. 이는 한편으로는 자궁절제술 남용의 증거가 되며 또 다른 한편으로는 부인과 진료라는 철저하게 여성과 관련된 분야에서도 남성 지배가 존재하고 있다는 문제를 돌아보게 한다. 이는 여성들이 지불해 왔고 계속해서 지불하고 있는 높은 진료 비용으로 이어졌다. 대부분의 남성 부인과의사보다 여성 부인과의사가 (전부는 아니지만) 뚜렷이 차이 나는 접근법을 보이는 이유는 그들이 여성으로서 신체적 동질감을 가지기 때문이다. 그렇기 때문에 남성 부인과의사들과는 다르게 그들이 권한 있는 지위를 가질 때도 거세적 접근을 쉽게 시도할 수 있다고 생각하기 어렵다. 이는 남성 부인과의사들의 경우에는 사실이 아니다.

남성에게 여성의 신체는 분명 정체성의 근원이라기보다는 정복해야 할 영토이다. 그리고 크든 작든 의사와 여성 환자의 관계가 적대적인 의미로 변질될 수 있다는 가능성이 잠재하고 있다. 이는 부인과의사가 남성으로서 갖는 지각의 한계성을 인식하고 그들이 제안하는 치료법의 적합성을 여성과 함께 진정성 있고 정중한 논의를 통해 재검토해야 하는 또 다른 이유이다.

얼마 전까지만 해도 이처럼 남성 지배적이었던 환경에서 일하던 여성 부인과의사들은 환자와 관계 맺는 방식을 수정하고 그러한 모델을 실천했을 수도 있다. 그중 일부는 다른 종류의 부인과 의학 접근법을 실천할 방법을 찾지 못하거나 그 공격적인 관행에 동참을 거부하면서 직업을 포기하기도 했던 것이 사실이다. 여성에 관한 의학 분야는 가장 최근의 의학 역사에서조차 여성의 관점을 경청할 기회가 거의 없었다. 그러나 오늘날 나는 나와 대부분 여성에 관해 "자명한" 사실들을 몇 가지 되뇌고 있다. 꼭 필요하지도 않은 중한 수술을 하는 것은 잘못된 것이다. 때 이른 시기에 폭력적인 방식으로 폐경에 접어들게 하는 것은 잘못된 것이다. 특정 나이에도 아직 약하게나마 남아있을 수 있는 번식의 능력을 빼앗아 가는 것은 잘못된 것이다. 그리고 우리의 신체와 생식기관의 완전성을 유지하는 것은 우리의 권리이다. 남성의학이나 비뇨기과 의학에서 일반적인 자궁절제술과 유사한 치료법이 시행되지 않는 것은 우연이라고 할 수 없다. 또 그 분야가 여성이 지배적인 분야로 보이지도 않는다. 남성은 자신의 성性을 방어하고 있지만, 사회적 관행에서처럼 의학적 관행에서 그들은 지나치게 공격적이며 이러한 공격성은 너무 자주, 그리고 쉽게 반대의 성으로 향한다. 그런데도 여성에게는 가족에 대한 커다란 책임을 견디게 하며 여성이 고유의 직업을 가지고 헌신할 자유를 주지 않는 불공정한 노동 분업이 여전히 유지되면서 남성들은 부인과 의학과 다른 전문 분야의 권력을 우세하게 선점했다. 그러나 남성 의사들은 그들을 낳고 길렀으며 의사와 같은 보람 있는 직업인의 자격을 갖추도록 무보수의 노고를 다한 여성의 집단에 대해 감사함을 표하는 대신 자신이 얻은 승리의 왕좌에 머무르며 존중조차 되돌려주지 않는다. 남성 의사들이 공격적 관행을 조장하면서 여성의 삶에 고역을 더하는 데 일조하고 있을 때 여성 환자와 여성 의사들은 여성 신체를 더 존중하는 부인과 의학의 축을 장려하고 이를 누릴 권리를 부여하기 위해 대항 정보의 수집을 위한 네트워크를 형성했다.

오늘날 완경에 관한 논쟁은 더 커졌고 더욱 개방적으로 변했을 뿐 아니라 이 시기를 더 좋은 변화로 이끌 수 있는 자원과 발의들의 숫자도 더 많아지고 있다. "과학과 양심을 따르겠다"라는 히포크라테스 선서에 따라 행동해야 하는 의사들이 여성의 몸과 마음에 근거 없는 "수술적 폐경"이라는 외상을 남기는 치료법을 추천하거나 강요해서는 안 된다. 이러한 폐경의 과정은 부작용을 거의 동반하지 않는 자연스럽고 점진적인 절차에 따른 완경보다 훨씬 해악이 되는 경험이다. 또한, "화학적 폐경"이라고 부르는 합성 호르몬의 영향으로 난소의 기능을 영구적이고 이른 시기에 억제하는 또 다른 폭력적인 치료를 추천하거나 강요하는 것 역시 멈춰야 한다. 이러한 치료법 역시 같은 이유로 여성의 신체에 심각한 해악을 일으킨다. 여성의 신체에 "내과적 난소절제술"(Goldfarb and F.A.C.O.G. 1997)이라고 명명된 뚜렷한 결과를 일으키는 기능을 가진 성선자극호르몬 분비호르몬GnRH 유사체도 언급하고자 한다. 일부 의사들은 이 유사체가 극도로 작은 난소섬유종으로 인한 출혈을 멈추거나 완경기에 거의 도달한 여성의 완경을 앞당겨 주기를 희망하며 상당한 용량의 약물(주사 세 대 이상의 용량)을 투약한다. 그리고 실제로 이 주사는 상당히 효과적이다. 출혈은 멎지만, 환자는 이 폭력적으로 유도된 폐경이라는 결과와 함께 그에 따른 골다공증이나 생식기 위축 또는 갑작스러운 조직의 부패와 노화 같은 또 다른 극도로 부정적인 영향의 가능성을 홀로 감수해야 한다. 이러한 약물의 사용은 상대적으로 최근의 일이기 때문에, 그리고 무엇보다도 부인과의사가 그 책임을 지지 않기 때문에 효과를 정확하게 예측할 수 없다. 일단 이러한 효과가 나타나면 내가 아는 한 어떤 의사도 그 문제를 해결하는 방법을 알지 못한다. 이렇게 그들은 "후시"後時 관점에서 각각의 신체가 다르다는 것을 기억할 뿐이며 균형이 무너질 때 누구도 어떻게 대응해야 할지 알지 못한다. 여기에서 이 약물을 더 적절하게 혹은 제한적으로라도 사용하는 방법을 논하고 싶지 않다. 왜냐하면 난소섬유종은 심각한 해악을 일으키지 않는 다양한 치료법을 통해 치료할 수 있기 때문이다. 대신 이 약물이 신체에 상당한 영향을 미치기 때문에, 모든 약물을 사용할 때 그렇듯이 매우 주의하여 사용되어야 한다고 생각한다. 또한, 무엇보다도 약리학적 연구가 몸의 생리적 균형을 해하지 않는 방식으로 추구되기를 희망한다.

"호르몬 대체치료법"의 경우 장단점을 논의할 수는 있다고 하더라도, 한편으로 이 치료법을 제안하고도 다른 한편으로 여성을 부당한 자궁절제술(그리고 난소절제술)로 이끌고 있다면 이는 여전히 문제가 될 수 있다. 어떤 상황에서는 이러한 치료법의 가용성이 "수술적 폐경"을 냉담하게 제안하는 또 다른 근거가 되기도 하는데 수술적 폐경의 영향을 호르몬 대체치료법이 완화할 수 있기 때문이다. 여전히 이 치료법에서는 약물을 사용하며, 이는 난소에서 분비하는 호르몬과 절대로 같지 않다. 우리가 잘 알고 있는 부작용이 있을 수 있고 다른 부작용들은 시간이 지남에 따라 밝혀질 것이다.

다시 완경으로 돌아가 보자. 나는 자궁절제술과 난소절제술을 조사하면서 의사들이 여성은 52세(때로는 49세)가 되면 완경에 접어든다고 보는 표준 모델을 가정하고 있다는 점을 알게 되었다. 이는 의사-환자 관계에 관해 내가 크게 비판하고 싶은 측면이다. 통계적으로 가장 그럴듯한 이 연령 기준은 실제 의사

앞에 앉아 있는 환자에게 완경이 일어나는 실제 연령이나 상황은 거의 고려하지 않기 때문이다. 일부 여성들은 55세에 완경을 맞이한다. 별로 조사의 노력을 들이지 않고 몇 달만 알아보고도 나는 57세에 완경을 맞이한 여성을 알게 되었다. 나는 완경의 평균 연령이 변화했는지를 신뢰 있게 설명해 주는 적절한 연구가 있는지는 알지 못한다. 그러나 (수명이 더 길어지고 젊은 시절에 더 오래 머무르게 되고 다른 신체 단계를 가지면서) 그 연령은 변화하고 있다. 완경에 접어드는 시기가 늦어지고 예정된 평균 연령에 차이가 발생한다는 것은 약물이 아닌 난소가 생성하는 에스트로겐이 주는 중요한 이점을 수년간 더 누릴 수 있음을 의미한다. 왜 우리가 52세(종종 그보다 훨씬 적은 나이)가 넘었다는 이유로 자궁절제술(그리고 난소절제술)을 제안받아 이러한 이점을 빼앗겨야 할까? 여기에 우리 신체의 완전성을 보호할 권리를 요구하는 나의 의견에 동조를 바라는 또 다른 이유가 있다. 우리에게는 각자의 완경 연령을 존중받을 권리가 있다.

그러나 더 깊은 수준으로 들어가 보면, 이러한 변화된 여성상을 더 존중하며 호르몬 대체치료법이 대표한다고 주장하는 새로운 의학 문화가 부상함에도, 의사들의 마음에 있는 완경의 표준 연령은 여성 생애나 계급을 표준화하는 방식과 일치한다는 느낌이 있다. 사랑의 시기가 있고 난 후에 아이들과의 시간이 있고 곧 성숙과 체념의 시간이 뒤따른다. 그러나 꼭 그렇지만은 않다. 노동의 조직에 의해 그리고 생물학적 시계와 모순되는 상이한 삶의 경로들의 가능성에 의해 생물학적 주기들은 매우 유동적으로 되었다. 그러나 여성들은 새로운 어려움들 속에서도 이러한 생물학적 주기들에 대해 어느 정도의 독립성을 직접 창출해 냈다. 이는 단순히 연령 때문에 사랑의 삶을 포기하지 않는 것을 넘어서 완전히 비정형적인 시간에서도 사랑의 삶을 펼칠 수 있다는 것을 의미한다. 어떤 사람은 젊은 시절에는 경력을 쌓고 이름을 얻는 것에 대한 지나친 스트레스로 금욕적인 삶을 살기도 하고 어떤 사람은 늦은 나이가 된 후에 더 의미 있거나 어려움을 주는 관계를 경험하기도 한다. 전자든 후자든 모두 "수술적 폐경"이라는 치료는 이득이 되지 못한다. 그것이 성적 활동과 성생활에 해를 끼치고 빈번하게 합병증이나 추가적인 수술과 치료의 필요성을 수반하기 때문이다.[33] 이미 진행 중이거나 맺어진 관계 또는 결혼 관계에서 건

---

33. P. Dranov, *American Health* (1990, p. 36, 38~41)에 따르면, 미국의 경우 유럽보다 자궁절제술이 훨씬 더 흔하게 시술된다. 수술을 받는 여성 중 60세 이전에 이 수술을 받은 여성의 비율은 세 명 중에 한명에 달하며 수술 사례의 50퍼센트에서는 합병증이 발견되고 있다. 자궁을 제거하는 수술의 45퍼센트에서는 난소도 함께 제거하고 있으며 이는 일반적으로 득보다는 해가 더 많다. *Hysterectomy and Its Alternatives* (1996)에서는 이 수술로 인해 연간 500명이 사망하며 자궁에서 생산되어 혈전을 억제하는 호르몬인 프로스타사이클린의 부족으로 인해 뇌졸중과 심장마비의 위험이 높아질 수 있다는 결점

강한 성생활을 유지하고 싶어 하는 사람들에게도 마찬가지로 전혀 도움이 되지 않는다. "화학적 폐경"의 경우에도 똑같이 적용되는 이야기이다.

마지막이 아닌 또 하나의 역설은 새로운 생식 기술들이 새로운 영역에 새로운 프런티어와 실험들을 열어젖히면서 과거에는 최대 권고 연령이라고 생각했던 늦은 연령에도 임신이 가능해졌음에도, 근거가 없는 자궁절제술의 제안이 이러한 기회를 허망하게 날려 버린다는 것이다. 간결성을 위해, 새로운 기술로 열린 기회가 바람직한지 그렇지 않은지의 문제는 여기서 제쳐두고자 한다. 삶의 상황과 환경은 갑자기 바뀔 수 있는 것이기 때문에 이러한 기회를 버리는 것은 내가 보기에 심각한 문제이다. 출산 후 더는 아이를 갖지 않으려던 사람도 갑자기 또 다른 아이를 가지기를 진심으로 바라게 될 수도 있다.

을 설명하고 있다. 이 연구는 미국의 보건 통계 센터가 제시한 1975년(724,000건)과 1996년(556,000건)의 기록을 바탕으로 미국에서 자궁절제술의 빈도가 감소하였지만, 여전히 너무 많은 수이며 그 중 30퍼센트는 불필요하다고 주장했다. 미국의 수술 사례에서 74퍼센트는 환자가 30세에서 54세 사이의 여성이었다. 65세 이상의 여성 중에는 37퍼센트가 수술을 받았다. 이 연구에서는 미국 내에서 지역마다 상당한 차이가 있다고 강조하며 환자의 변호사들은 일반적으로 이러한 치료법에 치우친 훈련을 받았거나 시술의 편의성이나 수익 때문에 이 치료법을 추천한 의사에게 부당한 자궁절제술에 대한 책임이 있다고 주장했다. 이 연구에는 고려할 수 있는 대안 치료법에 관한 자세한 정보도 담겨있다.

역사적 선례들

나는 이 수술을 둘러싼 다른 부정적인 측면들을 더 언급할 수도 있다. 하지만 이상과 같이 첫 번째 소견을 밝힌 후에도 나는 내가 처음부터 느꼈던 불편함을 여전히 느끼고 있다. 당연한 것을 보여주려는 시도였다는 점에서 오는 불편함이다. 즉 내가 보여주려 했던 당연한 사실은 신체를 보존할 수 있는 외과적으로 덜 침습적인 치료가 파괴적이고 침습적인 치료보다 더 좋다는 것, 여성 신체의 주권은 의사에게 있는 것이 아니라 (모든 환자/시민과 마찬가지로) 여성 자신에게 있으므로 여성 신체에 관한 모든 결정 권한 역시 여성에게 있다는 사실이다. 성별과 관계없이 모든 시민은 소유물이 아니며 건강관리 체제에서 과학이나 국가가 목적을 가지고 활용하는 물건이 아니다. 이 사례에서 많은 경우에 의학적 관행이 윤리 원칙과 시민(또는 대부분의 경우 여성 시민)의 기본권을 침해하도록 이끈 이유는 무엇인가?

첫 번째 가설은 다음을 질문한다. 의사들은 여성 신체와 여성 지식에 대한 긴 공격의 역사를 얼마만큼 인식하지 못하고 있는가? 그리고 이러한 공격을 기반으로 하여 공식 과학으로서의 의학이 생겨났고 발전했다는 것에 대해 얼마만큼 인식하지 못하고 있는가? 유럽과 북미의 페미니스트 역사가와 학자들이 헌신한 덕분에 이 질문에 관한 연구가 많이 진행되어 풍부한 논의가 이루어지고 있다. 새로운 분석의 틀을 세운 연구 가운데는 바버라 에런라이크와 디어디러 잉글리시의 연구 『우리는 원래 간호사가 아닌 마녀였다』(1973a [2023])와 『불평과 장애 : 질병의 성정치』(1973b)가 있다. 두 연구 모두 1975년에 이탈리아에서 단행본으로 번역되었고 1970년대 국제적인 수준의 페미니스트 운동에서 널리 읽혔다. 1800년대의 미국에 대한 비평으로 기억되는 이 연구들은 무엇보다도 13세기에서 14세기 사이에서 태동한 유럽의 공식 의학이 당시 가난한 사람들 사이에서 주로 찾을 수 있던 여러 치유사에게서는 그다지 인기 있는 지식 분야가 아니었지만, 일관된 의학적 수요를 보이는 부유한 고객을 확보하기 위해 경쟁해야 했던 도시의 교육받은 치유사들에게는 인기 있는 지식 분야였다는 점을 밝힌다. 당시 유럽 도시들의 교육받은 치유사들은 거의 모든 대학에 접근이 거부되었고 동시에 대학 교육을 받지 않은 사람이 의학적 실천을 행하는 것을 금지하는 법에 의해 쫓겨날 처지에 있었다. 이를 잘 보여주는 사례는 두 저자가 인용한 유명한 치유사 자코바 펠리시에다. 그녀는 의학에 관한 "특별 수업"을 들은 모범적이고 교육을 잘 받은 여성이었으며, 환자들에 따르면 당시 파리의 어떤 의사보다 더 전문적이었다. 하지만 1322년 도시의 의과대학 교수들에 의해 불법 진료로 고발되어 재판을 받았다(1973a, p. 18 [2023]).

도시의 교육받은 치유사들에 대한 "접근 거부"와 "불법"이라는 전략의 조합은 너무나 효과적이었다. 14세기 말까지 유럽에서 치유사들에 대한 전문 의사들의 캠페인은 사실상 승리했다고 볼 수 있다. 남성 의사들은 부유층에 대한 의학에서 독점권을 획득했다.

산부인과에도 부유한 여성 고객들이 있었지만, 이 분야는 여전히 남성 의사의 전문성 밖에 머무르며 이후 3세기 동안은 배타적인 여성의 영역으로 남아있었다. 그 후 산부인과 분야는 이 분야의 통제권을 "정규" 의학 전문가들이 가져야 한다고 주장한 교회 및 (남성) 의료 분야 전문가들과 국가의 결탁을 직면했다. 이러한 움직임은 국가와 교회의 주도로 이루어졌으며 "마녀" – 대부분은 가난한 사람들 사이에서 일하던 산파나 치유사였던 사람들 – 라고 불리는 이들은 말살되었다. 그러나 이러한 박해는 다양한 시기에 발생한 일련의 사회 거시적 변화 복합체의 일부에 불과했다. 이 변화의 일부는 14세기 때부터 이미 시작되었고 다른 일부는 일반적으로 15세기 말에서 18세기 사이에 발생하였으며 가장 잘 알려진 것으로 **공통장의 수용/인클로저**와 같은 변화가 여기에 해당한다. 만약 후자에서 말한 변화가 대량의 가용 노동력을 창출함으로써 자본주의 생산 양식의 시작점에 필요한 비참을 만들어내는 데 필요한 것이었다면 마녀사냥은 여성들로부터 여성 자신들의 신체를 빼앗기 expropriate 위한 것이었다. 이것은 무엇보다도 여성의 생식 능력에 대한 지식과 결정권을 박탈함으로써 이루어졌다. 왜냐하면 이제부터 개인의 재생산, 노동력의 재생산은 수탈되고 빈곤화된 사람들에 관한 한 의료 분야 전문가를 통해 국가의 통제하에 있어야 했기 때문이다. 이러한 과정과 이 시기의 역사는 새로운 여성 개인상이 무엇이며 직업 및 제도와 그것이 어떠한 관계를 맺는지에 관한 토대를 확립하는 중요한 순간이었기 때문에 이 주제에 관한 페미니즘 연구도 상당수 존재한다. 마녀사냥의 역사를 여성의 관점으로 다시 바라볼 수 있게 하는 데는 1970년대 초반부터 함께 협력해 오던 여성 학자들의 역할이 두드러졌다. 가장 먼저 언급해야 할 문헌은 실비아 페데리치와 레오폴디나 포르뚜나띠(Fortunati 1984)의 『대 캘리번 : 자본주의 첫 단계에서의 반란적인 사회적 신체의 역사』이다.[34] 페데리치(Federici 1984[2011])는 특히 14세기에서 17세기 사이에 유럽에서 마녀사냥이 어떻게 확산하였는지 관찰하였으며 특히 가장 심각한 시기였던 1550년에서 1650년 사이의 기간을 조명했

---

34. * 캘리번은 셰익스피어의 템페스트에 등장하는 인물로 프로스페로의 마법으로 섬을 빼앗긴 인물이다. 프로스페로를 서구의 정복자, 마법을 서구의 제도화된 법률과 과학으로 본다면 캘리번은 자신의 땅을 빼앗긴 식민지인으로 볼 수 있다.

다. 이 시기에 약 10만 명의 여성이 잔학한 고문 끝에 화형당한 것으로 추산된다. 앞서 언급한 바와 같이 희생자들은 주로 시골의 산파였고 출산에 관여하던 그들은 임신중지와 피임에 관해 알고 있다는 죄목으로 당시 치유사나 행실이 좋지 않다고 여겨진 여성과 함께 유죄를 선고받았다. 게다가 나이 많은 여성이 홀로 결혼하지 않고 살 경우, 특히 물가 인상과 지속적인 세금 징수 그리고 특히 토지 수용으로 인해 도시나 시골에서 반란을 일으킨 지도자인 경우에는 훨씬 처벌이 쉬웠다. 그러나 처녀와 임신한 여성은 일반적으로 화형대에 세워지지 않았다. 역사상 가장 큰 성 학살이며 계급 간, 성별 간 투쟁의 역사에서 근본적인 전환점을 나타내는 이 사건은 처형된 여성들과 함께, 대중 의학을, 특히 그들의 손에 달려 있던 산부인과 지식을 불완전하게나마 지워버렸다. 치유사와 산파가 사라지면서 생겨난 지식의 공백은 국가와 교회의 통제 아래에서 공식적 의학이 메꾸어가기 시작했지만 진정한 치료적 기능을 하기까지는 몇 세기가 걸릴 수밖에 없었다. 당시 뼈와 근육, 약초와 약물에 관한 심오한 지식을 가지고 있는 "마녀"들이 많이 있었지만, 오히려 의사들은 점성술을 사용해서 환자들의 예후를 알아보고 있었다. 마녀들이 가지고 있는 지식은 너무나 방대해서 1527년 "현대 의학의 아버지"라고 불리는 파라켈수스는 가지고 있던 약리학 문헌을 불살라버리고 "내가 아는 모든 것은 마녀들에게서 배운 것이다"라고 고백했다(Ehrenreich and English 1973a [2023]).

신흥 자본주의 국가들은 이제 대학을 거쳐야만 하는 과학을 통해, 그리하여 먼저 (드문 예외를 제외하고는 대학은 모든 여성에게 금지되어 있었기 때문에) 지배 계급 남성의 사고방식 mind을 통해, 인간의 재생산에 대한 지식과 무엇보다도 그것에 대한 통제권을 자신의 것으로 주장하기 시작했다. 여성 사이에 전해 내려오던 지식에 대한 국가와 교회의 말살적 수탈로 가장 가난한 사람들은 의학적 보살핌에서 배제될 수밖에 없었다. 대부분의 화형대는 자본주의 태동기의 가족에서 필요했던 새로운 여성상에 반하는 중세 여성상을 가졌던 산파나 다른 불손한 여성을 화형에 처하는 데 사용되었다. 중세 여성상은 다양한 직업과 예술 세계로 대표되며, 의학 분야뿐만 아니라 심오한 사회적 영역에 살아가며 성 역할 역시 단순히 번식의 역할에만 머물지 않는 여성상을 말한다. 그러나 "나쁜 평판"을 가진 것이 화형대에 세워질 만한 충분한 이유였다면 우리는 새로운 생산 방식으로 이행하는 바로 그 과정에서, 지속적인 수탈과 인클로저로 토지에 대한 접근은 물론 과거의 직업에 대한 접근까지 막혀버린 여성이 새로운 직업을 선택하는 것 역시 금지되었음을 고려해야 한다(Sullerot 1968). 살아남기 위해서 여성들은 역사상 최초로 대규모의 성매매에 참여하게 되었다(Fortunati 1995).

이러한 맥락에서 화형대는 그 자체로서 테러리스트 정책인 동시에 여성의 사회적 기능의 재정의를 의미했다. 여성은 "노동력 재생산을 위한 기계"가 되기 위해 점점 더 고립되고 성적으로 억압받으며 자녀의 생산자인 남편의 권위에 종속되고, 섹슈얼리티와 출산에 관한 경제적 자율성, 지식, 결정권을 갖지 못한 채 살아야 했다. 마녀에 대한 재판에서 의사는 어떤 여성을 마녀라고 부를 수 있는지와 마녀술이 어떤 질병을 불러왔는지를 증명하는 소송 절차에서 과학적 증거를 제공하는 역할을 하는 전문가였다. 이런 방식으로 마녀사냥은 일상에서 무능한 의사에게 편안한 안식처를 제공했다. 그들이 치료할 수 없는 모든 것을 마녀술 탓으로 돌릴 수 있었다. "여성 미신"과 "남성 의학"의 구별은 재판에서 의사와 마녀가 담당한 역할에 따라 성문화되었다(Ehrenreich and English 1973a, p. 19 [2023]).

17세기 초반에 처음으로 남성 산파가 출현했고 한 세기도 되지 않아 산부인과 역시 남성의 손에 넘어갔다(Clark 1968; Donnison 1977). 최초의 남성 산파는 이발사–의사 barbers-surgeon 였는데 이들은 법적으로 수술 도구로 분류된 겸자를 사용하는 데 뛰어난 기술을 보여주었기 때문에 그 자리를 차지할 수 있었다. 그러나 전부터 겸자라는 도구가 갖는 위험성을 비판해오던 여성은 법적으로 수술에서 배제되었다. 심지어 여성 중에는 이미 자궁탈출증의 절개 방법을 알고 있던 수술 전문가가 있었음에도 이런 일이 일어났다(Sutton 1997, p. 13). 후에 산부인과 의학이 공식적 의사의 손으로 넘어가면서 이 분야는 이웃을 위한 봉사라기보다는 수익성 있는 진료 분야가 되었으며 이러한 특징은 영국의 부유층에서 더욱 도드라졌다.

19세기의 미국은 유럽과는 다른 의미 있는 모습을 보여주었다. 여기에서도 한편에서 대중적 지식을 가진 다양한 인종(아프리카나 아메리카 토착민)의 여성과 일부 남성으로 구성된 치유사들이 다른 한편의 명망 높은 공식적 의학의 대표자들과 대립하고 충돌하였다. 이 대립은 대중적 지식의 완전한 승리로 마무리되었고 "대중 건강 운동"Popular Health Movement의 형성으로까지 이어졌다. 여성들이 이 운동의 기본적인 틀을 만들었고, 예방에 중점을 두면서 우리 자신의 몸에 대한 지식을 강조하는 그러한 의학 운동이었다. 이 운동에 참여한 가장 급진적인 사람들은 의료 행위에 비용을 지급한다는 개념 자체를 완전히 거부했고 이와 함께 대학에서 생산된 "정규" 의사들을 강하게 비판했다. 왜냐하면 그들의 지식이 의심스럽고, 그들이 사회 부유층으로부터 유래했으며 사회의 다른 구성원을 희생시킨 대가로 부유층이 되었다고 보았기 때문이다. 대중 건강 운동의 정점(1830년~1850년)에 조직적 페미니스트 운동이 시작되었고, 이 두 운동은 많은 부분에서 얽혀 있었다. 건강을 위한 이 대중 운동이 계급에 기초한 페미니즘적 관점을 가지고 있었고, 더 낫고 더 광범위한 의료 서비스를 위해 투쟁한 것이 아니라 "정규 의사"가 제공하는 것과는 완전히 다른 종류의 의료를 위해 투쟁했다는 점을 이해하는 것이 중요하다.

정규 의학이 이 시기의 의학을 독점할 수는 없었지만, 20세기 초반에 록펠러 재단과 카네기 재단의 노력으로 새로운 기회를 얻었다. 이 시기 미국은 세계 최고의 산업 권력을 구축한 세계 최고의 금융 제국을 형성하고 있었고 이러한 부의 집중은 자선주의를 세상에 퍼트리기 충분했다. 이러한 재단들의 자선 정책은 지배 계급이 원하는 대로 국가의 사회적, 문화적, 정치적 삶의 새로운 구성을 설계하는 것을 목표로 했으며, 그 중심에는 "의료 개혁"이 있었다. 우선 1903년부터는 이미 상당한 재정력을 누리고 있던 정규 의과대학에 막대한 자금이 지원되었고 그들이 요구한 대로 존스 홉킨스 의과대학(1893년 설립)에서 채택한 지침을 이행하는 데 필요한 개혁을 시작할 수 있게 되었다. 이 학교는 유럽에서 질병의 원인에 관한 배종설[35]을 개발한 프랑스와 독일의 과학자와 접촉하고 돌아온 일부 미국 의사들 덕분에 선도적 역할을 수행할 수 있었다. 이 이

---

35. * germ theory. 기존에는 질병이 자연적으로 발생한다는 자연발생설이 일반적으로 지지되고 있었지만 배종설에서는 특정 세균이 특정 질병을 옮긴다는 이론을 내세웠다.

론은 역사상 처음으로 질병의 예방과 치료에 합리적인 근거를 제공했다. 그에 따라 지역의 자선가들에게 자금을 지원받은 의사들은 존스 홉킨스 의과대학을 독일의 모델에 기반을 둔 최초의 의과대학으로 만들었다. 정규 학교는 점점 더 늘어갔지만, 그에 반해 대다수 여성과 흑인 그리고 가난한 백인이 공부하고 있는 다른 학교는 기금 지원을 받지 못했을 뿐만 아니라 이 시기 박애주의적 의학 교육에 관한 지침 마련을 위임받은 에이브러햄 플렉스너의 1910년 보고서[36]에서 날 선 비판을 받고 학교 문을 닫아야 했다.

그렇게 의학은 고비용의 대학 교육을 오랜 기간 동안 받아야만 접근이 가능한 "고등" 학습으로 분류되었고 중간계급 및 중상위 계급의 남성에게 대부분 독점되었다. 미국의 여러 주에서 통과된 대학 등급에 관한 새로운 법률은 의학 분야에 대한 정규 의사의 독점권을 결의했고 얼마 후에 새로운 법들이 산파를 그들의 전문 영역에서 배제했다. 산파들은 출산 시의 감염과 신생아 안염眼炎에 책임이 있다는 구실로 비난받았다. 그러나 존스 홉킨스 대학의 한 교수는 1912년의 연구에서 당시 대부분 미국 의사는 산파보다 더 유능하지 않다고 밝혔다. 그럼에도 진보론

---

36. * 플렉스너의 보고서는 의학 교육이 과학을 기반으로 한 정규 교육과정을 충족해야 한다고 주장했고 이 기준에 따라 당시 수많은 의과대학과 자연치유법을 가르치던 교육기관이 사라지게 되었다.

자들은 산파들에게 안염에 필요한 점안액 사용법과 같은 간단한 훈련과 치료법을 알려주는 대신 그들을 퇴출해 버렸다. 산부인과 분야는 이제 산모와 아이 모두에게 해가 될 수 있는 외과적 기법에 지나치게 치중하는 전문적인 의사의 전유물이 되었다. 산파를 퇴출한 결과 중 하나는 의사를 만날 여력이 없는 가난한 여성은 어떠한 보살핌도 받을 수 없게 된 것이다. 산모와 아이들에게 닥친 예상 가능한 부작용에 관한 기록은 부분적으로 남아있다(Ehrenreich and English 1973a [2023]).

19세기 미국의 "정규" 의학 전문가들은 실제로는 여성의 행동을 통제하기 위한 강력한 도구로서 유사 의학을 자행하고 있었다. 여성 신체에서 제대로 기능하지 않는다고 여겨지는 **음핵을** 성적 각성을 위한다는 명목으로 제거하거나 다양한 불편감의 호소에 대해서 난소를 절제하는 것과 같은 탈선적인 거세적 시술을 하는 식이었다. 따라서 나는 "서구 문명의 여성 생식기 절제의 역사"를 써야 할 시기가 되었다고 생각한다. 에런라이크와 잉글리시의 연구에 따라 음핵의 제거에 관해 살펴보면, 미국에서 이 수술이 마지막으로 시행된 것은 1973년에 그들의 책이 출판되기 고작 25년 전 일이었고 대상은 자위 행동을 보인 5살 소녀였다.

그러나 19세기 유럽에서도 음핵절제술이 나타나기 시작했다. 런던 패딩턴에 위치한, 공식 의학 분야를 이끄는 세인트 메리 병원의 아이작 베이커 브라운 박사처럼 더 안전한 수술법을 도입하는 데 큰 공로가 있는 의사조차도 이 수술법을 인정했다. 그는 1865년에 특정 형태의 광기와 간질 그리고 히스테리를 음핵절제술로 치료했다는 논문을 게재하였고, 그 치료가 성공적이었음을 널리 알리려고 했다. 다행스럽게도 그는 이러한 치료 행위로 인해 〈런던 산부인과 협회〉에서 제명되었다. 그렇지만 대서양을 사이에 둔 양쪽 지역에서 얼마나 많은 사람이 여성에 대한 이러한 의학적 범죄를 마음 놓고 저지르고 있었을까?

19세기 미국에 관한 에런라이크와 잉글리시(1973b)의 연구 결과로 돌아가 보면 의학 전문가들이 어떻게 중간계급 또는 중상위 계급 여성을 이상적인 고객층으로 보게 되었는지도 살펴보아야 한다. 의학 전문가들은 그들을 통해서 한편에서는 여성 신체의 생물학적 특징 및 특질과 직접 연관되거나 그것들에 의해 초래되는 질병이 반복된다는 점을 강조할 수 있었다. 다른 한편에서는 반복적인 방문 진료의 필요성, 그리고 고립과 환자를 위한 "침상 휴식"을 통해서 본질적으로 여성을 수동적으로 만드는 치료의 필요성을 강조할 수 있었다. 다른 활동에 소비된 에너지가 번식에 악영향을 준다고 주장하는 이른바 "에너지 보존 이론"에 따라 여성은 일제히 지적 활동과 함께 다른 모든 종류의 활동을 금지당했다. 난소절제술의 확산으로 이어진 여성 신체에 대한 이 잔인한 공격은 미국에서도 여성이 의학적 지식을 가지 못하게 하는 한편, 남성의 전문적인 과학 구조를 통해서 자궁과 난소가 여성이라는 생명체 전체를 지배하며 그와 관련하여 난소는 여성의 인격 전체에 영향을 미친다는 이론을 형성하는 데 이른다. 앞서 언급한 두 명의 저자는 이를 "난소의 심리학"(1973b, p. 35)이라고 정의했다. 따라서 여성의 "자연적 특성"으로 간주되는 과민성과 광기에서부터 성적 욕구의 표현을 포함한 모든 변화를 난소의 질병에서 기인하는 것으로 볼 수 있었다. 이 시기에 이러한 가정에 근거하여 부인과의사들이 여성의 신체에 가한 여러 다른 학대는 일단 제쳐두기로 하자. 왜냐하면 당시에는 남성들이 여성의 성 활동을 병리적인 것으로 생각하는 것이 일반적이었기 때문이다. 여기서는 부인과 수술 중에서 "성격 장애"에 대해 가해진 가장 잔인하고 널리 시행된 시술이 난소절제술이었음을 강조하고자 한다. 1860년부터 1890년 사이에 이러한 수술은 수천 번이나 시술되었다.

이와 관련된 특정 이론 중에는 비-난소 질환에 대해 난소를 제거하는 이른바 "정상 난소절제술"이 있다. 이 이론은 1872년에 조지아주 롬Rome의 의사 로버트 배티가 개발하였다. 벤베이커-벤필드 박사는 이 수술이 "과민성, 과식, 자위, 자살 시도, 음란 충동, 피해망상, 단순 위험 행동 그리고 월경통과 같은 증상"을 완화하는 수술이라고 말했다(Ehrenreich and English 1973b, p. 35 [2023]). 이처럼 광범위한 증상 중 의사가 거세적 수술을 시술할 확률이 가장 큰 증상은 "여성의 강력한 성욕 표출"이었다.

환자들은 일반적으로 평소 행실에 수양이 부족하다는 불평을 하던 남편의 손에 이끌려 의사를 만나게 되었고 배티 박사에 따르면 수술 후에는 더 "합리적이고 질서정연하며 열심히 일하고 깨끗해졌다." 당시의 수술 환경을 고려한다면 얼마나 많은 여성이 이러한 형벌적 치료로 사형을 선고받았는지 묻는 것이 더 옳은 질문일 것이다. 때로는 수술을 시키겠다는 위협만으로도 여성의 행실을 정숙하도록 만들기에 충분했다. 어떤 의사는 1,500개에서 2,000개의 난소를 제거해 보았다고 주장하기도 했다. 베이커-벤필드 박사의 말에 따르면 "그들은 마치 트로피처럼, 제거한 난소를 큰 접시에 담아서 의학 학회에 가져오기도 했다."(Ehrenreich and English 1973b, p. 35 [2023]).

또한, 자궁절제술은 히스테리에서부터 오늘날 "월경 전 증후군"이라고 불리는 "월경 우울"까지 포함하는 다양한 질환에 대해서 자궁절제술을 처방했던 의학 이론이 존재했다(Sutton 1997, p. 16). 당시의 의학 지식에 비추어 본다면 수술 전에 그들은 손을 씻지도 않았고 장갑이나 마스크도 끼지 않았을 것이며 자신의 의학적 능력을 과시하고자 하는 욕망으로 자궁절제술을 사회적 사건으로 과장해 동료 의사뿐만 아니라 친구를 포함하여 여러 사람을 수술 현장에 초대했다는 점도 강조할 필요가 있다.[37] 그들은 마취도 없이 흉골에서 치골결합을 랜싯[의료용 칼]으로 절개하는 고통의 지옥을 홀로 견디고 있는 여성의 사투에는 무관심했다.

그러나 클로로포름과 같은 전신 마취의 초기 형태가 마련된 후에도 환자가 수술에서 느끼는 긴장이 수술 회복에 도움이 된다는 이유로 마취를 하지 않고 수술하는 것이 더 좋다고 주장하는 의사도 있었다. 저명한 의사 찰스 클레이도 그들 중 한 명이었다. 그는 난소를 잘라내는 수술에 "난소절제술"ovariectomy이라는 이름을 붙인 당사자였고 이 수술로 크게 명성을 얻었다(그는 395건의 수술을 했고 그중 단 25건의 수술만이 환자의 죽음을 초래했다). 또한, 그는 1843년 영국 맨체스터에서 최초로 복식 자궁절제술을 시술하기도 했다(불행하게도 환자는 수술 후 출혈로 사망하였다). 클레이는 마취 없이 수술하는 동안 여성이 나타내는 정신력이 바로 회복에 관한 의지를 나타낸다고 보기 때문에 마취를 사용하지 않는 것을 선호한다고 말했다(Sutton 1997, pp. 4, 6).

---

37. 파리의 부인과의사 펑(Pean)이 최초의 자궁절제술 중 하나를 막 시술하려고 하는 순간 알몸의 젊은 여성이 눈을 감은 채 누워있고 그 주위를 군중이 둘러싸고 있는 그림은 매우 중요하다. 이 그림은 많은 페미니스트 문헌에 수록되었으며 앞서 인용한 피아지오(1976)의 *Avanti un'altra*에 표지로도 사용되었다. 최근에는 서튼의 연구에서도 제시되었다.

이것은 그저 여성이라면 고통을 겪어야 한다는, 당시 산부인과 분야에서뿐만 아니라 많은 사람들이 널리 공유하고 있었던 오래된 믿음이었을까?[38] 앞에 인용된 글의 저자는 얼마나 많은 여성이 높은 사망률(특히 복식 자궁절제술)에도 불구하고 수술에 동의했는지에 놀랐다. 그러나 우리는 난소절제술의 사례와 마찬가지로 이 여성들이 남편, 형제, 아버지 그리고 의사들로부터 얼마나 많은 부담을 강요받고 폭력을 감당해야 했는지를 생각해 보게 된다. 이러한 폭력은 누군가에게는 처벌이자 가학성의 형태로서 행사되었을 것이고, 또 다른 누군가에게는 가학성이자 직업적 관심의 형태로서 행사되었을 것이다. 여성의 신체가 겪은 이 쓸모없고 끔찍한 고통에서 남성 공모는

---

38. 이러한 의심이 제기되는 이유는 산과에서 활용되는 마취의 발명자인 제임스 영 심슨(1811~1870)의 다음과 같은 말을 통해서도 확인된다. 그는 "의학적 이유가 아닌 도덕적인 이유로 클로로포름의 사용을 허용하지 않았던 적들에 대항해서 이 약품의 사용을 주장해야 했다. 마취를 반대하던 사람들은 고통을 겪는 여성들이 신에 대한 간절한 기도를 할 수 없게 된다고 주장했다"(Guthrie 1945). 또한, 중세 시대에 교회는 진통 중에 겪는 고통을 감소시켜주는 약초의 사용을 금지했다(Federici and Fortunati 1984). 왜냐하면, 성경에서 "너는 고통 중에 아기를 낳게 될 것이다"라고 말했기 때문이다. 그리고 의학은 세 번째 새천년이 시작되려고 하는 순간에도 여전히 여성이 고통을 통해 아이를 낳는다는 가르침을 따르려고 했다. 서양 의학에서 경막외주사[무통분만 시에 사용되는 마취]를 어떻게 보고 있는지는 명확하지 않지만 이러한 시술은 일반적인 병원 진료 방식은 아니다. 동양 의학의 경우 중국식 침술로 여성이 고통 없이 분만할 수 있게 하므로 병원에서 침술 전문가를 고용하는 것만으로도 충분히 도움이 될 수 있다.

얼마나 큰 책임이 있을까?

현재의 질문들

현대 부인과 의학의 "선대가 남긴 오점"이라고 할 수도 있는 이러한 일련의 고려 사항을 마무리하는 시점에서 당시의 역사와 현재 널리 시술되고 있는 자궁절제술(그리고 난소절제술)의 역사 사이에 연속성의 문제를 제기하는 것은 너무나도 당연할 것이다. 이는 여성 신체에 대한 공격이자 착취의 한 형태이며 생식기를 훼손하는 방식은 전혀 고려하지 않고도 치료를 제공하던 여성 지식에 반하는 방식이다.

이러한 맥락에서 우리에게 곧 다가올 미래를 알고 발생 가능한 영향을 고려하여 조사를 시작하는 것은 흥미로운 작업일 것이다. 서튼(Sutton 1997)은 20세기 후반의 미국에 관해서 어떻게 이야기했을까? 20세기에 마취와 항응혈제 그리고 항생제로 대표되는 새로운 안전 조치가 등장하면서 자궁절제술에도 호황이 찾아왔다. 그리하여 오늘날 미국 내에서 자궁절제술은 두 번째로 많이 시술되는 수술로 자리 잡아 연간 650,000건 이상의 수술이 시술되고 있으며 그 비용은 3억 달러에 달한다.[39] 또

---

39. 이러한 통계는 미국 국립 보건 통계 센터가 제시한 1985년(670,000건), 1981

한, 서튼의 관찰에 따르면 1980년대 말 이미 자궁 병리에 관한 대안적 치료법이 활용 가능한 수준의 기술 개발에 도달했기 때문에 그는 당시 미국에서 이 수술을 받은 여성의 절반에 달하는 사례는 부분적으로 학대로 규정될 수 있다고 주장한다.

서구 국가에서 자궁절제술이 가장 흔한 수술이 되어버린 상황에서 마거릿 M. 라이언(Ryan 1997, p. 21)은 국가 간 및 사회 계층 간의 큰 차이를 근거로 병리와 치료의 관계에 관한 추가적인 질문을 제기한다. 라이언은 자궁절제술의 빈도가 1970년대에 극에 달한 이후로 여러 국가에서 그 빈도가 감소했다고 지적한다. 그런데도 저자는 미국의 경우 64세 이전에 이 수술을 받을 확률이 40퍼센트에 달하지만, 네덜란드의 경우 그 비율이 더 낮다고 밝힌다. 여러 학자는 60세에 이른 여성의 경우 이 수술을 받을 확률이 삼분의 일에 달한다는 추정치(Dranov 1990)에 의견을 같이하고 있다. 앞서 라이언이 이에 관해 인용한 호주와 미국에서의 일부 연구에서는 빈곤하고 교육 수준이 낮은 여성일수록 수술받는 비율이 높다고 밝혔다. 이러한 연구 결과는 추가적인 다른 연구에서도 확인된다.[40] 다른

년(674,000건)의 자궁절제술 시술 빈도 수치와 일치한다. 32번 주석에서 밝힌 바와 같이 이 센터는 1970년대 이후 수술의 빈도가 감소하였다고 보고하고 있지만, 이와 다른 견해를 가진 시민과 의사들의 연합에서는 그 비율이 여전히 높다고 보고 있다. 이 연합들은 여성에게 대안 치료법에 관한 정보를 제공하는 데 적극적이다(*Hysterectomy and Its Alternatives*, 1996).

여러 사례에서와 마찬가지로 이 사례에서도 학대적 절차에 가장 빈번하게 노출되는 것은 현재 상황을 파악할 만한 자원과 지식이 부족한 여성이었으며 그들은 더 빈번하게 전문가와 보건 체제의 이익에 희생되었다는 점이 분명하게 나타난다. 그러나 더 중요한 것은 모든 시민이 정당하지 않은 의료의 대가를 지불해야 한다는 점이다. 라이언은 고지에 입각한 동의 절차가 잘 마련된 프로그램에서는 자궁절제술 시술에 관한 여성의 자발적 동의가 감소한다는 점도 관찰했다. 그러나 이러한 고지에 입각한 동의 절차는 당시에 일반적인 규정은 아니었다.[41] 또한, 수술의 긍정적이거나 부정적인 영향의 평가에서 환자들의 의견을 고려하지 않았다는 것은 여성들을 "소비자"로조차도 간주하지 않았다는 것을 보여준다. 그래서 이 연구를 통해 추론하건대 현재 이야기되는 "소비자의" 관점은 당시에는 전혀 통용되지 않았다.

---

40. 뉴욕 보건국의 1988년 연구에 따르면, 백인이 아닌 여성의 경우 자궁절제술을 받는 비율이 39퍼센트로 백인 여성의 비율보다 더 높은 것으로 나타났다. 미국 내의 지역적 차이를 살펴보면 남부는 자궁절제술의 빈도가 가장 높은 지역으로 밝혀졌고 이러한 지역적 차이는 일부 부인과의사 훈련 방식의 차이와 일부 경제적 원인에서 기인하는 것으로 보인다(P. Dranov, *American Health*, 1990, pp. 36, 38~41). 또한, 앞서 인용된 AHCPR의 1997년 10월 31일 언론 보도 자료 역시 지역적, 인종적, 사회 경제적 요인들로 인한 자궁절제술 빈도의 차이를 인정하고 있다.
41. 미국에서는 오직 두 개 주에서만 의사가 자궁절제술을 시술할 때 관련된 위험과 가능한 대안에 관해 여성에게 알리도록 요구하고 있다(P. Dranov, *American Health*, 1990, p. 36~41).

공식적 의학은 환자를 객체로 대하던 입장에서 환자를 주체로 대하는 입장으로의 어려운 전환 과정 안에 있었다. 그리고 이때 이 주체는 시민으로서의 특성들이나 더 단순하고 본질적으로는 인간으로서의 특성들을 얻기 전에 소비자로서의 특성들을 얻기 시작했다.

라이언의 주장에 따르면 1990년대에 들어서면서 자궁절제술에 관해 알고자 하는 여성의 요구가 증가했다. 그들은 수술 절차와 전체 회복 과정 그리고 수술의 이점, 위험, 대안에 관해 알고자 했다. 또한, 라이언은 모든 국가에서 이는 피할 수 없는 변화였다고 강조한다.

이러한 연구 결과와 그들이 묘사한 현실을 보고하면서 나는 이미 명백한 사실을 재차 설명할 때 느꼈던 부조리함을 다시 느낀다. 이번에는 당연히 주어져야 할 권리를 요구하고 있다는 점에서 오는 부조리한 느낌이다. 길고 험난했던 서구 민주주의에서, 여성들이 수술 절차와 위험 그리고 회복에 관해 사전에 인지하고 무엇보다도 생식기 절단에 대한 대안을 알 권리를 인정한다는 사실은 분명 우리가 앞으로 나아가는 중요한 단계인 것처럼 보인다. 이미 주어졌어야 마땅한 권리를 확보하는 것이 이토록 어려운 상황에서는 다음이 중요할 것이다. 자궁절제술에 동의하도록 요구받은 여성은 의사가 제거하려고 하는 장기(특히 난소) 또는 세포 조직에 관해 물어보고 세심하게 동의 사항에 관해 숙고하며 결정을 내리기 전에 모든 견해를 다 알아볼 수 있는 시간을 가질 수 있도록 격려되어야 한다. 이탈리아에서 어떤 내용의 새로운 "지침"이 만들어지고 여러 부인과 의과 대학의 접근법이 확립될지 모르겠지만, 여성의 의사에 반해서 그녀로부터 그 무엇도 앗아갈 수 없다는 것을 기억하는 것이 중요하다. 어떤 종류의 절개와 봉합을 사용하는지 물어보는 것도 중요하다. 보기 흉한 상처는 여성에 대한 모욕인 동시에 최신의 기술로 충분히 다룰 수 있는 문제이기 때문에 그저 용납해서는 안 된다.

다시 우리가 앞서 제기한 질문으로 돌아가 보자. 처벌하려는 의도에서, 가학성에서, 여성의 인간성을 부정하는 것에서, 계급 간 그리고 성별 간 투쟁의 역사에서 우리가 살펴보았듯이 하나의 성이 이성異姓에게 공포를 갖고 보복하고자 하는 어떤 다소 은폐된 욕망에서, 그리고 우리 시대에도 자궁절제술을 고집하는 것과 관련된 주장의 근거들에서, 우리는 어떤 연속성을 볼 수 있는 것일까?

자궁절제술의 남용이 부인과 의학 그 자체를 부정할 정도로, 비생산적인 공격성을 보여주고 있다는 것은 너무도 분명하다. 그럼에도 이 수술이 계속되고 있는 또 다른 이유는 무엇일까? 앞에서 인용한 저자들이 알려주는 다른 국가들의 사례는 이탈리아에서도 자궁절제술 남용의 실제 원인, 규모, 절차 등을 조사해야 하는 또 하나의 이유를 제공한다.

이탈리아 내에서 자궁절제술의 빈도는 높다. 〈이탈리아 산부인과 협회〉가 1997년 11월 17일 배포한 보도자료(12번 주석에 언급된 내용)에 따르면 1996년 기준 29,515,577명의 여성 인구를 대상으로 연간 40,000건의 수술이 이루어지고 있다. 여성이 평생 이 수술을 받을 확률은 8분의 1에 해당한다.[42]

1970년대 이후 여러 국가에서 자궁절제술의 빈도가 감소하였지만, 베네토 지역에서는 이러한 감소 추세가 나타나지 않았다(Ryan 1997, pp. 23~24). 오히려 이 지역의 자궁절제술 빈도는 극히 높은 동시에 증가 추세를 보여서 1993년에는 5,909건, 1994년에는 6,120건, 1995년에는 6,326건, 1996년에는 6,685건의 수술이 시술되었다. 특히, 1996년의 기록에는 40세에서 69세 사이의 여성에 대한 자궁절제술 빈도가 꾸준하게 증가하였고 40세에서 53세 사이의 여성의 경우 가장 높은 빈도를 기록하였다. 이 지역의 여성 인구수가 2,278,535명이라는 점을 고려하면 그해에 시술된 6,685건의 시술 빈도는 국가 평균의 두 배에 해당하며 이는 이 지역에서 여성이 평생 이 수술을 받을 확률이 4분의 1에 달한다는 의미이다.

---

42. * 참고로 1996년 이탈리아의 자궁절제술 수술 빈도는 인구 10만 명당 135.53건이었으며 2016년 한국의 자궁절제술 수술 빈도는 인구 10만 명당 172.48건이었다.

전국적·지역적 통계가 이토록 높은 경우에는 여성들 자신이 독립적으로 이 문제에 관해 평가하고, 생각할 수 있는 능력을 갖출 수 있도록 질문을 제기하고, 세심하게 주의를 기울이는 것이 무엇보다 중요하다. 이러한 통계는 대안이 없을 정도로 심각한 병리 현상에 전적으로 기인한다고 보기 어렵다. 특히 의료 서비스 영역에 대해서는 많은 환자들이 불편함을 느끼고 심지어 의심스럽다고 느끼기도 한다. 왜냐하면 의료 서비스 자체가 질병을 만들어내거나 실제 상태보다 더 나쁘거나 치료가 더 어려운 것처럼 보이게 만드는 사례가 너무 많기 때문이다. 1997년 가을 이탈리아 보건 장관은 텔레비전에 출연하여 50대 성인에게 과도하게 시술된 편도선 제거 수술의 호황이 병원의 경제적 이득 창출을 위한 호황일 가능성이 있다는 문제를 제기했다. 근거 없는 불임 진단으로 보조 임신과 인공 수정이라는 새로운 기술을 남용하는 것 역시 커다란 의심을 불러일으키며 오랫동안 국제적인 비난을 받았다.

이것은 두 가지 사례일 뿐이지만 과학 연구 수준, 서비스의 본질 및 의료 관행과 관련한 국가 보건 서비스의 역기능은 이탈리아 언론에서 널리 비판받고 있다. 시민들은 자신들의 개인적 경험이 어떻든 그러한 비판을 무시할 수는 없는 상황이다. 그리고 치료하기보다는 질병을 생산하거나 지속시키고, 환자를 기만하고, 침습적 치료를 선호하는 측면들, 즉 종종 공식

의학을 특징짓는 이러한 측면들로 인해서 시민들은 대안 의료 쪽으로 돌아서기 시작했다. 공식 의학은 대안 의학에 대한 거부와 억압에 기초하여 태어났고 발전했지만, 나는 이런 상황이 공식 의학이 자기 자신을 대안 의학과 비교해 보도록 유도하는 계기가 될 수 있기를 바란다. 그리하여 더 일반적으로는 공식 의학이 자신을 인간의 실제적인 필요 및 지식과 비교해 보았으면 한다.

그리하여 나는, 대체하고 재개입하기 위해 파괴해야 한다는 호전적인 논리에 따라 정당하지 않거나 필요 이상으로 파괴적인 수술들을 하게 만든 그러한 접근법들을 공식 의학이 포기하게 되기를 바란다. 영구 환자perpetual patient로 변형된 시민은 신체적, 심리적, 경제적으로 커다란 해악을 경험하게 된다. 전쟁이 항상 건설[재건술] 기업들에 가장 큰 호재가 되어 왔다는 점은 분명하다. 오늘날 전쟁은, 엄청나게 많은 수의 살아있고/죽어가는 실험실 동물[환자들]에 의존할 수 있기 때문에 인체에 관한 지식과 노하우를 적용해 볼 수 있는 거대한 실험실을 제공하고 있다(Dalla Costa 1999a ; 1999b, p. 28). 그러나 인간적인 관점에서 볼 때 일백 명의 사람을 희생하여 한 사람을 살릴 약을 개발하는 것이 말이 되지 않듯이, 전쟁을 벌일 가치가 있는 재도시화 사업이나 수술 기법의 개선 같은 것은 없다. 오히려 전쟁은 전쟁의 맥락에서 비롯된 것이 아닌, 전쟁의 논리를 공유하지 않는, 다른 종류의 의학 및 수술을 발견하는 것을 방해한다.

20세기 후반을 지나면서 — 인류의 마지막 **공통장**을 정복하는 것을 목표로 하는 경제적 신자유주의를 위해서 — 모든 인간의 삶과 그것을 둘러싼 물리적, 사회적 세계를 상품으로 환원하는 시장 교의에 의해서 인간의 필요와 의학 사이의 호전적인 대립의 논리가 강화되고 있다.

국제적 차원에서는 의료와 같은 주요 부문에서 국가의 기여가 줄어들면서[43] 시민에 대한 보호가 축소되었고 시민들이 지불해야 할 가격이 상승했다. 이는 종종 치명적인 결과를 초래하였으며 대립은 더 격화되어 의사들이 어떤 입장, 선택 및 관행을 택하느냐는 문제를 더욱더 결정적인 것으로 만들었다.

사회적 신체는 전 지구적 규모에서 새로운 천년을 생명과 건강을 향한 길로 정향하기 위해 거대한 전투를 치르는 중이다. 이 과정은 무엇보다도 육체가 사회적인 것과의 관계 내에서

---

43. 여기서 우리는 모든 시민에게 큰 부담을 주는 낭비를 줄이는 것을 목표로 하는 합리화를 비판하려는 것이 아니다. 그러나 이러한 합리화가 수술, 실험, 치료에 관한 의심스러운 결정, 제공되는 서비스의 품질 감소, 최적의 서비스에 필요한 자격을 갖춘 노동자 수의 감소, 안전 보장의 축소 그리고 무엇보다도 소비자의 비용 증가를 통해 "긍정적인 재정 상황"을 창출하고자 한다면 그들의 "적자"는 시민의 높은 비용으로 충당되고 서비스 접근성은 더 낮아질 것이며(많은 사람이 서비스를 이용할 여유가 없어진다) 일반적으로 제공되는 치료에서는 부적절성이 나타나고 그 범위도 축소될 것이다.

갖는 완전성을 존중하고, 전쟁·파괴·죽음에 반대하며, 질병 상태와 병약함, 생명체들의 해체, 개인들과 인구들의 강제 이주를 야기하는 현재의 정책들에 반대해야 할 것이다. 그리하여 이러한 전투 속에서 새로운 휴머니즘과 의학의 새로운 존엄성을 추구하는 많은 의사들이 그들의 선조와 조상들, 무엇보다도 시장과 전쟁의 지배자들에 맞서 반란을 일으키게 되기를 바란다. 여성은 한쪽에서 책임을 다하며 오래전부터 저항을 시작했고 이를 위한 대항-정보와 조직의 세계적 망을 구축했다.[44]

여성들은 수탈과 폭력에 대한 이 새로운 서사로부터 자신들의 신체의 완전성을 강력하게 방어할 것이다. 그리고 공격성과 파괴가 존재하지 않는 경로를 만들어 나갈 것이며 그것을 다른 이들에게 가르쳐줄 것이다. 남과 북의 많은 나라에서와 마찬가지로, 여성들은 인간의 신체에 영양과 건강을, 인류 공동체에 뿌리와 생명을 보장할 수 있는 유일한 것인 어머니 지구의 완전성을 수호하고 다시 확립할 것이다.

---

44. 다른 분야와 마찬가지로 새롭게 조직된 여성 집단이 개설한 상당한 숫자의 의학 관련 웹사이트를 통해 자궁절제술에 관한 질문에 대응할 정보를 얻을 수 있으며 많은 여성이 그들의 경험을 공유하고 있다. 수평적·보편적 전자 소통을 통한 새로운 민주주의로 세계의 여성과 시민이 학대적 남용으로부터 자신을 지킬 수 있기를 바란다. 그뿐만 아니라 여성들이 자신의 몸에 관한 배움의 과정을 다시 시작하고 근본적인 공동 선으로서 지켜져야 할 의학 지식을 집대성할 수 있게 되기를 바란다.

참고문헌

Ahcpr (Agency for Health Care Policy and Research) (1996, 31 October) *Funding Studies on Hysterectomy vs. Alternative Treatment for Uterine Conditions*, press release (http://www.Ahcpr.gov/news/press/hystpr.htm).

American Health (1990), September, 9 (7) (http://www.americanhealth.com).

Baillière's Clinical Obstetrics and Gynaecology, *Hysterectomy*, vol. 11, n. 1, March 1997, Baillière Tindall, London, Philadelphia, Sydney, Tokyo, Toronto.

Clark, A. (1968) *Working Life of Women in 17th Century England*, Frank Cass Co., London

Collenghi, F. (1997) "Un utero da salvare. Le alternative all'isterectomia", in *La Repubblica*, 13 March.

Cutler Winnifred, B. (1990) *Hysterectomy: Before and After*, Harper and Collins.

Dalla Costa, M. (1999a) "Capitalism and Reproduction" in *CNS: Capitalism Nature Socialism*, vol. 7, n. 4.

———(1999b) *Development and Reproduction*, in Dalla Costa, M., and Dalla Costa, G.F. (edited by) (1999).

———(1997) "Some notes on Neoliberalism, on Land and on the Food Question" in *Canadian Women's Studies, Les Cahiers de la femme*, North York, Ontario, Canada, Spring.

Dalla Costa, M. and Dalla Costa, G.F. (edited by) (1999) *Women Development and Labor Reproduction. Struggles and Movements*, African World Press, Trenton, NJ, USA and Asmara, Eritrea,.

Donnison, J. (1977) *Midwives and Medical Men*, Schocken Books, New York.

Dranov, P. (1990) *American Health*, September, 9 (7).

Ehrenreich, B. and English, D. (1973a) *Witches, Midwives, and Nurses: A History of Women Healers*, The Feminist Press, New York. [바버라 에런라이크·디어드러 잉글리시, 『우리는 원래 간호사가 아닌 마녀였다』, 김서은 옮김, 라까니언, 2023.]

———(1973b) *Complaints and Disorders: The Sexual Politics of Sickness*, The Feminist Press, New York.

Federici, S. (1984) *La caccia alle streghe* in Federici S. e Fortunati L. (1984).

———(2004) *Caliban and the Witch. Women, the Body and Primitive Accumulation*, Autonomedia, New York. [실비아 페데리치, 『캘리번과 마녀: 여성, 신체 그리고 시초축적』, 성원·김민철 옮김, 갈무리, 2011.]

Federici, S. and Fortunati, L. (1984) *Il grande Calibano. Storia del corpo sociale ribelle nella prima fase del capitale*, FrancoAngeli, Milan.

Fortunati, L. (1995) *The Arcane of Reproduction: Housework, Prostitution, Labor and Capital*, Autonomedia, New York. [레오폴디나 포르뚜나띠, 『재생산의 비밀』, 김미선·권범철 옮김, 갈무리, 근간.]

Goldfarb Herbert, A. and F.A.C.O.G. M.D. with Greif, Judith, R.N., F.N.P. C. (1997) *The No-Hysterectomy Option, Your Body-Your Choice*, John Wiley & Sons, New York, Chichester, Weinheim, Brisbane, Singapore, Toronto.

Feminist Group for Wages for Housework of Ferrara (edited by) (1978) *Dietro la normalità del parto*, Marsilio Editori, Venice.

Guthrie, D. (1945) *A History of Medecine*, T. Nelson and Sons, London and New York.

Hysterectomy (1994) in *Mayo Clinic Health Letter*, June (website).

Hysterectomy and Its Alternatives (1996) (http://www.denver-rmn.com/health/ar-hyste.htm).

International Journal of Gynaecology (and) Obstetrics (1997) *Second World Report on Women's Health*, vol. 58, n. 1, July.

Le operaie della casa (Houseworkers), 1970년대에 출간된, 〈가사노동 임금〉 운동의 페미니스트 잡지, Marsilio Editori, Venice.

Jourdan, C. (1976) *Insieme contro. Esperienze dei consultori femministi*, La Salamandra, Milan.

Mander, J. and Goldsmith, E. (eds.) (1996) *The Case Against the Global Economy. And for a Turn toward the Local*, Sierra Club Books, San Francisco, CA. [제리 맨더·제임스 골드스미스, 『위대한 전환』, 김승욱·윤길순 옮김, 동아일보사, 2001.]

Beijing Declaration and Platform for Action (1995) in www.un.org

Piaggio, L.C. (1976) *Avanti un'altra. Donne e ginecologi a confronto*, La Salamandra, Milan.

La Repubblica (1993) 13 March.

Ryan, M.M. (1997) "Hysterectomy : Social and Psychosexual Aspects" in *Baillière's Clinical Obstetrics and Gynaecology*, Baillière Tindall, London, Philadelphia, Sydney, Tokyo, Toronto.

Shiva, V. (1989) *Staying Alive : Women, Ecology and Development*, Zed Books, London. [반다나 시바, 『살아남기』, 강수용 옮김, 솔출판사, 1998.]

Shiva, V. (1993) *Monoculture of the Mind : Perspectives on Biodiversity and Biotechnology*, Zed Books, London.

_____ (ed.) (1994) *Close to Home. Women Recollect Ecology, Health and Development Worldwide*, New Society Publishers, Philadelphia, PA and Gabriola Island, BC.

Shorter, E. (1982) *A History of Women's Bodies*, Basic Books, New York.

_____ (1985) *Besides manners : the troubled history of doctors and patients*, Simon and Shuster, New York.

Sigo (Italian Society of Gynecology and Obstetrics) press release 17 November 1997, Rome.

Sullerot, E. (1968) *Histoire et sociologie du travail féminin*, Editions Gonthier.

Sutton, C. (1997) "Hysterectomy : A Historical Perspective" in *Baillière's Clinical Obstetrics and Gynaecology*, Baillière Tindall, London, Philadelphia, Sydney, Tokyo, Toronto.

West, Stanley and Dranov, Paula (1994) *The Hysterectomy Hoax*, Doubleday.

경향 이사학자 과게의 지향
— 조세피 버리감

의학적, 철학적, 도덕적 그리고 법적인 측면이 합쳐진 복잡한 주제인 의사-환자 관계의 변화 과정과 진화의 상세한 측면을 간략히 설명한다는 것은 주제넘고 무모해 보이는 노력이 요구되는 특별한 시도이다. 나는 그렇게 주제넘은 사람은 아니고 이 주제를 깊이 탐구하는 데 필요한 다학제적 역량을 가지고 있지도 않다. 나의 전문 분야는 법률에 한정되어 있기 때문에 나는 이러한 관점에 국한하여 이 주제를 다루고자 한다. 그리고 의사-환자 관계가 거쳐 온 변화를 과장하거나 왜곡하지 않고 규범적 관점에서 있는 그대로 그려 보고자 한다. 사법 판결이 사회 현실의 새로운 요구에 맞게 법을 조정하도록 인도한다는 것은 일반적인 상식이다. 그러므로 법적 수준에서 이 관계의 진화를 그려보기 위해서는 먼저 최근 몇 년 사이에 의사-환자 관계에서 어떠한 구체적인 수준의 변화가 있었는지 간단히 알아볼 필요가 있다.

의사-환자 관계의 역사를 통해 어떤 면에서는 놀라운 단 하나의 사실이 나타난다.[1] 의학이 역사상 최초로 의사에게, 일반적인 질병을 효과적으로 다룰 수 있는 위대한 치료 수단들

---

1. 의사-환자 관계의 역사는 1991년 빠도바 지역 노벤타 빠도바나의 ISFOS(사회사업가 훈련을 위한 전문학교, l'Istituto Superiore di Formazione per Operatori Sociali)가 주최한 학회에서 토론토 대학교의 에드워드 쇼터가 발표한 논문에 자세하게 나타나 있다. 이 연구는 내 글에 사용한 정보 대부분의 출처이며 ISFOS의 도서관에서 찾아볼 수 있다.

을 제공했음에도, 의사-환자 관계는 의료 분야 전문가의 명성을 위협할 정도로까지 점점 더 악화하였다는 사실이다. 의료인의 명성은 환자가 자신의 회복에 대해 믿음을 가지게 하는 의사의 능력의 지표가 되었기 때문에 소중한 자산이었으며 특히 심리적으로 중요했다. 그리고 이런 관계 악화는 다음과 같은 점에도 불구하고 일어난 일이었다. 즉 의사들에게 주어진 치료 수단들은 1935년 설파제[2]의 발견으로 성공의 정점에 가까워지기 시작했다. 그리고 2차 세계대전 이후에는 페니실린, 관절염 치료제, 항암제 같은 새롭고 강력한 약물의 발견과 화학, 특히 생화학과 같은 새로운 학문의 도움으로 인류의 복지와 질병 퇴치에 더없이 귀중한 발전들이 일어나 의사들에게 주어진 치료 수단들의 성공은 중단 없이 계속되었다.

이러한 상황이 연출된 데는 몇 가지 원인이 있다. 첫째로, 전통적으로 수행되던 심박측정법, 타진법[3], 청진법을 통한 환자의 신체 조사를 포기하고, 컴퓨터의 보조와 실험실 검사를 통해 수행되는 기술공학적 수단을 주로 활용하는 임상 실험으로 대체되면서 관계의 비인격화 depersonalization가 나타났다.

---

2. * 최초로 발견된 설폰아미이드로서 세균 감염의 예방과 치료에 쓰이는 합성 화학요법제 또는 항균제.
3. * percussion. 체표면을 두드려 반향을 일으키는 음향의 성질에 따라 조직 내부의 특성을 평가하는 방식.

다음의 변화들 역시 의사-환자 관계의 변화 방향에 중요한 영향을 미쳤다. 보건의료의 점진적인 관료화, 보건의료 구조의 기술관료적이고 정치적인 변화 과정, 장기 및 집중 치료가 야기한 비용 증가로 인해 초래된 의료 분야의 재정 위기, 그리하여 결과적으로 노약자, 아픈 사람들 중에서도 가장 빈곤한 사람들, 사회의 주변부에서 살아가는 사람들에 대한 서비스가 축소된 것 등이다.

그러나 가장 중요하게는 의료계 전반을 평가하는 방식이, 즉 환자에게 효과적이고 효율적인 치료를 제공하기 위해 이 직업군이 자신의 목표에 얼마나 충실한지를 평가하는 방식이 새로워지고 달라졌다는 점이 의사-환자 관계의 변형에 심원한 영향을 미쳤다. 의사들은 거만하고 가부장적이라는 비난을 받는다. 새로운 의학적 치료의 활용성과 효율성 그리고 윤리적 충실함은 논의의 대상이 되고 있다. "권위적으로 진실을 선언하는 것을 허용하지 않는, 과학적 진보의 우발적 가치"(Portigliatti Barbos 1988a)가 강조된다. 그 결과 뻔뻔한 태도의 의학을 본 점점 더 많은 수의 환자가 회복에 대한 기대에 환멸을 느끼고 대안 의학과 같은 또 다른 길을 선택하고 있다. 동시에 의료 과실 배상 요구가 늘어나고 의사와 보건의료 기관에 대한 소송도 증가했다.

이 광범위한 논쟁에서 비판의 중심에 위치하는 것은 종종 가혹하고 극적인 어조로 이야기하는 환자들이다. 의료 서비스의 수혜자인 이들은 전보다 교육 수준이 높아졌고 치료의 유용성과 효율성을 평가하는 데 필요한 모든 정보를 요구한다. 그리고 자신에게 적용되는 치료를 선택함에 있어서 의식적이고 직접적으로 참여할 것을 강력하게 요구한다.

이처럼 변화하는 현실의 결과로서 법적인 수준에서는 의사-환자 관계가 점점 더 복잡해졌다. 환자의 지위가 두드러지게 되었다. 그리고 환자의 지위는 전통적으로 지적intellectual 전문가에 대한 법적 패러다임에 기초하였던 기존의 구조를 변경시키는 새롭고 다양한 내용으로 인해 보강되었다. 이것은 이탈리아 민법 2221조와 이하의 내용이 규정하고 있다.

이탈리아 공화국 헌법으로 도입된 규칙들은 보건의료 서비스를 관장하는 계약들이 진화하는 데 커다란 역할을 했으며 이러한 진화 과정에서 의사의 책임 기준이 상당히 개정되었다.

헌법 입법자constitutional law-maker의 선택들은 법체계와 정책에서 나타난, 새로운 사례들과 새로운 사회적 요구들에 개방적인 신중하고 점진적인 발전들에 의해 정의되었다. 그 선택들은 한편에서는 칸트적 의미에서 수단이 아닌 목적으로 간주되는 인간의 윤리적 가치와 우위에 특권을 부여했다. 다른 한편으로 이 선택들은 이 문제와 관련된 다른 모든 규칙의 해석에 영향을 주었다. 특히 참조해 보아야 할 내용으로 헌법 제32조 1절과 제13조에서는 개인 자유의 불가침성과 함께 사람의 생명과 신체적 완전성을 보호하도록 하고 있고 헌법 제3조 1절과 제27조 3절 그리고 제32조와 제41조에서는 법의 모든 주체는 평등하고 동등한 존엄성을 가진다고 보장하고 있다. 마지막으로 헌법 제32조에서는 의학적 치료는 반드시 법이 정하는 한도 내에서 개인의 의사를 존중하여 수행되어야 한다고 정하고 있다.

일반법[4] 입법자ordinary lawmaker들이 법령 180/1978의 1조와 법령 833/1978 33조에서 의학적 치료의 합법성을 위한 기초로써 환자의 동의에 관한 헌법상의 관련 원칙을 보강하는 규정을 채택했다는 점도 마찬가지로 중요하다.

이것은 인간의 '주권'에 대한 인정을 중심으로 하는 규제 체제였다. 인간의 '주권'에 대한 인정은 근본적인 가치로서, 그로부터 인간의 생명과 건강의 보호에 관한 원칙들이 파생된다. 그리고 이러한 원칙들이 외과적이고 실험적인 치료의 비용(손실)과 편익을 계산하기 위한 기초를 구성하였다. 이는 정당한 근거가 없거나 이러한 가치들의 보호를 위해 필수 불가결하지 않은 수술들로 인한 영구적 손상을 방지하기 위한 것이었다. 같은 원칙에 따른 자연스러운 추론에 의해 환자의 동의를

---

4. * 헌법 수정 없이 입법하는 법안을 말하며 한국의 일반법/특별법과는 다른 개념이다.

확인할 의무가 강조되었고 환자가 치료에 관해 알아볼 의무는 배제되었으며 반대로 치료를 거부할 환자의 권리는 인정하게 되었다. 일부 저자들은 환자 스스로 죽음을 결정할 권리가 있다고 보기도 했다.[5] 이 모든 것은 주체가 표명한 이의가 고지에 입각한 단호한 의견이라면 어떠한 권한으로도 이해당사자의 동의 없이 당사자의 권한을 합법적으로 대체할 수 없다는 점을 공통으로 가리키고 있다.

우리는 이러한 원칙들, 특히 체제를 지탱하는 핵심 원칙인 개인 자유권의 맥락에서의 의료에 대한 권리를 다음의 논의에서 항상 염두에 두어야 한다. 우리가 논의하고 있는 환자-의사 관계의 단계들을 개괄할 때, 의사와 환자의 상호 의무와 권리의 내용과 한계를 결정할 때, 그리고 그에 뒤따르는 책임의 범위를 파악할 때 말이다. 이는 형법과 민법에 포함된 조항들에 따라 평가되어야 한다(형법 제575조, 제579조, 제580조, 제589조, 제62조와 민법 제1218조, 제2229조, 제2043조).

앞서 언급한 바와 같이 의사와 환자 사이에 확립된 관계는 지적intellectual 노동을 위한 계약의 영역에 속한다. 이제 우리는 이러한 헌법상의 관련 원칙이 의사의 행동 규범과 책임 규정에 어느 정도까지 영향을 미치는지 확인하는 데 초점을 둘 것이다.

---

5. 이 문제는 Portigliatti Barbos, 1988b에서 충분히 다루어졌다.

의사의 진료와 책임 범위를 규정하는 특정한 규칙들에 관해 우리가 이야기할 내용은 의사의 민사와 형사상의 책임과 징계 책임의 다양한 영역에 적절한 조정이 진행되는 경우 유효하다는 점을 지적할 필요가 있다. 이는 서로 다른 사법 영역 내에서 유사성과 동화를 촉진하는 경향이 있기 때문이다. 따라서 책임, 일반적으로 의사의 권리와 의무에 대해 이야기할 때 우리는 위에서 언급한 세 가지 영역 모두에 대해 이야기하고 있는 것이다.

사실 법학에서는 한동안 의학적 진료와 의료적 책임에 관한 계약적 문제와 계약 외적 문제, 그리고 형사상의 문제에 일반적으로 적용할 수 있는 단일한 규칙을 개발하고자 하였다. 그리고 이러한 규칙을 보건의료 시설이나 개인병원 의사의 개별적 진료 행위 모두의 경우에서 의사가 자신의 업무와 전문적인 서비스에서 불만족스러운 결과를 경험한 환자에 대응해야 할 때 적용할 수 있도록 하고자 했다.

전통적 견해에 따르면 의사와 같이 지적 업무를 수행하는 사람들의 의무에는 의무 행동mandatory conduct(수단의 의무 obligations of means라고 부른다)이 포함된다. 여기에는 전문적 행위에 관한 성실성과 숙련성의 의무는 포함되지만, 결과의 달성은 포함되지 않는다. 이러한 부류의 의무는 다른 전문 직업에서도 나타난다. 한 저명한 연구자(Mentone 1988, p. 181)가 말했듯이, 사람들이 의사로부터 기대하는 것은 치료를 통해 질병의 상태(초기 단계)를 건강의 상태(최종 단계)로 변화시키는 것이다. 그러나 의학의 목적, 즉 보건의료의 목적에 따르면, 의사들로부터 기대할 수 있는 결과는 "회복이 아니라 회복을 촉진하는 보살핌이며 더 간결하게 말하자면 적절한 보살핌이다." 즉, 의사는 "단지 질병의 회복을 촉진하는 데 필요하거나 유용한 환경을 만들 수 있을 뿐이다. 그리고 오히려 치료의 성공은 상당 부분 의사가 통제력을 갖지 못하는 또 다른 요인에 의존하고 있다."

의학 분야에서 결과나 목적에 관한 규제보다 행위의 규제가 더 우위에 있음을 인정하는 이 원칙은 지속적이고 중대한 변화를 겪으면서 의사의 의무를 결과의 의무에 훨씬 더 가깝게 만들었다.

첫째, 의료 기술의 발달로 인해 과실이 감소하기보다는 오히려 증가했다. 특히, 판례에서는 다음과 같은 입장이 더 중요해졌다. "전문 치료, 즉 특정 기술 규칙에 기반한 치료에서, 그 기술 규칙들이 충족되지 않은 경우는 전문가의 무능력의 징후일 뿐만 아니라 실패, 최종 목표를 달성하지 못했다는 실패와 큰 관련이 있다. 즉 기술 규칙을 따랐을 때 달성할 수 있었을 최종 목표에 대한 실패를 말한다. 여기에서 전문가의 책임이 성립된다고 볼 수 있다."(파기원Court of Cassation, 민사 소송,

11287/1993).

이는 기술적 규칙을 따르게 되면 목적을 달성할 수 있으며 같은 규칙을 무시하면 더 나쁜 결과를 초래한다는 인식을 강조한다. 다시 말해서, "기술적 규칙의 존재는 달성 가능한 결과에 관한 불확실성을 감소시킨다."(Cafaggi 1988).

더욱 간편하게 제공되는 의료 서비스, 치료와 수술은 결과의 의무들과 관련된 책임에 상응하는 엄격한 책임 제도와 관련된다. 이 경우에 예상되는 결과의 달성을 방해하는 (알려지지 않은) 원인을 입증하는 것은 전문가의 몫이다. 실제로 (일상적인 수술처럼) 간편하게 전달되는 치료를 통해 "더 나쁜 결과가 도출된다면 결과만을 놓고 보았을 때 전문적 서비스의 수행이 부적절했거나 과실이 있었다고 판단할 수밖에 없다(민사 파기원, 21/12/1978, 이탈리아 판례, 1979, I, 1, 953). 이런 경우 의사의 의무는 성실한 행위로 좋은 치료를 제공하는 것일 뿐만 아니라 전문가로서 충분히 기대되고 정상적으로 달성 가능한 결과를 성취할 수 있도록 행동하는 것이다.

미용 수술aesthetic surgery에서도 마찬가지로 의사의 수행은 단순한 수단의 의무를 목표로 하는 것이 아니라 상대 당사자들이 기대하는 결과를 달성하는 것이다.

유사한 규칙은 치과 재건 분야에도 적용된다.

또한, 재량권discretion의 영역에서도 중대한 변화가 발생했다. 재량권은 의사와 환자 사이에서 신뢰 관계fiduciary relationship를 끌어내는 요인 중 하나이며 그 특성은 의사의 서비스를 특징짓는다. 전통적인 견해에 따르면 "전문가" 및 지식인과 마찬가지로 의사는 그들의 서비스를 어떻게 완수할지 선택하는 데서 높은 수준의 재량권(즉, 자유)을 갖는다. 전문가의 독립성은 실제로 책임의 면제와도 같다고 주장되어 왔지만, 의학 분야에서 이러한 주장은 상당히 완화되었다.

우선 의사의 재량권은 원하지 않는 치료에 대한 환자의 거부를 제한할 수 없다. 이 규칙은 의무 강령의 제31조 4항에서 "모든 의학적 치료는 환자의 의지에 반해서 수행될 수 없기 때문에 어떤 상황에서도 자격을 갖춘 환자로부터 뚜렷한 거부가 있는 경우 의사는 모든 진단적이고 의학적인 치료를 중단해야 한다"라고 명시적으로 제재하는 조항에서도 반복해서 나타났다. 다만 국민건강보험을 창설한 법률 제33조에서 찾아볼 수 있는 강제적인 의학적 치료의 경우는 예외로 한다. 다시 말해 환자의 결정에 끼어드는 의사의 재량권은 수혜자의 권한에 의해 축소된다. 환자의 동의는 의학적 치료의 적법성에 대한 전제조건이며 의사는 단지 "선택사항이나 활용 가능한 대안에 관한 설명과 선택에 기여할 재량권을 갖는다."(Cafaggi 1988).

의사의 재량은 기술적-과학적 규칙이 있는 경우에 또 다른 제한에 직면한다. 판례에서는 "과학 공동체의 공유된 합의와 뚜렷한 실험의 결과로 도출된 일련의 규칙은 과학과 실제를 통해 수립된 것으로 볼 수 있고 전문가에게 필요한 과학적이고 실용적인 지식을 형성하고 있으며, … (이 일련의 규칙은) 전문가의 선택의 자유가 결코 모험이 되어서는 안 된다는 한계를 두고 있다(민사 파기원, 3044/1972)"라고 명료하게 밝힌다.

간단히 말하자면 증대된 과학적 지식은 불확실성의 수준을 낮추고 결과적으로는 전문가의 재량권도 감소시킨다. 따라서 표준화된 진단-치료 절차가 존재할 때 이를 변형하고자 하는 전문가는 그 이유에 관한 적절한 근거를 제시해야 한다. 마찬가지로 선택의 범위를 넓히는 대안 전략이 몇 가지 있는 경우에도 전문가는 완벽한 설명을 제공해야 한다.

이 점에 대해 결론을 내리자면, 책임의 결정에 있어서 의사가 자신의 직업을 수행하면서 일반적으로 하는 일(보통 "실천"praxis이라고 부르는 것)이 어떻게 평가되는지에 대한 중요한 규정이 한 가지 있다. 한 접근법에 따르면(Cafaggi 1988) 의학 실천은 무차별적인 구속력을 갖는다고 볼 수 없으며 규칙을 준수한다고 해서 책임으로부터 자유로워질 수도 없다. 왜냐하면 그렇게 한다면 그것은 의학 실천에 "과학적 진보의 진화에 둔감한 규칙"의 가치를 부여하는 것과 같아서, "공고화되었을지라도 수혜자에게 최선의 선택은 아닐 수 있는 기술을 계속 채택하는 동기를 부여하는 것"과 같기 때문이다.

예를 들어 어떤 수술이 의학 실천에서 채택되었음에도 병리의 종결뿐만 아니라 환자의 심리적-신체적 완전성에 중대하고도 돌이킬 수 없는 해악을 가져오고, 동시에 그 해악이 환자에 대한 침습성과 파괴성을 해악이 덜한 또 다른 수술과 치료로 피할 수 있는 경우가 여기에 해당한다. 이는 기술적-과학적 진보와 최첨단 기술이 질병을 치료하기 위해 적합하고 적절하다고 간주하는 기법의 경우에도 마찬가지로 사실이다.

여기서 우리가 도달한 결론은 자궁절제술에 대한 의사의 책임에 관해 달라 코스따 교수가 제기한 질문에 답하는 데 적절하고도 유용한 지침으로 기능할 수도 있을 것이다.

그러나 이 글의 서두에 언급한 기본 헌장으로부터 우리는 규제 체제 내에 의료 관행과 기능적으로 연결된 정보의 영역이 있다는 것을 추론할 수 있다. 이러한 정보의 영역이 새롭고 중요한 지평들을 열었다.

환자의 동의가 요구되는 의학 분야에서 정보는 전문가에게 필요한 요소이면서 의사-환자 관계의 확립과 발달에 필수적인 요소이며 헌법적으로 보호되는 관계에 영향을 준다는 점이 즉각 분명하게 드러난다. 또한, 정보의 목적은 환자가 자신에게 제안된 (치료와 수술과 같은) 선택을 이행할지 하지 않을지 평가할 수 있는 위치에 있도록 하는 것이라는 점도 분명하다.

그러나 시기적절한 분류도 일부 필요하다. 우리는 다양한 정보[고지] 요건 중에서 환자의 동의를 얻으려는 의도의 요건과 환자가 사전 예방적 조처를 할 수 있도록 하는 데 필요한 요건을 구분해야 한다. 전자의 요건이 누락 또는 불완전하게 수행되면 정보를 전달받는 사람의 치료 동의에 관한 자기 결정권에 영향을 준다. 후자의 요건이 누락 또는 불완전하게 수행되면 해악의 위험을 피하고자 특정 수단을 채택하는(예를 들어 유전적 결함이 있는 아이의 출산을 하지 않기로 한다거나 그와 유사한, 고지에 따른 자유로운 생식적 선택들) 환자의 능력을 방해할 수 있다. 두 가지 사례의 가설 모두 헌법적으로 보호받는 권리를 침해한다(이탈리아 헌법 제13조와 제32조 2항).

또한, 의사의 재량권에 관해 우리가 발전시켜온 내용을 분명하게 만들면서, 의사 재량권의 인정은 의사의 선택을 정당화하는 정보 제공의 의무가 충족되었을 때만 이루어진다는 점을 분명히 밝혀두는 것이 중요할 것이다.

이미 언급했듯이 정보 요건은 환자가 자기 결정을 할 수 있도록 하는 기능을 가지고 있으며 치료의 긍정적이거나 부정적인 결과의 가능성을 주관적, 객관적으로 평가할 수 있는 비용(해악) 편익 분석의 기회를 준다. 이는 정보가 전달받는 사람의 이해 수준에 맞게 자세하고도 명확해야 하며 치료의 목적, 사용되는 수단의 특성, 치료의 결과 그리고 위험의 정도를 포함해야 한다는 것을 의미한다.

정보의 본질과 내용 그리고 기능에 관한 설명 후에는 이러한 정보 요건을 위반했을 때의 결과가 무엇인지 가감 없이 설명할 필요가 있다. 이러한 요건을 위반한 전문가의 책임은 실천에서의 요건을 위반한 경우와 마찬가지로 당연한 것이다. 이는 민사상의 계약과 계약 외적 관계(우리의 목적상 특별한 주의가 필요하지 않은 구분)에서의 범죄가 될 수 있기 때문이며 필요한 경우에는 징계를 받을 수도 있기 때문이다.

책임의 판단은 정보 요건이 환자의 동의를 얻기 위한 목적인 경우에도 유효하며 정보를 받는 사람에게 필요하다고 여겨지는 예방적 조처를 권장할 목적으로 하는 경우에도 마찬가지로 효력을 발휘한다.

법리적으로는, 특히 어려운 수술에서의 의사 책임을 다룬 민법 제2236조에 의해 제정된 규정이 적용 가능한 경우를 제외하고 정보 요건은 성실의 의무로 해석될 수도 있으므로 의사의 위반 사항이 가볍더라도 전문가의 책임을 물을 수 있다. 정보의 부족이나 불완전하거나 부정확한 정보(신뢰할 수 없는 정보 또는 추후 잘못된 것으로 드러난 정보를 포함)는 환자가 (임상적 또는 수술적인 방식의) 의학적 치료를 받는 결정을 해야 하는 상황을 만들어내기 때문에 이에 따른 환자의 동의 자체가 무효가 될 수 있다. 또한, 이때 의사의 치료는 침습적인 것으로 간주되며 의사는 차후의 해악에 대한 책임을 진다. 이 문제는 추가적인 관심을 기울일 만한 가치가 있다.

정보 요건의 목적은 단지 환자의 동의를 얻는 것뿐만이 아니다. 환자가 치료의 위험을 인식하고 질병의 건강 상태를 지속할지 아니면 의학적 치료를 통해 질병을 제거할지 사이의 개인적 선택을 포함하여 환자에게 꼭 맞는 방책을 채택할 수 있도록 보장하는 목적도 지닌다. 이러한 필요성을 어긴 의사는 환자가 자신을 위해 선택을 할 기회를 망쳐버린 책임을 져야 한다. 의사가 환자에게 건강상의 돌이킬 수 없는 손상의 가능성이나 치료의 위험에 관한 완전하고도 구체적인 정보를 주지 못한 경우에도 완벽성과 명확성의 필요를 위반한 것으로 보고 유사한 결론을 내릴 수 있다. 이런 사례들은 현재의 과학 및 기술 지식에 따라 가능한 경우 다른 치료법을 사용하여 피할 수도 있는 것이다. 다른 치료법들이 덜 효과적이더라도 마찬가지이다. 여기에서도 마찬가지로 동의는 무효한 것으로 간주하며 치료를 더는 정당한 것으로 볼 수 없으므로 의학적 행위의 비합법성과 위법성은 결과적으로 해로우면서도 의학적 책임 소재가 있는 것으로 간주하여야 한다.

참고문헌

Cafaggi, Fabrizio (1988) "Responsabilità del professionista," entry in *Digesto delle Discipline Privatistiche*, vol. XVII, Turin.
Mengoni, Luigi (1988) *Obbligazioni di "risultato" e obbligazione di "mezzi"*, Milan.

Portigliatti Barbos, Mario (1988a) "Diritto di rifiutare le cure," entry in *Digesto delle Discipline Privatistiche*, vol. IV, Turin.

―― (1988b) "Diritto a morire," entry in *Digesto delle Discipline Privatistiche*, vol. IV, Turin.

3장 정글짐의 진화와
조그저 레즈의 재등장
— 다리아 마누

여전히 위험은 있지만 많은 사람이 수술을 통해 생명을 유지한다. 마취, 항생제, 소독제, 정맥 주사 그리고 수혈은 수술의 안전성을 상당히 높여주고 있다. 최근의 성공 사례들과 더불어 수술 기법과 그에 대한 기술적 지원은 빠르게 개선되고 완성되었다. 그와 동시에 각 수술의 효과와 적합성에 관한 재검토와 평가도 시작되었다. 언제나 더 많은 대안적인 의학 치료를 제공해 준 과학 연구의 진보와 신체적·심리적 건강과 그에 따른 안녕감 개념의 부상, 그리고 두말할 나위 없이 현대 의학의 방법론이라고 할 수 있는 데이터 기반 의학의 발달은 수술의 적합성에 관한 더 나은 정의를 가능하게 하였다. 그리고 지난 20년간 적합성이 부족한 것으로 판단되거나 다른 치료법으로 대체될 수 있었던 수많은 수술의 빈도가 감소하였다.

자궁절제술에 대해서도 언제 어떤 수술 기법이 필요하고 어떻게 시행해야 하는지에 대한 의학적 재평가가 시작되었다.

현재의 상황

전 세계적으로 이 수술이 언제 시술되고 수술에 어떠한 기술이 활용되었는지를 살펴보면 커다란 문제점이 드러나며, 이는 시급한 재검토가 필요하다는 것을 의미한다.

세계적으로 자궁절제술은 가장 일반적인 대수술serious operation이다. 미국[1]과 호주 남부[2]에서 60세 이상 여성 세 명 중 한 명은 이 수술을 받았으며 영국[3]에서는 65세 이상 여성 다섯 명 중 한 명이 이 수술을 받았다. 이탈리아[4]의 경우 밀라노에서 1983년부터 수행된 통제 사례 연구에 따르면 연구 대상 여성의 12.2퍼센트가 자궁절제술을 받았으며 60세 이상 여성의 경우 1900년에서 1909년 사이에 출생한 여성이 자궁절제술을 받은 비율은 12.8퍼센트였지만 1930년에서 1939년 사이에 출생한 여성이 자궁절제술을 받은 비율은 22퍼센트로 상승하였다.

또한, 연간 비율에도 커다란 차이가 있었다. 1980년대 말에 미국에서는 연간 100,000명의 여성당 550건의 수술이 있었지

---

1. Lepine LA., Hillis SD., Marchbanks PA, Koonin LM., Morrow B., Kieke BA., Wilcox LS., "Hysterectomy surveillance United States 1980~1993", in *MMWR (Morbidity and mortality weekly report) CDC Surveillance Summary*, vol. 16, p. 1, 1997.
2. MacLennan AH., MacLennan A., Wilson D., "The prevalence of hysterectomy in South Australia", in *Medical Journal (of) Australia*, vol. 158, p. 807, 1993.
3. Chapple A., "Hysterectomy : British National Health Service and private patients have very different experiences", in *Journal Advanced Nursing*, vol. 22, p. 900, 1995.
4. Parazzini F., La Vecchia C., Negri E., Tozzi L., "Determinants of hysterectomy and oopherectomy in nothern Italy", in *Revue (d') Epidemiologie (et de) Sante Publique*, vol. 41, p. 480, 1993.

만, 핀란드[5]에서는 348건, 노르웨이[6]는 164건으로 나타났다.

상반된 경향성 역시 나타났는데 미국에서는 (1980년 100,000명당 701건의 비율이 1988년에서 1993년 사이에는 550건으로) 느리게나마 지속적인 감소 추세가 나타났지만, 노르웨이와 같은 국가에서는 1977~78년에서 1988~90년 사이에 50퍼센트가 증가하여 여성 100,000명당 164건에 이르렀다. 이탈리아의 경우 추세에 관한 국가적 기록은 없지만, 그 빈도가 증가하고 있는 것으로 보이며 최소한 지역적 수준의 수치에서는 그러한 경향성이 나타나고 있다.

이러한 빈도와 경향성의 불일치는 수술 지침으로 사용된 기준이 객관적이기보다는 주관적이라는 점을 보여준다.

또한, 자궁절제술의 종류(주변 세포 조직을 포함한 부분 또는 전체 자궁절제술, 나머지 자궁 조직과 난소 포함 여부), 접근 경로(복부 또는 질), 수술법(전통적 수술이나 복강경 수술 또는 혼합법)을 결정하기 위해 활용하는 정적 기준과 부적 기준은[7] 국가 간 차이가 있었을 뿐만 아니라 의사 간에도 차이

---

5. Luoto R., Kaprio J., Keskimaki I., Pohjanlahti JP., Rutanen EM., "Incidence, causes and surgical methods for hysterectomy in Finland 1987~89", in *International Journal (of) Epidemiology*, vol. 23, p. 348, 1994.
6. Backe B. Lilleeng S., "Hysterectomy in Norway. Quality of data and clinical practice", in *Tidsskrift (for Den) Norske Laegeforening*, vol. 23, p. 971, 1993.
7. * 정적 기준(positive criteria)은 특정 방법론을 채택하기 위한 적합성 요인을

가 있었다.

미국의 경우 접근 경로의 선택을 평가하는 데 사용하는 기준에 대한 연구가 있었고, 그 연구에 의해 가이드라인이 복부 경로보다는 질식 경로를 선호하도록 변화되면서 비율이 3 대 1에서 1 대 68[8]로 바뀌었다. 하지만 이러한 비율은 상당한 비판의 대상이 되었으며 일부 비판은 이탈리아에서 제기되었다. 역학 연구에 따르면 자궁절제술은 종종 완경 또는 자녀의 수와 뚜렷한 관계가 없이도 난소절제술로 연결되기도 하는 것으로 드러났다.

그런데 수술 자체, 그리고 어떤 접근 경로가 사용되었는지는 여성의 안녕감과 삶의 질에 어느 정도 영향을 준다. 예를 들어 자궁경부를 보존할 경우 성적 활동에 유리하며, 흉터의 존재는 여성의 심리적 태도와 삶에 영향을 준다. 생식 능력이 있는 여성이 난소를 보존하는 데 실패한다는 것은 충격적이고 조숙한 방식으로 폐경을 시작하면서 급작스러운 호르몬 활동의 중단을 경험한다는 것을 의미한다. 이는 호르몬 대체치료법으로 항상 보상받을 수는 없는 것이다.

평가하며 부적 기준(negative criteria)은 특정 방법론을 배제하기 위한 위험 요인을 평가한다.

8. Kovac S.R., "Guidelines to determine the route of hysterectomy", in *Ostetrics (and) Gynecology*, vol. 85, p. 18, 1995.

자궁절제술과 소위 말하는 "예방적" 난소절제술의 연관성은 모호한 질문이며 과학적 근거보다는 개인적 경험에 따라 더 자주 다루어지고 있다. 예를 들어 문헌을 살펴보면 자궁절제술이 복부를 통해 실시되든 질을 통해 실시되든 난소절제술의 난이도는 똑같지만, 전자의 경우에 난소절제술이 시술되는 경우가 더 많다.[9] 이로 인해 마치 접근 경로에 따라 난소의 상태를 평가하고 예방적 시술 여부를 결정하는 가이드라인이 달라지는 것처럼 보인다. 일부 의학 서적은 연령에 따른 가이드라인을 제시하고 있고 그중에서도 일부는 40세의 여성에게, 다른 경우에는 조금 더 늦은 시기에 난소절제술을 추천한다. 그러나 모두 완경 이후의 여성에게 난소절제술을 시술하는 것에는 동의한다. 이러한 여성들에 대한 정당성의 근거는 난소암의 예방[10]이다. 그러나 이러한 주장을 지지하는 역학적 자료는 어림셈에 불과하거나 모순적이다.[11] 의학에서 건강한 기관을 제거하는 사례는 이 사례를 제외하고는 전무하다. 난소암은 매우 침략적인 특성이 있으

---

9. Carlson K.J., Miller B.A., Fowler F.J. Jr., "The main women's health study 1 : outcomes of hysterectomy", in *Obstetrics (and) Gynecology*, vol. 83, p. 556, 1994.

10. Jacobs J., Oram D.H., "Prophylactic oophorectomy", in *British Journal Hospital Medicine*, vol. 38, p. 440, 1987.

11. Weber A.M., Hewett W.J., GajewskiW.H., CurryS.L., "Serous carcinoma of peritoneum after oophorectomy", in *Obstetrics (and) Gynecology*, vol. 80, p. 558, 1992.

며, 보통 단계가 진전된 후에 진단되기 때문에 여전히 최악의 임상적 사건이라고 할 수 있다. 하지만 초음파 검사를 통해 조기 진단이 가능해진 상황에서 왜 여성들이 완경 전이나 후에 건강한 장기와 중요한 호르몬을 유지하는 기능[12]을 내어주어야만 하는 것일까!! 얼마나 많은 난소가 흔하지 않은 종양을 예방할 목적으로, 잘 알려진 중요한 기능을 품고도 제거되어야만 했을까?

양성良性 부인과 질환에 대한 자궁절제술에서 건강한 자궁경부를 보존하는 관행에도 기복이 있었다. 초기 자궁절제술에서는 거의 항상 자궁경부를 보존하였는데 이는 여성의 건강을 위한 객관적인 이유보다는 제거 자체의 어려움이 있었기 때문이었다. 세포 선별이 가능하기 전에는 자궁경부암을 예방하기 위해 이를 제거하는 것이 몇 가지 이점이 있었을 수도 있다. 자궁경부는 쓸모없는 장기가 아니다. 이 기관이 손실되면 주변 장기에 잇따라 변화가 나타나면서 비뇨기와 장陽 기능뿐만 아니라 성생활에도 부정적인 영향을 줄 수 있다. 더욱이 추후 합병증으로 질 봉합부 탈출증[13]이나 영구적인 육아조직[14]이 있

---

12. Sluijmer A.V., Heineman M.J., De Jong F.H., Evers J.L., "Endocrine activity of the postmenopausal ovary : The effect of pituitary down regulation and oophorectomy", in *Journal (of) Clinical Endocrinology (and) Metabolism*, vol. 80, p. 2163, 1995.
13. * prolapse of the vaginal cupola. 다양한 원인으로 자궁을 제거하게 된 경우 질 상부를 봉합하게 되는데 그 부위가 복압에 밀려 질 하부로 내려오는 증상.

을 수 있다.[15]

자궁경부는 오직 구체적 근거가 있을 때만 제거될 수 있다. 이러한 선택들에 관해 모든 연구자가 동의하지는 않는다. 그러나 다양한 연구가 주장하는 내용이 장기간의 면밀한 연구를 통해 객관적으로 증명된 경우는 거의 없다. 따라서 특정 사례에 관해서든 하나의 선택이 다른 선택에 대해 갖는 비용 대 편익의 비율에서든 실제로 어떤 장단점이 있는지는 명확하게 밝혀지지 않고 있다.

게다가 자궁절제술은 합병증으로부터 자유롭지 않으며 일부 합병증의 경우 수술 자체와 연관이 있다(출혈, 감염, 누공[장기 내 구멍], 장운동과 비뇨기 계통 장애). 더 일반적으로는 자궁이나 내부 생식기 전체의 손실이라는 사건으로 인한 호르몬의 문제나 신체적, 심리적, 관계적 그리고 성적 문제를 겪을 수도 있다.

사례 연구를 분석한 결과 수술의 사망률은 다음과 같았다. 양성 부인과 질병을 치료한 여성 10,000명당 사망 사례는 6건에서 11건 사이였고 임신과 출산에 따른 합병증을 치료한

---

14. * granulation tissue. 상처가 아무는 과정에서 생기는 결합조직이 반흔(흉터)으로 진행되지 않고 영구적으로 남아있는 경우.
15. Hasson H.M., "Cervical removal at hysterectomy for benign disease. Risk and benefits", *Journal (of) Reproductive Medicine*, vol. 38, p. 781, 1993.

여성 10,000명당 사망 사례는 29건에서 38건 사이였다. 1982년의 오래된 연구에 따르면 수술 후의 모든 합병증을 포함하여 복식 자궁절제술의 유병률은 43퍼센트였고 질식 자궁절제술은 24퍼센트였다.[16]

1978년에서 1981년 사이 덴마크에서 시술된 모든 자궁절제술에 대해 소수의 체계적인 역학 조사들이 진행되었는데 그중 하나에 따르면 수술 직후부터 6년간의 합병증의 2.6퍼센트가 최초 30일 이내에 발병하였으며 3.7퍼센트는 90일 이내, 9.4퍼센트는 2년 이내에 발병하였다. 이 중 6년 동안 합병증으로 재입원이 필요한 경우는 8퍼센트였다.[17]

그중 중요하면서도 잘 연구된 합병증은 심리적 장애와 성적 장애이다. 하지만 여기에서도 모순된 결과를 찾아볼 수 있다. 많은 연구가 적합한 방법론을 활용하여 연구되지 않았으며 수술의 유형, 환자가 받은 정보, 가족의 지원, 기존 질병, 호르몬 대체치료법과 같은 중요한 변수는 언제나 고려되지 않았

---

16. Dicker R.C., Greenspan J.R., Strauss L.T., "Complications of abdominal and vaginal hysterectomy among women of reproductive age in USA", in *American Journal (of) Obstetrics (and) Gynecology*, vol. 144, p. 841, 1982.
17. Andersen T.F., Loft A., Bronnum-hansen H., Roepstorff C., Madsen M., "Complications after hysterectomy. A Danish population based study 1978-1983" in *Acta Obstetricia (et) Gynecologica Scandinavica*, vol. 72, p. 570, 1993.

다.[18] [19] [20] [21] [22]

전망

현대 의학은 객관적이고 검증 가능하며 비교 가능한 지식과 경험이라는 증거에 기반을 둔다. 이에 따라 건강을 증진하고 양질의 건강 상태로 회복하는 정도와 관련된 의학적 진단 그리고 치료적 행위의 효능과 적합성에 대한 평가가 필요할 것이다. 그리고 앞서 언급한 데이터들은 자궁절제술에 관한 이러한 평가 역시 시급하다는 점을 보여준다.

---

18. Thornton E.W. McQueen C., Rosser R., Kneale T., Dixon K., "A prospective study of changes in negative mood states of women undergoing surgical hysterectomy : the relationship to cognitive predisposition and familial support", in *Journal Psychosomatic Obstetrics (and) Gynecology*, vol. 18, p.73, 1997.
19. Bernhard L.A., Harris C.R., Caroline H.A., "Partner communication about Hysterectomy", in *Health Care Woman International*, vol. 18, p. 22, 1997.
20. Ryan M.M., "Hysterctomy : social and psychosexual aspects", in Bailliere's *Clinical Obstetrics (and) Gynecology*, vol. 11, p. 23, 1997.
21. Helstrom L., Lundberg P.O., Sorbom D., Backstorm T., "Sexuality after hysterectomy : a factor analysis of women sexual lives before and after subtotal hysterectomy", in *Obstetrics (and) Gynecology*, vol. 81, p. 357, 1993.
22. Nathorst-Boos J., von Schoultz B., Carlstrom K., "Elective ovarian removal and estrogen replacement therapy-effects on sexual life, psychological well-being and androgen status", in *Journal Psychosomatic Obstetrics (and) Gynecology*, vol. 14, p.183, 1993.

위험을 수반하는 모든 수술은 오직 이득이 위험보다 큰 경우에만 수용할 수 있다. 자궁절제술은 수술 위험과 더불어 아이를 가질 능력의 상실과 여성 정체성에 커다란 상징적 의미를 지닌 장기의 상실을 의미하기도 한다.

따라서 치료적 행위로서의 자궁절제술은 이 치료법이 환자 건강의 심각한 해악을 예방하거나 회복할 유일한 활용 가능한 수단인 경우에만 정당화될 수 있다. 또한, 원하는 결과를 얻을 수 있는 범위 내에서 최소한의 자궁 부위만을 제거하는 것으로 제한해야 하며 최소한의 침습성을 가진 접근 경로를 선택해야 한다.

낡은 유기적organic 관점에서 벗어나서 본다면 건강과 질병의 개념은 쉽게 정의할 수 없는 것이다. 1947년 WHO(세계보건기구)는 알마아타[23]에서와 마찬가지로 건강이란 "신체적, 정신적 그리고 관계적으로 안녕한 상태"라고 정의했다. 따라서 질병은 이러한 안녕한 상태를 위협하는 모든 것이라고 할 수 있다. 우리의 사례에서 어떤 자궁의 병리를 질병으로 간주해야 하고 그에 따른 예방이나 치료가 필요한 것으로 볼 수 있을까? 수술이 유일한 대안인 경우는 언제일까? 발생한 각각의 임상 사례에서 가장 적절한 치료법은 무엇일까?

---

23. * Alma Ata. WHO의 건강에 관한 정의는 1946년 뉴욕 회의에서 제안되어 1947년 세계보건기구헌장에 등재되었으며 이후 1978년 〈알마아타 선언〉에서 그대로 활용되었다.

많은 연구를 살펴보면 자궁절제술의 10퍼센트에서 15퍼센트가 악성 종양의 병리로 인해 시술된 것으로 나타났다. 하지만 85퍼센트에서 90퍼센트는 양성 병리(주로 자궁근종, 경증의 자궁내막증, 자궁탈출, 자궁출혈 또는 드물게 통제할 수 없는 출혈이나 산후 자궁 충혈engorgement로 인한 응급상황 등)로 인한 것으로 나타났다.

자궁과 난소의 악성 종양은 여성의 건강 증진에 심각한 위험으로 작용하며 자궁절제술은 여전히 그에 대한 주된 치료법으로 남아있다. 그러나 자궁경부와 난소의 종양 증식을 초기에 진단할 수 있게 되면서 매우 초기 단계에 더 제한적인 수술 - 예를 들어 제거되는 부위를 자궁경부나 난소만으로 제한하는 것 - 을 적용하는 것이 가능해졌다. 또한, 자궁경부질세포진검사[24]를 통해 자궁경부의 종양을 선별하여 암으로 발전하기 전 상태의 병변을 발견하고 "병변의 근원은 제거하면서" 자궁은 보존할 수 있는 최소한의 수술로 이를 제거하는 방식이 있다. 이런 방식이 활용됨에 따라 자궁절제술을 필요로 하는 침습적인 종양으로 고통받는 여성의 사례 수가 3분의 1로 감소했다는 점을 강조할 필요가 있다.

---

24. * Pap-test. 파파니콜로 검사의 약어, 여성 생식기 내의 암을 검출하고 진단하기 위한 검사.

암 발병의 위험으로 여겨지는 과형성hyperplasia과 같은 자궁의 또 다른 변형 역시 오늘날 호르몬 대체치료법이나 자궁내막만을 제거하는 것으로 치료될 수 있다.

악성 종양의 경우, 머지않은 미래에 연구를 통해 많은 사례에서 수술의 필요성을 대체할 수 있는 치료법이 개발되기를 바란다. 우리가 필요한 모든 주의를 기울이고 적절한 임상 관행의 규칙에 따라 실험이 수행될 것을 보증하도록 요구하면서 추구해야 하는 경로는 바로 이것이다.

모든 사례 연구는 양성 변형이 대부분의 자궁절제술의 근거가 되고 있다고 밝히고 있다. 그중에 가장 일반적인 근거는 다양한 유형의 자궁근종이었다. 따라서 단순한 장기의 형태학적 변형이 아닌 인간으로서의 여성의 건강에 초점을 두고자 하는 새로운 치료적/진단적 모델의 발견을 위한 우리의 노력은 여기에서 시작되어야 한다.

자궁 전체의 크기나 자궁 내 양성 종양의 크기는 증가할 수 있으며 크기의 변화는 몇 밀리미터에서 몇 센티미터까지 매우 다양하게 나타날 수 있다. 종양의 수 역시 하나부터 여러 개로 많아질 수 있다. 이때 자궁벽 또는 자궁내막이나 외막으로부터의 확장에 따라 그 크기의 증가가 나타나기도 하고 나타나지 않기도 한다. 하지만 완경 동안 난소의 호르몬 생성이 감소하면 종양의 크기는 항상 줄어든다. 종양의 크기, 개수 및 위치가 어떻든 간에, 주로 다양한 정도의 통증과 출혈을 비롯하여 여성의 안녕감에 해를 끼치는 증상들이 함께 나타날 수도 있고 나타나지 않을 수도 있다. 더욱이 임신이 가능한 여성의 경우에 양성 종양이 생식을 방해하는 경우도 있을 수 있고 그렇지 않을 수도 있다. 임신 중에는 종양의 크기가 증가하는 경우가 많다.

이러한 종양의 형성이 단순히 해부학적인 장기의 변화인지 아니면 질병의 징후 또는 위험 요인인지 어떻게 판단할 수 있을까? 종양은 언제 그리고 어떻게 여성의 신체적, 심리적, 관계적 안녕감에 영향을 주는 것일까? 이 질문에 대한 답은 치료가 필요한지 아닌지를 확인하고 가장 적합하고 효과적인 치료법을 선택하는 데 필수적이다.

그러나 자궁근종을 질병으로 간주해야 하는지에 관한 객관적인 정의는 아직 부족하다. 자궁근종이 여성의 안녕감에 끼치는 해악은 근종의 크기나 위치보다는 증상과 증상의 강도 그리고 자궁근종이 초래하는 성생활이나 생식능력에서의 변화에 따라 나타나며 특히 자궁근종이 어떻게 여성에게 심리적으로 여성의 생활 방식에 영향을 미치는지에 따라 달라진다. 이로 인해 부인과의사는 의학이 요구하는 종류의 확인 가능하고 비교 가능한 데이터보다 그들 개인의 경험에 기반을 둔 주관적인 평가를 하기도 한다. 또한, 문헌에도 수술이 실제로 성공적이고 적절했는지, 즉 수술이 증상을 제거한 후 환자의 삶의 질을 뚜렷하게 개선했는지에 대한 근거를 거의 찾아볼 수 없다. 더욱이 지속적인 자기 검진을 촉진하는 태도의 부족과 기존에 행해지던 관행을 비판적인 사고 없이 "수동적으로" 수용하는 것을 더 이상 간과해서는 안 된다. 이러한 행태는 결국 이 분야의 의학이 뒤처진 것처럼 보이게 만드는 데 일조한다.

마찬가지로 과학적 연구에서도 자궁근종 발생 원인을 찾기 위한 일관된 노력이 부족했다. 이는 자궁근종을 수술 없이 성공적으로 예방 및/또는 치료하는 데 필수적인 정보이다.

기초 연구에서의 노력이 부족한 이유는 자궁근종이 양성 변형에 속하기 때문에 앞서 언급한 정의에 따르면 항상 "질병"으로 보기는 어렵기 때문으로 보인다. 그러나 이는 자궁절제술이 종종 수술 자체와 의도된 이익 사이의 관계에 관한 적절한 평가 없이 널리 시술되고 있으며 여성들이 조용히 이를 견디고 있다는 사실을 보여주는 것이기도 하다. 어째서인지 이 문제의 중요성은 간과되고 있다.

새로운 진단 방침과 치료적 방침에 관한 연구

자궁근종이 진단되면 가장 먼저 질문해야 하는 것은 단지 지속적인 관찰이 필요한지 아니면 치료가 필요한지 여부이다.

이를 위해서는 치료의 이점에 대한 객관적인 정보를 바탕으로 선택 기준을 보다 명확하게 정의할 필요가 있다. 진중한 연구 노력을 통한 더 나은 가이드라인과 정의가 만들어지기 전까지는 환자의 건강에 실제적이고 측정 가능한 해악이 있거나 해악이 이미 시작된 상황에서 치료가 해악을 더 악화하지 않는 경우에만 치료를 해야 한다는 기존의 신념이 지켜져야 한다.

만약 치료가 필요하다면 치료의 유용성을 먼저 평가할 필요가 있다.

앞서 언급했듯이 이 분야에서 근본적 원인에 작용하여 영구적으로 문제를 제거하는 약물은 없다. 그러나 빈혈을 초래하는 출혈 증상을 제거하거나 완화하는 약물은 존재하며 이는 질병의 위험을 줄여줄 수 있다. 또는, 근종의 크기를 줄여주는 약물은 고통과 출혈을 줄여주며 이를 통해 여성의 안녕감이 회복될 수 있다.

만약 이러한 의학적 치료가 충분하지 않거나 근종을 제거해야 하는 경우(예를 들어 임신이 예정된 경우)에는 수술만이 대안이다. 이 경우에도 자궁 전체가 아닌 자궁 근종의 제거를 먼저 시도해야 한다.

지금까지 임상에서는 근종절제술, 즉 근종을 제거하고 자궁을 보존하는 수술은 아주 젊은 여성과 아이를 가질 능력을 유지하기를 명시적으로 원하는 여성에게만 수행되었다.

자궁근종절제술은 자궁절제술보다 간단한 경우도 있지만, 더 복잡할 수도 있다. 특히 크기가 큰 다발성 근종이 자궁벽에 위치할 경우 수술은 더 길고 복잡해진다. 게다가 자궁이 남아 있게 되면 새로운 근종이 발달하여 상당히 위험할 수 있다. 이를 근거로 출산 능력을 보존해야 할 필요가 있을 때만 보존적 수술conservative operation을 시술하는 경향의 기초가 형성되었다.

새로운 수술법으로 인해 수술은 필요한 경우에 내과적 치료의 준비 과정을 동반하면서 더 단순해졌으며 근종의 재발도 예방할 수 있게 되었다. 적절한 추후 진단이 가능해지면서 모든 연령의 여성들에게 보존적 수술의 선택 기회가 확장되었다.

가능한 경우라면 내시경 기술(복강경 수술과 자궁경 수술 hysteroscopy)이 큰 도움이 될 수 있다. 특히, 아직 장기간에 걸친 연구가 부족하여 그 장점이 충분히 증명되지는 않았지만, 이 수술법은 수술 직후 회복 기간이 짧고 난도도 더 낮다.

여성이 어느 정도의 재발 위험과 적절한 후속 조치가 필요한 보존적 수술과 파괴적 수술 중에서 자유롭게 선택할 수 있도록 충분한 정보를 바탕으로 하는 고지에 입각한 동의는 필수적이다.

자궁 적출술이 여성의 건강에 더 유익하다고 판단되는 경우(이 시점에서는 그 수가 더 적어야 할 것이다)에도 건강한 난소와 자궁경부의 제거는 정당화되지 않을 것으로 보인다.

자궁근종 외에도 모든 양성 병리에서 이와 유사한 진단적-치료적 경로를 추적해야 할 것이다. 그 결과 오늘날 대부분을 차지하는 양성 병리에 의한 자궁절제술의 수는 대폭 감소할 것이다. 수술이 요구되는 사례의 숫자가 줄어들 것이며, 대부분의 경우에는 보존적 수술을 통해 더 나은 결과를 찾을 수 있을 것이다.

예를 들어 자궁출혈의 경우 종양 또는 종양전 병리를 배제할 수 있는 신중한 진단 후에 내과적 치료를 활용할 수 있다. 만약 이러한 치료가 성공적이지 않은 경우에는 다시 보존적 수술로 방향을 잡을 수 있다. 이 경우 자궁내막의 제거만으로도 대부분 사례에서는 영구적인 회복을 가져올 수 있었다. 오늘날 내과적 치료와 비-파괴적인 수술법을 통한 다양한 진단과 치료의 가능성을 고려할 때 자궁내막증에서 자궁절제술이 필요한 경우는 아주 드물다. 요실금에서 직장直腸 기능의 변화까지 골반 구조 내의 다양한 변화를 동반하는 자궁탈출증은 사례별로 가장 효과적인 절차를 결정하기 위해 신중한 진단이 필요하다. 덜 심각한 유형의 경우에는 적절한 물리치료만으로 충분할 수도 있으며, 그렇지 않은 경우에는 골반기저근을 재건하거나 자궁을 지지하고 있는 다른 중요한 기관을 회복하기 위한 수술이 필요할 수도 있다. 예를 들어서 자궁절제술이 필요한 유일한 경우는 자궁 전체가 거의 돌출된 사례라고 할 수 있는데 이는 우리가 누리는 종류의 삶에서는 상당히 드문 경우이다.

이것은 의학의 다른 모든 선택과 마찬가지로 자궁절제술이 필요한 상황이 무엇인지를 결정하고, 수술은 건강하게 작동하고 있는 것을 제거하는 것이 아니라 건강하지 않은 것만을 제거하는 것으로 국한시키는 과정에서 검증되어야 할 일련의 경로들이다. 이때 사용될 수 있는 유일한 기준은 그것이 장단기적으로 여성의 전반적인 안녕감과 삶의 질의 회복에 도움이 되느냐일 것이다.

여성 건강을 위한 가장 효과적이고 적절한 대안을 모색하고 검증하여 이러한 훈련을 위한 전문가를 양성하는 것은 의학계가 해결해야 할 어려운 과제이다.

여성의 역할

건강을 유지하는 것은 누구에게나 실제적이고 중요한 관심사이기 때문에 의학계와 여성계의 지속적인 협력이 중요하다. 이러한 협력이 고지에 입각한 동의에 관한 새로운 역학을 확립하고 시민에게 자기 자신의 건강 관리 주체가 되는 권한을 부여하는 데 그쳐서는 안 된다. 이 협력을 통해 참여자들은 보다 적절한 진단과 치료의 새로운 길을 모색하며, 더 나은 서비스를 제공하는 방법을 배울 수 있어야 한다. 또한, 환자를 지원하고 정보를 전달하는 데 더욱 유능해질 수 있도록 의학 전문가들에 대한 훈련도 진행되어야 한다. 이러한 협력에 참여한 사람들이야말로 건강 증진과 회복의 진정한 주역이 될 수 있을 것이다.

1. 최근 법학의 발전으로 보건의료 분야에서 환자 동의의 중요성은 더욱 강조되어 왔다. 보건의료에 관한 법률을 다루는 일부 입법자들은 최근 몇 년 사이 "고지에 입각한 동의"에 관한 요건을 법률에 포함하기 시작했다. (이탈리아에서는 안타깝게도 동의의 중요성에 대한 실질적인 관심보다는 형식적인 관심에 더 큰 기여를 한) 이 독특한 용어 외에도, 오랜 세월이 지난 후이기는 하지만 이탈리아 헌법 제32조의 두 번째 조항이 법학자들뿐만 아니라 의사들에게도 중요하다는 점이 이제 분명해졌다. 의료권(집단이익으로서의 의료권을 포함하여)을 부여하는 제32조의 첫 번째 조항이 (적어도 규범적 관점에서) 발효되기까지 30년(1948~78년)이 필요했다면, 의료인이 동의 없이 시민에게 의료 행위를 하는 것을 금지하는 두 번째 조항의 '발견'은 훨씬 더 늦었다는 점을 지적하는 것은 결코 사소한 지적이라고 할 수 없다.

2. 오늘날 의료 서비스 제공자가 동의 요건에 관심을 기울이는 것은 정당하지만, 현재 그와 관련된 또 다른 위험은 근본적인 정보 [제공] 과정 또는 달리 말해서 **의사소통**을 무시하거나 과소평가하는 경향이 있다는 점이다. 의사소통이라는 과정은 그것이 문서화되든 그렇지 않든 환자의 치료 동의(또는 거부)에 관한 최종적인 의사 표현에 반드시 선행되어야 한다. 의

학적 관행에 존재하는 수 세기에 걸친 낡은 전통은 가부장적인 태도로 정착되어 왔으며 한때는 그것이 사회적으로 용인되던 시기도 있었다. 하지만 오늘날 더는 정당화되어서는 안 된다. 그러나 의무론 강령의 가장 최신 판본에 강조되어 있듯이, 그런 태도는 더 이상 정당화될 수 없다. 최신의 의무론 강령에 따르면 의사-환자 관계의 중심에는 상호 신뢰가 놓여 있고, 따라서 그 관계는 치료의 강요가 아니라 치료를 수용하거나 거부할 환자의 자유에 기초한다.

3. 따라서 의사-환자 관계의 문제는 인권에 관한 동시대의 사상에 비춰 바라봐야 하며, 결과적으로 모든 사람의 권리를 보장해야 할 책임이 누구의 것인지 생각해 보아야 한다. 그러므로 건강관리 분야에서 제32조의 첫 항과 두 번째 항 모두에 포함된 각각의 권리를 존중하는 것이 바로 의사-환자 관계의 핵심이다. 분명히 (또한, 필연적으로) 불평등한 관계일 수밖에 없는 의사-환자의 관계에서 모두의 권리 보장은 오직 적절한 **"치료적 동맹"**therapeutic alliance으로만 실현할 수 있다. 이러한 관계의 실현은 올바른 전문교육만으로는 충분치 않으며 의사들은 이러한 "과학"science의 발달과 함께 "양심"conscience도 발달시킬 필요가 있다. 양심의 발달은 무엇보다도 적절하게 듣고 의사소통할 수 있는 능력을 의미하며 이 과정이 경솔하거나 즉

홍적이어서는 안 된다. 이러한 능력의 발달에는 훈련이 필요하지만, 현재 의사들의 교육과정curriculum에서는 배우기 힘들다. 생명윤리와 그 안의 가치 및 원리에 관한 중요성이 점차 커지는 것은 분명 올바른 방향으로의 발전이다. 이를 통해 건강관리 서비스 제공자와 시민 사이의 신뢰 관계가 후자의 권리를 보호하는 방식으로 재창조될 수 있기를 희망한다.

4. 이 글의 분석 대상인 자궁절제술의 시술에서 의사의 책임 여부를 확인하기 위해서는 두 가지 근본적인 요소를 검증하는 것이 필요하다. 하나는 자궁절제술에 관한 실제적인 임상적-과학적 지표를 조사하는 것이며 다른 하나는 치료를 받는 여성의 동의 표명이 유효한지를 살펴보는 것이다.

4.1 다른 모든 의학적 치료와 마찬가지로 자궁절제술 시술의 적합성에 관한 정확한 임상적-과학적 평가는 정적 기준과 대안 그리고 부적 기준에 관한 숙고(와 비교)가 필요하다. 후자의 경우 (오늘날 의사들 사이에서는 여전히 우선시되는 요인인) 신체적인 결과뿐만 아니라 여성의 심리-신체적 균형과 정서 및 대인관계 영역에 대한 영향 역시 깊이 있게 조사되어야 한다. 이탈리아 헌법 제32조에서의 "건강의 개념은 이탈리아가 WHO(세계보건기구)에 가입하기 바로 전해인 1947년에 수용

한 〈세계보건기구헌장〉에서 말하는 "신체적, 정신적 그리고 사회적으로 안녕한 상태"라는 건강의 정의와 다를 수 없다는 점을 기억해야 한다. 극단적인 생체론적 관점은 결국 잠재적이거나 실제적인 위험이 있다고 여겨지는 생체 조직을 제거하기 위한 파괴적 수술을 선택하면서, 이러한 제거 과정이 환자의 일반적인 평형과 평온 그리고 신체적 삶에 미치는 영향은 무시한다.

4.2 앞서 언급한 내용만으로 자궁절제술의 시술 적합성에 관한 최종 결정을 내리기에는 충분하지 않다. 임상적으로나 과학적으로 평가된 모든 요소는 여성에게 적절한 방식으로 전달되어야 한다. 이를 통해 환자는 치료의 선택에 따른 즉각적인 결과와 장기간에 걸친 영향 모두를 평가할 수 있어야 한다. 그렇게 함으로써 최종 결정을 환자가 내릴 수 있어야 한다.

그러나 이 방법은 자궁절제술에만 해당하는 것이 아니며 치료를 제안하는 의사들이 일반적으로 항상 공유해야 하는 접근 방식을 이 특정한 사례에 적용한 것일 뿐이다. 법령 194/78은 오늘날 널리 퍼지기 시작한 이러한 접근법의 전례이다. 그 법령은 기술적-과학적 요소가 적절하고 정확하게 수행된 상황이라고 할지라도 의사(가정의family doctor와 가정의학과 family clinic의 의사1)는 여성의 선택을 따라야 한다고 강조했다. 이는 여성이 스스로 자신을 보살펴야 한다는 것을 의미하는 것이 아니며 단기적이고 장기적인 조망과 결과에 관한 지식을 통해 환자가 더 사려 깊은 선택을 할 수 있도록 의사가 필요한 정보의 획득을 도와야 한다는 것을 의미한다.

5. 자궁절제술이 형사 사건인 경우라면 그것은 개인 상해personal injury의 범죄라고 볼 수 있다. 관련된 형법 조항은 제582조(개인 상해), 제583조(참작 불가 정황aggravating circumstances)[일종의 가중 처벌 상황에 관한 규정], 제590조(의도하지 않은 개인 상해)에서 찾아볼 수 있다.

따라서 의료법의 관점으로 본다면 두 가지 요소를 구분할 수 있다. 첫째는 상해의 중대성이며 둘째는 범죄의 심리적 요소이다.

5.1 개인 상해의 중대성이나 심각성은 최초의 행위로 발생한 상해가 40일보다 짧게 지속하면 "단순" 상해로 보고 제583조에서 묘사한 상황이 나타나면 심각하거나 매우 심각한 것으로 본다. 자궁절제술 사례는 의심의 여지 없이 참작 불가한 개인 상해의 영역으로 볼 수 있으므로 이제 상해가 "심각한" 것

---

1. * 일차 의료 의사로서 지역사회 주민 개인이나 가족과 지속적인 관계를 유지하며 보건서비스를 제공한다.

인지 "매우 심각한" 것인지 결정하는 일이 남았다.

우리는 단순한 자궁절제술의 결과와 확대된 자궁절제술, 즉 자궁 주변 장기(특히 난소)의 제거를 포함하는 수술의 결과를 구분해야 한다.

더 심각한 사례(난소절제술을 동반한 자궁절제술)의 경우는 (매우 심각한 개인 상해를 의미하는) 제583조의 두 번째 내용에서 실제로 찾아볼 수 있는 "장기 용도^{use}의 상실"을 적용하면 명확하게 평가할 수 있다. 범죄 평가에서는 "장기"의 개념이 "기능"에 해당하는 것으로 보아야 한다는 점을 언급해 둘 필요가 있다.

다른 장기의 파괴 없이 자궁만을 제거하는 사례의 경우에도 출산 가능 연령의 여성에게는 같은 개념이 적용된다. 실제로 제583조의 두 번째 내용에서 추정하는 상황에는 "생식 능력의 상실"이 포함되어 있다.

출산 가능 연령이 지난 여성에게 자궁만을 제거하는 사례에 관한 평가는 다소 불명확하다. 이 사례에 관해서는 실제로 상실된 기능이 있는지 아니면 파괴적 행위에도 불구하고 유기적 조직체가 낮은 수준으로나마 이전의 모든 기능을 유지하고 있는지 확인할 필요가 있다. 후자의 사례라면 그 사례는 "영구적인 장기 기능의 약화"에 해당하는 "심각한" 상해로 분류될 수 있다. 범죄적 의미에서의 장기 개념과 해부학적 또는 형태학적 의미의 장기 개념이 같지 않다는 점을 다시 한번 확인해 둘 필요가 있다.

이 말은 비록 완전히 손실된 것은 아니더라도 매우 심각하게 훼손된 기능이 나타난 후자의 사례에서 "매우 심각한" 개인 상해가 인정될 수도 있다는 의미이기도 하다. 이러한 기준은 일반적으로도 유효하지만, 여기에서 알아보고자 하는 상황에 특히 더 잘 부합한다. 실제로 (명백하게 성적 기능을 포함하고 있는) 관계적 기능은 입법자들의 특별한 관심을 받고 있으며 이러한 관심은 제583조의 두 번째 내용에 포함된 또 다른 조항에서 "말하기 어려운 영구적이고 심각한 어려움"에도 표현되어 있다. 비록 출산 가능 연령이 지난 후라고 할지라도 자궁의 손실은 여성에게 일련의 영향을 주며 그 영향은 여성의 관계적 기능에 매우 심각한 영향을 미칠 수 있다. 개별적 사례에 관한 평가가 필요하기는 하지만, 완전한 기능 손실이 없는 사례라고 할지라도 이러한 영향은 "매우 심각한" 개인 상해로 인정될 수 있다는 점을 정당화한다.

5.2 범죄의 심리적 요소는 유효한 동의의 표현이 있은 후에 치료의 실행에서 기인하는 요소가 나타날 때, 즉 치료에서 과실 및/또는 태만이나 부주의로 특징지을 수 있는 요소가 나타날 때 유죄로 볼 수 있다. 이 관점에서 의학적-법적 평가의 기

준은 개인적인 과실에 따른 책임과 관련된 사례에서 채택되는 기준과 다르지 않다.

사기로 인한 책임의 요소를 고려해야 하는 오늘날의 새로운 사례에 관해서는 특별한 주의가 필요하다. 최근의 권위 있는 법리 고찰에 따르면 동의의 과정에 부족함이 있거나 부적절한 정보와 의학적 치료(특히, 수술)로 인한 "훼손"이 있는 경우는 반드시 "고의적 상해"voluntary personal injury로 보아야 한다. 그리고 그리고 이러한 입장은 (대법원에서 내려진 한 핵심적인 판결과 더불어서) 판례에서의 유사한 접근들에 의해 강화된다.

따라서 (앞서 언급한 고찰이 제시하는 의미에 따르면) 유효한 동의가 없는 자궁절제술의 시술은 고의적인 상해로밖에 해석할 수 없다. 그리고 그것은 "매우 심각한 상해"로 평가하거나 극히 드물게 "심각한 상해"로 볼 수 있는 범죄이다.

6. 물론 우리는 의사들의 직업적인 의무론적·윤리적 행동 원칙들 안에서, 현재 검토 중인 이 문제와 관련된 질문들을 우리가 제기하고 있는 이유를 찾아야 할 것이다.

최신 판본의 「의학 의무론 강령」(1995)에서는 적절한 정보에 적용되는 기준(제29조)과 환자 동의에 따른 의학적 치료 시행(제31조)을 잘 설명하고 있다.

윤리적으로는 자궁절제술이 생명윤리적 사고 분야에 불

러일으킨 특별한 관심을 강조할 필요가 있다. 몇 년 전에 뮌스터 대학교에서 개최된 세미나와 〈이탈리아 국립 생명윤리 위원회〉가 제기한 조사 요청은 모두 이러한 우려의 표현이다. 자궁절제술 문제에 관해 다양한 논의가 이루어지는 이러한 회의들이 갖는 의미는 엄밀한 의미에서의 법적 쟁점에 국한되지 않는다고 나는 생각한다.

그러나 이 주제를 형사 사건으로 검토하는 경우에는 앞서 언급했던 잠재적이고 매우 중대한 법적 강제력을 이용하여 그것을 의료인들에 대한 일종의 위협으로만 다루어서는 안 된다. 결론적으로 의료 합법성의 전제조건으로서 동의가 갖는 근본적 중요성에 관한 관심의 회복은 뿌리 깊은 윤리적 의미를 지닌 헌법 원칙에 근거하며, 이는 누구나 인식하고 지켜야 하는 가치이다.

그림 1. 임신부가 출산용 의자에 앉을 수 있도록 돕고 있는 산파 (독일, 16세기 목판화)

그림 2. 암스테르담에서 앤 엔드릭스를 마녀로 지목하여 처형하는 장면 (1571년)
Barbara Ehrenreich, Deirdre English (1975) *Le streghe siamo noi. Il ruolo della medicina nella repressione della donna*, Celuc Libri, Milano.

그림 3. 첼름스퍼드에서의 세 마녀의 사형. 희생자 중 한 명인 조안 프렌티스가 자신의 동물과 함께 있다. (1589년)

그림 4. 여성이 "품위를 지키며" 출산할 수 있도록 시트 아래에서 더듬거리는 의사 (1711년)

그림 5. 1809년 최초의 난소절제술이 시술되는 장면. 화가 조지 캐슨 냅이 1877/1878년에 그린 작품이다.

그림 6. 산부인과 검사. 눈 맞춤이 없는 "촉감 검사." 미국에서 자주 활용되는 프랑스어 교재에 실려 있다. (1822년)

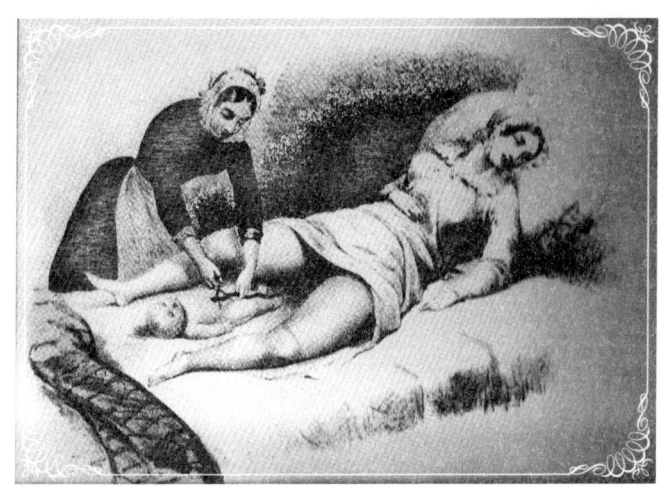

그림 7. 분만을 돕는 산파. 절충주의(대안) 의사를 위한 교재에 실려 있다. (뉴욕, 1847년)

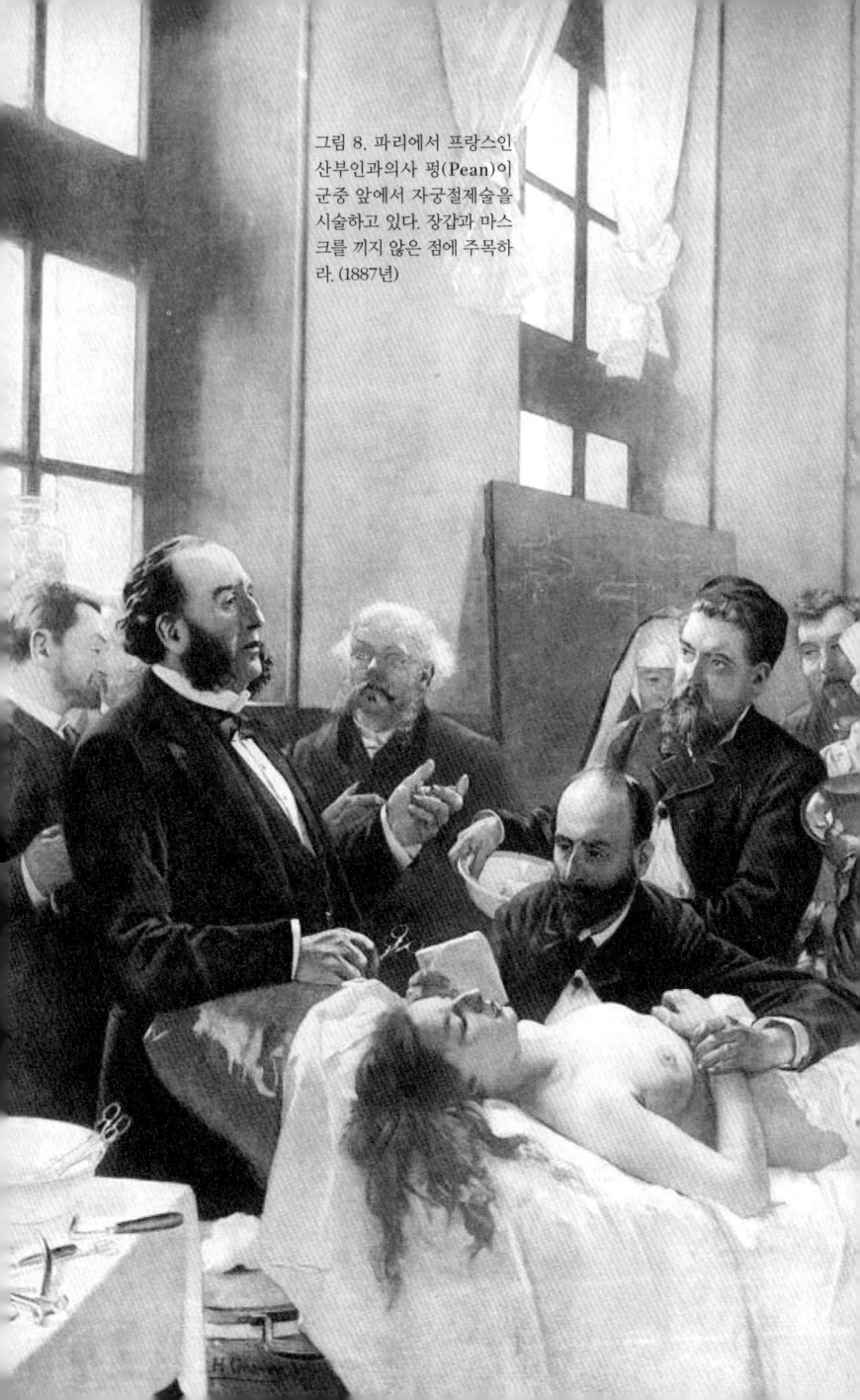

그림 8. 파리에서 프랑스인 산부인과의사 펭(Pean)이 군중 앞에서 자궁절제술을 시술하고 있다. 장갑과 마스크를 끼지 않은 점에 주목하라. (1887년)

5장
정신적 죽음에 대한
이야기이고 수많은 대안
— 리카르도 사마리나노

실제적인 필요성에 따라 시술된 자궁절제술이 수많은 여성을 살렸고 앞으로도 살려낼 것이며 중대한 심리적 영향을 동반한 매우 심각한 증상에서 여성을 자유롭게 했다는 점을 부정할 수는 없다. 그렇다고 하더라도 동시에 특정한 실제적 근거 없이 자궁절제술을 받은 여성이 존재하며 현재까지도 쉽게 해결할 수 없는 문제가 존재한다는 점은 어렵지 않게 증명할 수 있다.

자궁절제술은 과거에도 그랬고 현재에도 여전히 가장 일반적인 수술 절차 중 하나다. 서양 국가의 자궁절제술 비율은 미국이 가장 높은 수준이고 스칸디나비아는 가장 낮은 수준으로서 국가별로 큰 차이를 보인다.

국가에 따라 자궁절제술의 빈도 차가 큰 배경에는 환자의 특성과 의료 시설의 이용도뿐만 아니라 전문가의 태도와 의사의 진료와 같은 다양한 요인이 고려될 수 있다.

자궁절제술 시술 빈도는 왜 중요할까?

여기에는 몇 가지 이유가 있다.

첫째, 자궁절제술 후 사망의 위험은 매우 낮지만(1,000건 중 1~2건), 수혈을 해야 하는 출혈(질식 자궁절제술에서 8.3퍼센트, 복식 자궁절제술의 경우 15.4퍼센트), 장^腸 손상(각각 0.3과 0.6퍼센트), 방광 손상(0.3과 1.6퍼센트), 요관 손상(0과 0.3퍼센트), 고열(15.3과 32.3퍼센트), 요폐(15.0과 4.8퍼센트), 질 봉합부 탈출증(0과 0.2퍼센트)을 포함한 가벼운 합병증의 위험은 비교적 높다(질식 자궁절제술의 경우 24.5퍼센트, 복식 자궁절제술의 경우 42.8퍼센트).

둘째, 복식 자궁절제술의 경우 4일에서 7일, 질식 자궁절제술의 경우 2일에서 4일에 해당하는 입원 기간 외에도 6주에서 12주에 걸친 회복 기간 역시 고려되어야 한다. 더욱이 자궁절제술은 비교적 비용이 많이 드는 수술이기도 하다. 실제로 이탈리아에서 수술별 평균 비용은 약 2,500유로였다.

셋째, 상당수의 여성이 수술 후 악화한 증상 또는 새로운 증상의 발현을 보고했다. 수술 후 가장 빈번한 문제로는 성교통증dyspareunia, 성욕의 감소 또는 상실, 일과성 열감hot flush, 식욕 감퇴, 변비, 체중 증가, 허리 통증 그리고 비뇨기계의 문제가 포함된다.

심리적 반응에 관해서 살펴본다면 심리적 수준에서 이 수술의 영향은 인정되고 있지만, 연구의 주제로 선정되는 경우가 거의 없어서 자궁절제술 연구에서는 다소 소홀히 다루어지고 있다.

마지막으로, 많은 여성에게 자궁절제술은 그들의 여성성에 위협이 된다. 이는 아마도 가장 깊게 논의된 문제이며 특히 보존적 수술의 효용성을 방어하는 압력단체들 사이에서 더 심도 있게 다루어졌을 것이다.

자궁절제술로 치료해야 할 부인과 질병은 무엇인지 하나씩 살펴보자.

기능성 자궁출혈

기능성 자궁출혈은 조직 계통에 원인을 두지 않은 출혈을 말하며 자궁절제술 원인의 35퍼센트를 차지하는 질병이다.

실제 기능성 자궁출혈 사례에서 일부 환자는 치료가 필요 없이 단순 회복을 하기도 했다. 대부분 사례에서 기능성 자궁출혈에 대한 첫 번째 치료는 내과적 치료가 되어야 하며 환자의 나이와 피임 여부 및 부작용 그리고 마지막으로 치료의 비용을 따져볼 필요가 있다.

나는 여기에서 치료를 첫 번째 선택과 두 번째 선택에 따라 두 가지 집단으로 구분했다.

프로게스테론 호르몬은 경구 피임약과 프로스타글란딘 합성 억제제 그리고 항섬유소용해제antifibrinolytic와 함께 첫 번째 선택으로 사용되는 치료법이다. 위에서 언급한 모든 치료법은 부작용이 거의 없고 대부분 여성이 잘 견뎌낼 수 있는 치료법이다. 다른 약리적인 치료법도 기능성 자궁출혈 치료에 활용될 수 있으나 그러한 치료법은 중대한 부작용을 나타내기도 하기 때문에 차선책으로 분류된다. 여기에서 사용되는 약물은 성선자극호르몬 분비호르몬 유사체로 알려져 있다. 이 약물은 보통 한 달에 한 번 근육 주사로 제공되며 일시적인 약리학적 폐경을 유발한다. 조사한 바에 따르면 이 약물을 장기간 사용하면 에스트로겐 저하hypoestrogenicity에서 시작해서 폐경 자체에 이르는 상황을 피할 수 없으므로 매우 신중하게 사용해야 한다.

다나졸Danazol 역시 기능성 자궁출혈의 치료에 유용한 약물이며 하루 200밀리그램의 용량으로 최대 70퍼센트의 출혈을 감소시키지만, 불쾌한 부작용(여드름, 성적 욕구의 감소, 지성 피부, 체중 증가, 다모증, 목소리의 변화 등)으로 인해 그 유용성이 제한되고 있다.

또한, 약리적 치료가 끝나면 종종 기능성 출혈이 재발한다는 사실도 기억해 둘 필요가 있다. 이런 이유로 치료는 장기적 관점에서 진행되어야 하지만, 부작용으로 인해 장기간의 치료가 불가능해지기도 한다. 이러한 치료를 계속해야 하는 환자가 약물을 주저하는 점은 이해가 가지만, 수술을 선호하는 경우가 지나치게 많다는 점은 경계해야 한다.

효율성을 가지고 있으면서도 장기간 활용될 수 있는 내과적 치료는 아마도 약물을 통한 IUD[1]일 것이다. 이 장치의 코

---

1. * 자궁 내 장치(intrauterine device)라고 하며 자궁 내에 플라스틱 몸체의 장

일에서는 매우 적은 양의 프로게스티닉(24시간 동안 20마이크로그램)을 방출한다. 이 장치는 피임 도구가 되기도 하므로 임신을 원하는 여성은 사용할 수 없다. 이 자궁 내 장치는 자궁 출혈을 가진 여성에게 최대 86퍼센트의 혈류를 감소시키며 아마도 자궁 출혈의 치료를 위해 수술을 선택하는 환자 수 감소에 큰 역할을 했을 것이다.

오늘날 기능성 자궁출혈의 수술적 치료에는 내시경적 절제술이 있으며 특히 자궁 내막을 제거하는 방식은 자궁절제술에 대한 대단히 효과적인 대안이다. 현재까지 수집된 자료에 따르면 자궁 내막을 제거 받은 여성의 90퍼센트 이상은 향후 5년 이내에 자궁절제술이나 다른 부인과 수술을 받지 않은 것으로 나타났다.

자궁 내막 제거술과 자궁절제술을 비교한 무작위 연구 세 건의 결과에서는, 모두 자궁경 수술이 간단한 수술인 동시에 합병증의 발생률이 낮으며 진통제 사용이 더 적었고 빠른 신체 회복 및 단기간 내의 정상적인 직업 복귀와 관련이 있다고 결론지었다.

치를 고정해 두는 것이다. 구리를 통한 피임 또는 프로게스티닉을 통한 호르몬 치료 용도로도 활용된다.

자궁근종

자궁근종은 기능성 자궁출혈 다음으로 중요한 질병이다.

35세 여성의 20~25퍼센트가 자궁근종을 가지고 있는 것으로 추정되며 그중 대부분은 자각증상이 없다.

자궁근종을 가진 여성에 대한 치료는 증상과 환자의 나이 그리고 여성의 가임 여부라는 세 가지 요소와 관련하여 결정된다. 치료에는 단순 관찰, 증상에 따른 약리적 치료, 근종절제와 함께 마지막으로는 자궁절제술이 선택될 수도 있다. 자궁근종이 작고 자각증상이 없을 때는 대부분 수술이 필요 없다. 큰 자궁근종의 치료에 관해서는 여러 견해가 충돌하고 있다. 이러한 근종은 종종 완경 후에 자연적으로 퇴화하기 때문에 치료를 하지 않기도 한다. 그러나 많은 여성의 경우에 이러한 자연적인 근종의 퇴화가 일어나기 전에 호르몬 대체치료법을 보편적으로 활용하여 자궁근종을 치료하고 있다. 비록 작은 확률이지만 자궁근종이 육종변성sarcomatous transformation 할 수 있는 위험(0.2퍼센트)은 수술을 선택하게 하는 또 다른 이유이다. 그러나 (매우 드문 경우이지만) 자궁근종이 자궁을 압박하는 경우에는 수술이 불가피하며 이는 일반적으로 (임신 12주에 이른 자궁의 경우처럼) 자궁이 매우 큰 여성에게만 제한적으로 발생하는 경우이다.

자궁근종에 대한 내과적 치료법은 거의 없다. 프로게스테론, 프로스타글란딘 합성 억제제, 경구 피임약 그리고 안드로제닉 스테로이드(다나졸과 게스트리논gestrinone)는 자궁근종과 관련된 자궁출혈의 치료에 사용되지만, 결과가 매우 다양하며 종종 불만족스러운 결과가 보고된다.

성선자극호르몬 분비호르몬 유사체는 자궁근종의 퇴화와 증상의 완화를 유발할 수 있다. 하지만 불행하게도 퇴화는 일시적이며 일부 사례에서는 치료가 끝나고 근종이 재발하며 위에 언급한 부작용이 영구적인 손상으로 남는 경우도 있었다.

자궁근종이 과도한 출혈을 일으키고 환자의 빈혈이나 골반통증을 불러오거나 인접 장기를 압박하는 경우에는 수술이 불가피하다. 전통적으로 자궁절제술은 오랫동안 수술 선택지에 포함되어 왔고 자궁근종은 자궁절제술 선택 원인의 30퍼센트를 차지한다. 그러나 자궁절제술은 매우 크고 출혈을 동반하거나 급속히 성장하는 자궁근종인 경우에 적합한 방식이며 임신이 가능한 여성이나 단순히 자궁을 보존하고자 하는 여성에게는 적합하지 않은 방식이다. 최근에는 자궁근종절제술과 자궁근종용해술이 외과적 대안으로 활용되고 있다.

자궁근종절제술은 자궁근종을 제거하는 수술이며 자궁을 보존하고 임신의 가능성과 월경 기능을 지킬 수 있도록 한다.

전통적으로 자궁근종절제술은 복부를 통해 시술된다. 수술 중/후의 합병증으로는 수혈을 해야 하는 출혈이 20퍼센트, 감염은 12퍼센트, 수술 중 자궁절제술로 전환되는 사례가 1퍼센트이다. 최근에는 복식 수술의 대안으로 복강경 수술과 자궁경 수술이 활용될 수 있다. 이러한 대안적인 내시경 수술은 환자의 위험과 합병증을 감소시키는 대단히 좋은 결과를 만들어낸다. 보통 이 두 가지 수술법은 원칙적으로 (자궁의 외벽, 즉 장막 바로 아래에 형성되는) 장막하 근종subserous fibroid이나 (자궁 내에서 점막 아래에 형성되는) 점막하 근종submusous fibroid을 제거할 필요가 있을 때만 활용된다. 비록 전통적 수술법을 활용한 자궁근종절제술과 내시경을 활용한 자궁근종절제술에 관한 비교 연구는 수행되지 않았지만, 보존적 수술법이 월경과다출혈menorrhagia 및 생식능력에 훨씬 더 긍정적인 결과를 가져온다는 증거가 제시되고 있다. 일반적으로 자궁경 근종절제술은 복식수술뿐만 아니라 자궁절제술도 피하게 하므로 환자에게 좋은 선택지가 된다.

자궁근종용해술은 자궁근종절제술과 자궁절제술에 대한 또 다른 외과적 대안이다. 이 수술법은 열을 통한 자궁근종 혈류 차단heat-induced devascularization에 기반을 둔 방식으로 허혈성 괴사로 인한 근종 조직의 퇴화를 유발한다.

자궁질탈출증

생식기의 탈출은 자궁절제술 원인의 6.5퍼센트를 차지한다. 생식기의 탈출과 동반되는 증상으로는 골반의 중량감^{pelvic} ^{heaviness}과 직장 및 비뇨기계 장애뿐만 아니라 단순한 염증에서 점막의 궤양에 이르는 국소적 손상이 있을 수 있다. 부인과 병리학에서 탈출증은 보존적 수술법으로 치료하기 가장 어려운 질병 중 하나다.

징후를 나타내는 자궁탈출증은 페서리 교정[2]이나 골반기저근 운동 또는 수술로 치료될 수 있다. 보존적 수술법은 생식 능력을 지키려는 환자나 수술을 피해야 하는 의학적인 이유를 가진 환자들에게 적합하다. 많은 환자는 페서리를 활용한 장기간의 탈출증 치료에 곤란을 겪는데 이는 페서리의 경우 정기적인 교체를 해야 하고 성관계에도 방해가 되기 때문이다. 또한 페서리는 빈번하게 생식기 점막에 출혈을 동반한 염증이나 궤양을 일으키기도 하므로 외과적 해결책이 자주 활용된다.

수술은 질 벽의 전방 또는 후방의 탈출증을 교정하는 것으로 제한하여 구분할 수 있다. 즉, 방광 또는 직장의 탈출 교

---

2. * pessary positioning. 페서리라고 불리는 경질의 플라스틱 보조기구를 삽입하여 자궁을 위쪽으로 고정하는 방법.

정과 요실금 및 변실금의 문제를 제거하기 위한 수술로 구분된다. 그러나 질탈출증에서 중간 정도 이상의 대규모 자궁 탈출이 나타난다면 수술의 성공률을 높이기 위해 자궁절제술을 함께 시술해야 한다. 전통적으로 골반기저근 수술은 질식으로 이루어지며 아주 드물게 복식으로 시술된다.

자궁절제술의 대안으로 시술되는 치료법에 따른 결과는 긍정적인 측면과 부정적인 측면이 혼재되어 있다. 자궁을 받쳐 두기 위한 기술은 극히 일부의 사례에서만 활용되며 주로 자궁경부의 원인대round ligaments나 인대ligaments를 직장 근막fascia에 고정하는 방식을 활용한다.

자궁내막증과 자궁선근증

자궁내막증으로 고통받는 환자는 일반적으로 골반통증과 기타 증상을 가진 경우(사례 중 3분의 2)와 불임을 경험하는 경우(사례 중 3분의 1)로 구분된다. 가장 흔한 증상은 골반통증, 심각한 월경통, 성교 통증 그리고 자궁출혈이다. 자궁절제술은 불임환자에게는 권장할 수 없으므로 첫 번째의 경우만을 서술할 것이다.

자궁내막증은 에스트로겐에 의존적인 질병이며 모든 내과적 치료는 호르몬 생산의 억제라는 주요한 목표를 가지고 있다. 사용 가능한 약물의 종류는 기능성 자궁출혈에 대한 내과적 치료에서 언급한 바 있지만, 이 사례에서는 다르게 처방된다. 예를 들어 저용량 피임약[3]은 4~6개월마다 휴지 기간을 가지며 지속해서 처방된다. 이러한 방식은 월경통과 골반통증을 많이 감소시킨다. 프로게스티닉Progestinic은 무월경을 유발하고 배란을 막아 증상을 감소시키지만, 출혈, 체중 증가, 부종fluid retention, 유방 긴장mammary tension 그리고 우울증을 유발할 수 있다. 다나졸은 자궁내막증의 성장을 억제할 수 있게 에스트로겐 수준을 낮추고 안드로겐 수준을 높인 환경을 형성한다. 실제로 일일 400밀리그램의 용량으로 95퍼센트 여성의 배란을 억제하고 이를 통해 무월경을 유발하며 고통스러운 증상을 사라지게 한다. 불행하게도 다나졸은 여드름, 성적 욕구의 감소, 지성 피부, 체중 증가, 다모증 그리고 목소리의 변화를 유발하기 때문에 약물에 대한 순응도compliance는 매우 낮다. 또한, 게스트리논은 에스트로겐을 제거하고 환자의 50~100퍼센트에서 무월경을 일으키지만, 남성호르몬에 따른 부작용으로 내약성이 떨어진다. 마지막으로 성선자극호르몬 분비호르몬 유사체는 난포자극호르몬과 황체형성호르몬을 생성하는

---

3. * low-dosage contraceptives. 일반 피임약보다 호르몬 수치를 낮춘 피임약으로 부작용 감소에 목적이 있다.

뇌하수체를 억제하여 난소호르몬의 생성을 억제하고 유사완경의 환경을 형성한다. 이 모든 내과적 치료의 효과는 유사한 수준이며 80퍼센트의 사례에서는 증상을 감소시키고 수술을 피할 수 있었다.

자궁내막 조직의 제거 또는 절제를 통해 정상적인 해부학적 상태로 되돌리는 보존적 외과 치료는 내막종의 크기가 크거나 내과적 치료로 증상을 통제하는 데 실패한 경우 또는 증상을 견디기 힘든 경우에 시술된다.

내과적 치료와 보존적 수술은 반복될 수 있다. 특히 생식능력을 보존하고자 하는 경우에 이러한 반복이 필요하다. 그러나 종종 만성적 통증과 잦은 입원 그리고 반복되는 수술에 의한 심리적 영향은 환자들이 되돌릴 수 없는 외과적 해결을 선택하도록 내몰기도 한다. 약 4퍼센트의 자궁절제술이 자궁내막증으로 인해 시술되고 있다. 양측 난소의 절제를 포함하는 자궁절제술과 호르몬 대체치료법을 함께 적용하는 것은 이 만성적 질병의 치료를 위한 최후의 수단으로서이다.

사실상 유일한 외과적 혁신은 일부 환자의 경우 개복수술 없이 치료를 받을 수 있게 되었다는 점이다. 실제로 경증의 자궁내막증을 가진 환자의 경우 질식 수술로 치료할 수 있었다. 다른 한편 중증 자궁내막증의 경우에는 개복수술을 통해서만 치료될 수 있었다.

자궁선근증은 자궁의 크기 증가와 자궁출혈 그리고 월경통을 초래한다. 일반적으로는 자궁 조직 검사 후에 우연히 발견되어 진단하게 된다. 내과적 치료에 대한 반응이 매우 저조하여 결국 자궁절제술을 선택하는 경우가 많다.

골반 염증

일반적으로 골반의 농양abscess은 난관절제술salpingectomy이나 양측 난소절제술oophorectomy을 통해 치료될 수 있다. 최근 농양에 대한 강력한 항생제 치료법이 발전하면서 복강경이나 질을 통한 초음파 유도 기술로 추출되기도 한다.

골반통증

만성 골반통증 역시 때로는 자궁절제술의 원인이 되기도 한다. 1984년 비어드Beard의 정의에 따르면 골반통증 증후군은 정맥 울혈을 특징으로 하는 질병으로 오랜 골반통증의 이력을 가지고 있음에도 복강경 검사를 통해서 조직적 원인을 찾을 수 없는 사례를 말한다.

이러한 사례는 반드시 먼저 내과적인 치료로 다루어야 하며 내과적 치료가 실패한 중증 사례에서만 자궁절제술을 고려해야 한다.

암

생식기의 암은 자궁절제술 원인의 5.6퍼센트를 차지한다. 자궁경부암과 자궁내막암 그리고 자궁 육종의 사례에서는 치료를 위해 자궁절제술이 필요하며 일부 비-부인과적 암이나 난소암 또는 난관암 수술과 동시에 시술하기도 한다. 위에서 언급한 사례들의 경우에는 실제적인 대안적 치료법이 없다.

기능성 자궁출혈	
정의	조직적 원인이 없는 자궁출혈 자궁절제술 원인의 35퍼센트
내과 치료	프로게스티닉 경구 피임약 프로스타글란딘 합성 억제제 항섬유소용해제 성선자극호르몬 분비호르몬 유사체 안드로제닉 스테로이드 프로게스티닉 약물을 활용한 IUD (24시간 동안 20µg)

보존적 외과 치료	자궁내막의 제거 자궁강 내시경 검사(완화요법)
비-보존적 외과 치료	복식 자궁절제술 질식 자궁절제술

자궁근종(섬유근종 또는 평활근종)	
정의	양성 종양 자궁절제술 원인의 30퍼센트
내과 치료	프로게스티닉 경구 피임약 프로스타글란딘 합성 억제제 항섬유소용해제 성선자극호르몬 분비호르몬 유사체 안드로제닉 스테로이드
보존적 외과 치료	복강경 자궁근종절제술 자궁경 자궁근종절제술 자궁근종용해술
비-보존적 외과 치료	복식 자궁절제술 질식 자궁절제술

자궁질탈출증과 생식기 탈출증	
정의	자궁이나 골반 장기(방광과 직장)의 점진적 하강에 따른 질 벽의 하강 자궁절제술 원인의 6.5퍼센트
내과 치료	탈출증 초기 단계에서의 페서리와 골반기저근 재활 (바이오 피드백, 기능적 전기 자극)
보존적 외과 치료	자궁 고정 수술
비-보존적 외과 치료	질식 자궁절제술 +/- 골반기저근 재건술

자궁내막증	
정의	비정상적 부위의 세포 전반dissemination 또는 자궁내막 조직의 성장으로 인한 병리적 상태 (이소형성) 자궁절제술 원인의 4퍼센트
내과 치료	프로게스티닉 경구피임약 성선자극호르몬 분비호르몬 유사체 안드로제닉 스테로이드

보존적 외과 치료	복강경 또는 질식 수술을 통한 자궁내막 절제
비-보존적 외과 치료	양측 난소의 제거를 포함하는 자궁절제술

골반 염증	
정의	골반 염증성 질환 골반 농양 통계적으로는 자궁절제술과 무관함
내과 치료	항생제 치료
보존적 외과 치료	복강경을 통한 농양 추출 질식 초음파 유도 기술을 통한 농양 추출
비-보존적 외과 치료	양측 난소의 제거를 포함하는 자궁절제술 또는 (드물게) 복강경 자궁절제술

골반통증 증후군	
정의	골반 정맥 울혈을 특징으로 하는 증후군 통계적으로는 자궁절제술과 무관함

치료	항상 내과적 치료
	자궁절제술은 내과 치료가 실패한 매우 심각한 사례에서만 고려되어야 함

암	
정의	생식기 암
	자궁절제술 원인의 5.6퍼센트
치료	자궁경부와 난소의 종양 형성을 조기에 진단함으로써 덜 침습적이고 제한적인 치료가 가능함
	생식기 암의 경우 자궁절제술 외에 다른 효과적인 대안은 없음

핵심 용어

개복수술Laparotomy : 복강을 여는 수술.

기능성 자궁출혈Dysfuntional metrorrhagia : 조직적 원인(예 : 자궁근종이나 용종polyp이 없는 자궁 출혈).

난관절제술Salpingectomy : 난관이나 나팔관의 제거.

다나졸Danazol : 뇌하수체 성선자극호르몬 생성 억제 약물.

다모증Hirsutism : 여성의 얼굴, 가슴, 복부, 엉덩이, 허벅지 안쪽 등 일반적으로 털이 없는 부위에 과도한 털이 자라는 특징을 가진 질병.

무월경Amenorrhea : 월경의 부재.

복강경Laparoscopy : 골반과 복부 기관을 검사하고 진단 및 치료를 위한 수술을 시술하도록 하는 내시경 기술로 일명 복강내시경celioscopy라고도 불림.

생식기 탈출증Genital prolapse : 일반적으로 질 안쪽의 자궁이 하강하는 것과 관련하여 질 벽이 하강하는 것으로 정의됨. 방광의 탈출은 방광류cystocele라고 부르며 직장의 탈출은 직장류rectocele라고 부름. 이러한 질병의 종류는 생식기의 탈출과 관련이 있을 수 있음.

선근증Adenomyosis : 안쪽 자궁내막증internal endometriosis라고도 불리며 자궁내막의 조직이 자궁 근육 안쪽으로 형성되는 특징을 가진 병리적 상태.

섬유근종Myoma 또는 평활근종Leiomyoma : 주로 근육 조직으로 구성되는 양성 종양.

성교 통증Dyspareunia : 성교 중 통증.

성선자극호르몬 분비호르몬 유사체GnRH analogues : 천연 성선자극호르몬 분비호르몬과 같은 역할을 하는 화학 물질.

성선자극호르몬 분비호르몬GnRH : 뇌하수체 FSH와 LH 성선자극호르몬의 생성을 통제하기 위해 시상하부에서 생성하는 호르몬 물질.

에스트로겐 저하Hyposetrogenicity : 난소 에스트로겐 생성 감소.

원인대Round ligament : 자궁의 지지를 목적으로 하는 해부학적 구조.

월경과다Menorrhagia : 과도한 생리혈의 손실.

월경통Dysmenorrhea : 월경 통증.

육종Sarcoma : 결합 조직의 악성 종양.

자궁경검사Hysteroscopy : 질을 통해 자궁경부의 관과 자궁강을 관찰하고 소규모의 외과적 절차를 시술하도록 하는 내시경 기술.

자궁경수술Resectoscopic : 자궁경을 사용하는 수술

자궁근종Fibroids : 대부분 섬유조직으로 구성된 양성 종양.

자궁내막 절제술Endometrial ablation : 직장내시경법을 활용한 자궁내막(자궁강 내부를 덮고 있는 점막층) 제거 수술.

자궁내막종Endometrioma : 헤모시데린hemosiderin[철분을 함유한 황갈색 색소단백체]으로 구성된 낭종으로 어두운 초콜릿 색으로 형성되어 일명 "초콜릿 낭종"으로 불림.

자궁내막증Endometriosis : 비정형적인 부위에서 자궁내막 조직이 전포되어 발생하는 병리적 상태로 염증이나 암과는 구별되는 독특한 특징을 지닌 질병.

자궁출혈Metrorrhagia : 월경 사이나 완경 후 또는 사춘기 이전에 발생하는 대량의 자궁 출혈.

절제자궁경Resectoscope : 근종, 중격septas, 점착abhesion의 내시경 수술과 자궁내막의 절제를 위해 활용되는 외과적 도구.

진통제Analgesic : 고통을 없애주는(완화하는) 약.

질식Transvaginal : 질을 통한 수술.

초음파 유도Ultrasound guided : 정확한 해부학적 위치를 찾아내기 위해 활용되는 초음파 검사.

페서리Pessary : 자궁의 원래 위치를 유지하는 데 활용되는 도넛 형태의 플라스틱 또는 고무 장치.

프로게스티닉Progestinic : 프로게스테론과 유사한 특징을 가진 합성 호르몬.

프로스타글란딘Prostaglandin : 폰 오일러Von Euler가 전립선에서 분비하는 것으로 보이는 정액의 인자 중 하나를 정의하기 위해 처음 사용한 용어. 오늘날 필수 지방산에서 합성된 특정 물질군을 의미한다.

항섬유소용해제Antifibrinolytic : 근종 용해 억제제. 혈액 응고를 돕는 물질.

허혈성 괴사Ischemic necrosis : 산소의 부족으로 인한 세포 사멸.

장

루치아 바쏘

AUSER의 베네토 여성 사업 센터 대표
빠도바 병원의 RSU 조정자 겸 의료인[1]

자궁 적출술에 관한 다양한 관행과
여성의 삶에 미치는 영향

저는 자궁절제술과 같은 민감한 주제의 질문을 제기함으로써 "여성과 의학"의 관계에 관한 오래된 동시에 절박한 질문을 다루는 광범위한 논쟁을 재개하려는 달라 코스따 교수에게 감사를 표하는 바입니다.

수년간 이어진 베네토 여성 사업 센터에서의 자원봉사와 개인적인 경험을 토대로 저는 여성의 생식기관이 제거되면 여성 존재의 속성도 돌이킬 수 없게 변화되는 모습을 목격했습니다. 이는 여성의 내밀한 욕구와 권리, 선택의 권리, 자율적인 성적 주체성에 대한 주장, 자신의 신체에 대한 권리에 영향을 미치고 그것을 부정합니다.

따라서 생식기관을 보존하기 위해 자궁절제술 외에 다른

---

1. * AUSER은 자기관리와 연대를 위한 국립 자원봉사 협의회. RSU는 단일 노동조합 대표단(La rappresentanza sindacale unitaria).

절차가 가능한 경우에는 반드시 이를 활용해야 한다고 주장하고 싶습니다.

여성들은 자궁절제술 후 배우자와의 정서적이고 성적인 관계가 완전히 변하기 때문에 베네토 여성 사업 센터에 도움을 요청합니다. 여성들은 자신의 섹슈얼리티와의 연결을 잃어버린 상황에서 정신적, 신체적 안녕감의 회복과 배우자와의 관계 회복을 바라고 있기 때문에 자신에게 어떤 일이 일어났는지 이해해야 할 필요가 있습니다.

여러분이 여성들과 직접 만나게 되면 피치 못할 상황에서 과학과 의료에 의지하는 그들의 신체와 삶의 질에 관한 권한이 의사에 대한 두려움과 의존으로 제한되고 있다는 점을 즉시 이해할 수 있을 것입니다. 또한, 이러한 제한은 전문화와 특정한 무관심의 태도, 때로는 이 문제를 치료할 때 여성이 경험하게 되는 잔인한 태도에 의해 초래될 수 있습니다.

우리는 치료 과정에서 여성이 의존하게 되는 일부 부인과 의사의 답변을 알고 있습니다. "부인, 우리가 깨끗이 해결하겠습니다"라는 말은 당신 안에 이미 "더러운" 무언가가 있다는 생각을 내비치는 것이며 당신의 장기가 "깨끗하지 않다"는 것을 의미합니다.

여성들이 "내 모든 것을 꺼내어 갔어", "나를 통째로 들어냈어"라고 말하는 것 이면에는 인간을 불완전하게 하는 훼손의 폭력이 담겨 있습니다. 우울과 성적 욕망의 상실, 그리고 돌이킬 수 없는 해를 입었다는 인식이 뒤따라올 것입니다.

오늘 논의되고 있는 질문에 대해 개인적인 경험을 덧붙일 수도 있습니다. 약 17년 전 제가 서른세 살일 때 저는 다발성 자궁근종을 진단받았습니다. 그 크기로 미루어보아 의사들은 제 자궁을 제거할 필요가 있다고 했습니다. 동시에 그들은 유사한 문제로 저의 어머니 역시 42세에 자궁절제술을 받았다고 강조했습니다.

당시에 느낀 감정과 의심은 지금도 생생합니다. 우리가 "불확실성"을 가진 새로운 병변의 형성을 논하고 있었기 때문에 저는 두려움과 불안함을 느끼고 있었습니다. 그래서 "차악"을 선택해야 하는 상황이었다고 하더라도 모성을 포기해야 한다는 점은 극도로 어려운 선택이었습니다.

황폐화와 두려움 사이에서 저는 운 좋게도 "보존적인 철학"을 가진 부인과의사를 만났고 그가 저의 수술을 집도했습니다. 그 의사는 서른세 살의 여성은 자신의 삶과 재생산에 관한 선택의 속성을 변화시킬 수 없으며 변화시켜서도 안 된다고 믿었습니다. 그래서 그는 형성된 병변만을 제거하고 자궁 기관은 유지하기로 했습니다. 저는 이렇게 자궁절제술의 대안에 관해 알 수 있었고 이러한 대안을 알지 못했다면 자궁절제술을 선택했을지도 모릅니다.

저와 다른 사람의 경험을 통해 저는 무엇을 얻었을까요?

여성이 의학에 요구하는 것은 지극히 단순합니다. 적확한 정보를 제공함으로써 선택의 자유를 보장하고, 두려움과 불안, 고통으로 가득 찬 질병에 관한 이야기를 넘어서 가능한 한 정신적이고 신체적인 조화와 안녕을 회복하도록 하는 것입니다.

우리는 결정의 힘과 선택의 가능성을 높이는 적절하고 인간화된 정보의 제공을 통해 과도하게 전문화된 치료를 극복해야 합니다. 여성의 신체와 생식기관에 대한 이러한 치료 방식은 슬프게도 항상 더 "침습적"이었기 때문입니다.

여성의 자율성과 주창성protagonism을 인정하기 위해서는 모든 사람이 각자 타고난 신체의 완전성을 평생 굳건히 지켜야 할 소중한 자원으로 인식함으로써 인간적 요소의 가치를 회복하고 이를 인정해야 합니다.

프란체스카 람파쪼

54세 주부, 빠도바

제 이야기를 들려 드리겠습니다. 저는 54살입니다. 의사가 아닌 주부일 뿐입니다. 그렇지만 제 자궁은 아무 가치가 없지 않습니다. 적어도 저는 그렇다고 생각하고 저에게는 이 사실이 중요합니다. 완경의 연령에 다가설 무렵 정기검진 중에 의사가 제 자궁이 두꺼워진 것을 발견했습니다. 의사는 큰일은 아니지만 시간이 지나면 문제를 일으킬 수 있으므로 자궁 제거를 고려해야 한다고 했습니다.

문제없이 아이를 가질 수 있었던 시절이 끝나고 저에게 혜택만을 줄 수 있는 방법인 "최후의 수술"을 받을 기회를 얻었던 것입니다. 수술을 받으면 피임약 없이도 늦은 임신의 위험을 피할 수 있었습니다.

저는 저항했습니다. 저는 그토록 논리적이고 사소하다고 하는 그 "해법"에 전혀 설득되지 않았습니다. 저의 거부에 맞닥뜨린 부인과의사는 한 걸음 물러나 가벼운 호르몬 치료를 받아 볼 것을 권했고 이 치료를 통해 저의 자궁은 의사가 처음 차트에 그려 놓았던 정상적인 크기로 돌아왔습니다. 의사는 "정말 믿을 수 없군요. 제 눈으로 직접 보지 않았더라면 절대 믿지 않았을 거예요!"라고 말했습니다. 저는 운이 좋았습니다.

지금 생각해 보면 당시에 저는 구사일생의 순간에 있었습니다! 여성의 안녕에 너무나도 중요한 이 장기가 마치 제거되어야 할 것처럼 다루어졌다는 점을 기억합니다. 단순히 이 장기 없이도 이전처럼 살아갈 수 있다는 이유에서였습니다. 저는 본능적으로 그렇지 않을 것이라고 느꼈고, 그래서 저항했습니다. 그리고 지금, 제가 옳았다는 것을 더 분명히 느끼고 있습니다.

그리고 미래의 의사들이 더욱 인간적인 태도를 갖기 위해서 해부학과 같은 과목을 공부하듯이 환자와 관계를 맺는 방법도 공부한다는 것을 알게 되었습니다.

그래서 타인의 고통을 이해하는 것과 관련해서 제가 첫 아이를 출산했을 때의 이야기를 해드리고자 합니다. 분만 직후 저는 추위 속에서 떨면서 출산 중에 찢어진 부분들을 의사가 봉합해 주러 오기를 기다리고 있었습니다. 영원처럼 느껴졌던 시간이 지난 후 의사가 도착했고 그는 마취 없이 봉합을 시작했습니다. 엄청난 고통 때문에 저는 약간의 비명을 지르며 움찔거렸습니다. 제가 가만히 있지 않고 불만을 제기했다는 이유로 의사가 저를 거칠게 나무랐던 기억이 납니다.

저는 여성들이 유능한 사람들의 손에 자신의 안녕을 맡기는 결정을 할 때 더는 인간성의 부족이나, 더 정확히 말하자면 가학성의 대상이 되지 않기를 바랍니다.

C. P.

33세 주부

일 년 전 셋째 아들의 모유 수유 6개월 차에 매우 강한 복통을 느끼고 응급실에 간 저는 2등급 자궁탈출증과 다낭성 난소를 진단받았습니다. 너무나도 갑작스럽게 "아직 32세밖에 되지 않으셨는데 유감이네요."라는 한마디 말도 없이, 그들이 하려는 것이 무엇인지에 관한 설명도 없이, 그들은 대안도 제시하지 않고 "최후의 수술"을 제안했습니다. "쉽게 생각해 보도록 하죠. 당신은 이미 아이가 셋이나 있으니까요."

저는 본래 냉철한 편이기 때문에 포기하지 않았습니다만 당시의 기억은 여전히 혼란스럽게 남아있습니다. 특히 탈출증을 앓았던 사람들의 이야기를 들어보았는데 그들은 산전 운동prenatal exercise과 유사한 운동을 통해 문제를 해결했다는 사실을 알고 분노했습니다. 병원에서는 이에 관해 아무런 말도 해 주지 않았습니다. 저는 왜 그들이 아무 말도 해 주지 않았을지 스스로에게 되물어 보았습니다. 왜 그들은 운동만으로 충분히 상황을 개선할 수 있다는 사실을 알리지 않았을까요?

후에 부인과 주치의가 저에게 말했습니다. "괜찮아요. 당신은 완전한 상태는 아니지만 계속 잘 지낼 수 있을 거예요. 어쨌든 아이도 이미 셋이나 있잖아요."

저는 고지에 입각한 동의 절차에 근거해서 알고 싶은 것이 있었습니다. 만일 마취 전문의가 편도선 절제술이 필요한 천식 환자가 약물(아트로핀)에 알레르기가 있다는 사실을 전해 듣고도 이 약물을 사용했다가 서맥brachycardia과 근육 강직성 경련tetany을 일으켜서 "꽉 다물어진 턱에 공기를 불어 넣기 위해"

단단한 관을 삽입해야 할 상황을 초래했다는 것이 후에 환자의 의료 기록을 통해 발견된다면 (만약 누구라도 이 상황에 책임을 져야 한다면) 누가 책임을 져야 할까요? 수술이 끝난 후 그의 가족들은 모든 수술이 잘 끝났지만, 환자가 깨어나는 과정에서는 "사소한 문제"가 있었다는 이야기만을 전해 들었다는 점을 밝혀두고 싶습니다.

마우리치오 보르사또
가정의, 빠도바

의사와 환자의 관계에서 가정의의 중요한 역할

저는 보건의료와 그 종사자들이 겪고 있는 현재의 위기에 주목하고자 합니다. 왜냐하면 그 어느 때보다도 더 준비된 시민들이 그들의 필요를 최우선으로 요구하고 나섰기 때문입니다.

우리는 지금껏 이처럼 지역적으로 잘 분산된 보건의료 서비스의 혜택을 누린 적이 없었으며 최근 몇 년 사이에 삶의 질이 뚜렷이 개선되었다는 점을 부인할 수도 없을 것입니다. 특히 (저는 분명 서구 사회에 관해 언급하고 있습니다) 활용 가능한 상품과 정보의 양적인 측면에서 분명한 개선이 있었습니다.

이러한 개선에도, 정확히는 이러한 개선으로 인해 적어도 이전 세대의 기억에서 가정의가 가지고 있던 중요한 역할은 조금씩 사라져갔습니다. 당시에 온정적인 관용주의[2]에 근거를 둔 역할은 주로 충고와 권고를 통해 행해졌으며 환자들이 의견을 제시할 여지는 거의 두지 않고 있었습니다. 환자는 그러한 관계에 안심하고 있었습니다. 그런데 무슨 일이 벌어졌을까요?

제 의견으로는 두 가지 특수한 현상이 동시에 발생하여 이러한 관계에 위기를 생성했습니다. 여기서 말하는 두 가지 현상은 (1) 초기 가족 모델의 붕괴와 함께 찾아온 (적어도 도시에서는 분명하게 나타났던) 가족 구성원들의 분열(핵가족)과 (2) 전문가 인력 시장과 의료계 자체에서 가정의가 프롤레타리아화되면서 사회적 서열에서 큰 취약성을 갖게 된 현상을 말합니다.

이러한 평가절하와 함께 이 역할은 병원과 의학 전문 분야로 분류되는 의료계의 다른 측면과 잘 통합되지 못했습니다.

그러나 이러한 권위 상실 덕분에 오늘날 가정의는 일반 시민과 그들이 매일 진료실로 가져오는 문제들과 더 밀접하게 접촉하고 있다고 말할 수 있습니다. 앞서 언급한 두 가지 현상은 모두 우리 시대를 특징짓는 균질화homogenization와 표준화에

---

2. * paternalism. 전문가와 의뢰인의 관계가 수평적이지 않고 권위적이고 보호적인 방식으로 전문적 서비스를 전달하는 태도. '가부장주의'로 번역되기도 한다.

포함됩니다. [가정의와 시민] 양자 모두가 무언가를 수탈당하는 의존 관계에 갇힐 위험이 있습니다.

점점 더 복잡해지는 시민 생활에 관해 결정을 내릴 수 있는 능력을 빼앗기고 모든 문제에 대한 답변과 해결책을 바라는 성급한 태도를 가지면, 종종 개별 문제의 중요성을 놓치고 그것들의 상대적 중요성을 놓치는 것으로 이어지게 됩니다. 복잡함과 성급함은 전체 사회 집단의 행동에 급진적인 변화를 불러일으켜 왔습니다. 고령화 문제라는 사례는 그 사실을 설명하기에 충분한 예시가 됩니다. 이러한 역동에서 벗어나는 것은 의사나 일반 시민에게 극히 어려운 과제입니다. 어쨌든 가치와 요구 사이의 차이를 구분 짓는 것의 어려움은 가정의가 환자와 관계를 맺는 방식을 급진적으로 바꾸었습니다. 우리가 가정의의 역할이 지속되기를 바란다면 이러한 관계에 급진적인 변화가 필요할 것입니다.

저는 자궁절제술에 관해 우리가 다루고 있는 질문이 가정의 진료실에서 일상적으로 우리에게 영향을 미치는 사회적이고 대인관계적인 역동의 복잡성을 효과적으로 보여주는 예시가 된다고 생각하기 때문에 이러한 전제를 언급했습니다. 산부인과에서 대부분의 시간을 보냈던 저의 전문의 훈련 과정 동안 저는 이 문제의 크기를 가늠해 볼 기회를 가졌습니다. 왜 그렇게 많은 횟수의 자궁절제술이 행해졌는지를 설명해 줄 수 있는 단 하나의 해답도 찾지 못했습니다. 그러나 그토록 과격한 중재가 빈번하게 필요하다는 사실에 대해 계속해서 의심하면서 제 진료소를 찾는 여성들에게서(오직 그들로부터만) 꾸준히 그 질문에 대한 답을 구해 왔습니다.

진료소를 찾은 모든 여성은 자신의 일화나 다른 여성의 이야기를 전해 주었고 그들은 모두 자궁절제술이 쓸데없거나 어떤 면에서는 해로운 것이라고 생각하고 있었습니다. 깊이 생각해 보아야 할 내용은 그들은 모두 완경 후의 시기에서도 본래의 신체적, 정신적 완전성을 지키는 문제에 관해 냉철하게 정확한 판단을 내리고 있었다는 점입니다. 이 여성 중 상당수는 자궁근종을 진단받고 그에 따라 자궁절제술을 권고받았으며, 아마도 난소와 난관의 제거까지 추천받았을 것입니다. 완경이 지난 후에도 그들 중 상당수는 오늘날까지 여전히 누군가가 특정 나이가 지난 후에는 쓸모없고 번거로우니 제거해 버리라고 말했던 약간 더 커지거나 작아진 자궁을 가진 채 살아가고 있습니다.

이 경험에 비추어 볼 때 저는 시간의 흐름에 따른 자연스러운 신체적 변화의 가능성을 수용하고 인정하는 것은 가정의가 일상생활에서 직면하는 가장 중요한 문제 중 하나라고 생각합니다. 이는 완경과 같이 시간의 흐름과 관련된 생리학적 과정을 다루는 문제에서나 중증이나 경증의 병리학적 과정을 다루는 문제에서나 마찬가지입니다.

이와 관련하여 자궁과 생식기에 종양을 앓았던 두 명의 환자가 떠오릅니다. 저는 그들과, 병리와 관련된 문제의 수용과 인정에 기반을 둔 호혜적인 관계를 맺을 수 있었습니다. 이러한 관계에서 제가 배운 점은 사소한 문제를 안고 살아가는 것을 힘들어하는 사람들을 경솔하고 성급하게 대하는 경우가 많았던 저의 직업적 실천에서 특히 유용했습니다. 그렇지만 이와 같은 현상은 과소평가되어서는 안 됩니다. 왜냐하면 이 현상은 대인관계 및 직장 관계가 상호주관적 성격을 상실하고 상호의존성의 증가로 대체되면서 사회적 불안이 확산하는 것에 뿌리를 두고 있기 때문입니다. 이러한 점에서 우리는 이러한 관계, 특히 의사-환자 관계는 구두口頭 언어를 기본적인 도구로 활용하면서 자동적으로 발생하는 메타언어까지 활용하여 그 관계를 강화한다는 점을 기억해 두어야 합니다. 여기에서 우리는 복합적인 의미를 가진 단어가 충분한 설명 없이 또는 적절하지 않은 순간에 대화에서 제시되면 환자가 이를 오해할 수 있다는 점을 명심해야 합니다. 각각의 모든 단어는 정확한 의미를 지닙니다. 그리고 최근 (몇몇 정치인의 언어에서 그 예시를 찾아볼 수 있듯이) 빈약한 구두 언어의 사용에 비추어 볼 때 의사들은 환자에게 이야기하는 바에 면밀한 주의를 기울여야 합니다. 인내심을 기르고 경청하는 방법을 배워야 하는 사람은 의사입니다. 또한 환자들이 그들의 문제를 최대한 잘 표현할 수 있도록 기회를 주고 그들을 격려해야 합니다.

그렇게 하는 것이 저 역시도 항상 쉬운 일은 아니었습니다. 그러나 그 과정에서 자궁절제술이 필요하다는 말을 들었던 환자들이 의문을 품는 것, 그리고 그 의문이 책임감 있고 합리적인 선택으로 바뀌는 것을 발견했습니다. 자궁절제술을 시술한 후에는 풀리지 않은 채 남겨진 의문을 해결하는 것이 더욱 어렵습니다.

저는 오늘날 제기된 문제 중에서 일부 측면에만 초점을 두고 이야기했습니다. 모든 의사-환자 관계는 포괄적이고 철저해야 합니다. 즉 관계의 양측 주체인 의사와 환자 모두가 그 관계 내에서 책임감을 느끼면서도 자유로워야 할 것입니다. 그런 방식으로 진행될 때에만, 서로 만족스러운 이해에 도달할 수 있을 것입니다.

노르베르또 페린
신장병 전문의, 빠도바 병원 일급 의사,
이탈리아 노동조합 총연맹의 의사분과 회원

자궁절제술에 관한 질문을 다룬 연구 준비 과정에 저의 전문 지식을 활용할 수 있도록 참여할 기회를 주고 단지 여성과 의학 간의 관계를 넘어서 일반적인 여성에게 이 수술이 갖는 커다란 중요성을 볼 수 있도록 해 준 달라 코스따 교수에게 감사를 표합니다.

고백하건대 저도 한때는 자궁절제술 시술과 관련된 외과적이고 남성중심적인 편견을 가지고 있었습니다. 사실 얼마 전에 막 40세가 넘은 제 아내가 자궁근종(정확하게 기억은 못 하지만 한 개 또는 두 개의 근종)으로 부인과의사에게 보존적 수술을 시도하도록 권고받고 저에게 의학적 견해를 물었을 때 저는 "자궁을 떼어버려요. 무슨 소용이 있다고."라고 답했습니다.

이로 미루어 볼 때 저는 자궁절제술 시술에 관한 남성중심적 편견이 존재한다는 사실은 의심할 여지가 없다고 생각합니다.

한편 자궁절제술은 부인과의 수술에 관한 포괄수가제 Diagnosis-Related Group, DRG에서 가장 중요한 부분을 차지하고 있으며 이로 인해 자궁절제술 시술에는 남성중심적 편견뿐만 아니라 의사의 편견이 더해진다는 가설을 제기할 수 있습니다.

자궁절제술이 여성의 신체에 미치는 영향에 관해 이해가 부족하다는 것, 그리고 그 수술을 추천하는 경우 그것이 외과적이고 남성적인 편견에 심대하게 영향을 받은 것일 수 있다는 점에 기초하여, 저는 최근 몇 년 사이에 베네토에서 얼마나 많은 자궁절제술이 시술되었는지, 또한 자궁근종과 섬유종과 같은 양성 질환에 대해서 "과도하게" 활용되지는 않았는지 조사해 볼 필요가 있으며 최소한 조합원들만을 대상으로라도 그 결과를 알아보아야 한다고 생각했습니다. 이 자료는 베네토 지역의 자궁절제술이 높은 빈도로 나타나고 있을 뿐만 아니라 1993년 5,909건에서 1996년 6,685건으로 증가하는 추세라는 점도 보여주었습니다. 그러나 나의 개인적 연구에서도 확인할 수 있는 또 다른 중요한 사실은, 양성 및 악성의 요인에 상관없이 모든 자궁절제술이 통계적으로는 같은 방식의 코드로 기록되고 있다는 점입니다(ICD-9-CM-68.40).[3]

저는 베네토 지역(그리고 다른 지역 및 전국 데이터 수집에 대해서도 마찬가지입니다)에서는 국제 코드를 기반으로 하더라도 새로운 코드를 활용하여 양성의 원인에 따른 자궁절제술과 악성의 원인에 따른 자궁절제술의 시술을 구분하는 코드를 사용하는 것이 적절하다고 생각합니다. 또한, 저는 자궁절제술을 시술받은 환자의 나이를 아는 것 역시 중요하다고 생각합니다. 그래서 지역 내에 여성의 연령에 따른 자궁절제술의

---

3. * ICD-10-CM으로 개정된 이후에는 코드 Z90.710(양성)과 코드 Z85.40(악성)을 통해 진단 코드를 구분하고 있다.

비율을 알아보기 위한 요청을 보냈습니다.

수집된 데이터를 기반으로 하여 결론적으로 양성 병리를 원인으로 하는 자궁절제술 시술이 과도하다는 가설이 설득력을 가지는 것으로 나타났습니다. 이러한 과도함은 수술적, 남성적 그리고 경영적 편견에서 기인하는 것입니다.

저는 "고지에 입각한 동의"와 "의사 환자 관계의 진화"에 관해 여기에서 두 가지 의견을 제시하고자 합니다.

우선 국민건강보험 체제에서 보건의료가 기업화되면 소비자/환자는 고지에 입각한 동의에 근거를 둔 서비스라고 할지라도 제공되는 서비스를 평가할 수 없는 위치에 서게 됩니다. 오직 의사의 양심에 따라 환자가 겪게 될 커다란 이익이나 커다란 해악이 결정되는 일반적인 틀 속에서도, 여성이 부당한 자궁절제술에 대해 평가하고 거부하는 것은 여성이 스스로 추구할 수 있는 목표인 것으로 보입니다(이 점에 관해서 저는 달라 코스따 교수와 동의합니다). 그리는 이는 환자 여성들의 집합적 노력이 다른 여성들, 보건의료 분야 종사자들의 노력과 결합되어 이루어질 수 있을 것입니다. 이를 통해 자궁의 주요 병리에 관한 대안적 치료들에 대한 기초 정보를 얻을 수 있을 것입니다.

둘째로, 어쨌든 긍정적인 결과를 만들어 내려는 의사-환자의 관계는 의사가 "합법적 의료"(물론, 편견으로 왜곡된 개념의 합법적 의료일 것입니다)의 기준에 준하여 결정을 내리도록 할 것입니다. 이는 현재의 과학적 지식과 기본적인 윤리적 가치에 근거를 두고 환자에게 최선의 방식을 선택하기보다는 의사 자신에게 가장 안전한 방식을 선택하게 한다고 생각합니다. "법적으로" 의사에게 가장 위험하지 않은 방식이 선택되고 있는 것입니다. 미국에서 제왕절개 수술이 크게 성행하고 있다는 점 역시 "합법적 의료"의 좋은 예시로 보입니다.

그러나 자궁절제술은 다른 부인과의 외과적 수술과 비교해서 매우 침습적이면서도 심각한 부정적 결과를 갖기 때문에 이 수술의 높은 빈도를 이러한 방식만으로 설명할 수는 없습니다. 따라서 앞서 언급한 세 가지 이유가 이러한 과도함을 설명한다고 생각합니다.

카르멘 메오 피오로

교육심리학자, 〈연구 학습 센터—대안 교육 역동 협회〉 협회장, 빠도바

저는 여기에 협회장이나 교육심리학자 또는 정신 역동 mental dynamics 지도자가 아닌, 오늘날 여기에서 논의하고 있는 문제로 인해서 말로 표현하지 못할 고통에 시달리고 있는 한 명의 여성으로서 이야기를 시작하겠습니다. 저는 여덟 명의 남

매에게 어머니 역할을 했습니다(가장 어린아이는 8개월이고 세 살과 다섯 살 난 딸이 둘 있으며 그 위로 여럿의 아이가 있습니다). 저의 어머니는 마흔 살에 돌아가셨고 저는 열여섯 살이 되었을 무렵 가족의 생계를 책임져야 했습니다. 스물네 살에 결혼한 저는 열렬히 아이를 갖고 싶었습니다. 교육학 공부와 학생들을 가르친 경험 그리고 여덟 남매와의 오랜 경험은 완벽한 어머니가 되도록 준비하기에 충분했습니다. 그러나 문제가 시작되었습니다. 유산이 한 번, 두 번, 세 번 계속되었습니다. 의사는 검사와 시험 모두 문제가 없다고 말했습니다. 그러나 모든 진료와 시험에 문제가 없지는 않았습니다. 나팔관 조영술을 받아본 사람이라면 누구나 이해할 수 있듯이 요오드성 조영제를 나팔관에 주입하는 조영술salpingography을 시술하는 동안 저는 당연하게도 고통스러운 반응을 보였고, 의사는 저를 나무라며 노골적으로 모욕했습니다.

그들은 여섯 번의 유산 후에야 남편과 저의 Rh인자를 시험해 보아야 한다는 점을 깨달았습니다. 저는 Rh 마이너스, 남편은 Rh 플러스였습니다. 이것이 그동안 저의 임신이 3개월 반 이상 유지되지 못한 이유였습니다. 그러나 저는 임신할 때마다 요람과 아이의 옷을 준비했습니다.

길고 고통스러운 시련이었습니다. 일상적으로 저는 심리적 상태를 숨기려고 애썼지만, 밤이 되면 태어나지 못한 아이들의 무덤에 들어가 제가 가지고 간 장난감으로 아이들과 놀아주는 꿈을 꾸었습니다. 그러다가 어느 날부터인가 제가 남편과 사랑을 나눌 때마다 사과나무의 심상이 나타났습니다. 사과는 탐스러웠지만, 이내 여러 개의 작은 해골로 변해 버렸습니다. 진정한 고문이었습니다. 그러나 저는 희망을 이어가며 계속 시도했습니다. 한 명의 아이를 가질 수 있다면 제 수명의 20년을 내어줄 수도 있다고 생각했습니다.

물론 저의 책임이 있는 유산(다섯 번의 유산이 더 있었습니다)도 있었습니다. 대신 저를 치료한 의사들에게도 그들이 불필요하게 처방했던 엄청난 양의 루테인lutein과 폴리큘린folliculin에 대한 책임이 있습니다. 저는 의사가 아니지만, 반복적인 수술(과 덤으로 얹어준 수혈성 간염)로 저를 두 번이나 죽음의 문턱까지 이르게 했던 자궁근종과 낭종이 이러한 대량의 호르몬 투입으로 인한 것이 아니라고 장담할 수 있을까요? 또한, 의사의 오만함도 있었습니다. 저는 진정한 심리적 테러의 희생자였습니다. 이런 식으로 의사에 관한 이야기를 꺼내야 한다는 점은 매우 유감입니다만, 저의 동생도 의사이며 진정한 사랑으로 환자를 대하고 있습니다. 그러나 당시에 호흡기 질환을 주로 다루고 있던 젊은 제 동생은 다른 분야에서 일생을 바쳐 연구한 더 나이 많은 동료의 방식을 완전히 신뢰하고 있었습니다. 그러나 저를 치료했던 어떤 의사도 충분한 설명을 해

주지 않기 때문에 제 병이 악성 병리였을 수 있다고 생각할 수밖에 없었습니다. 결국 저는 서른 살도 되지 않은 나이에 첫 번째 난소를 잃었고 곧 다른 난소와 함께 자궁 일부까지 잃었습니다.

결론적으로 저는 매우 어린 나이에 자궁절제술과 난소절제술을 받았고 오랫동안 절망의 상태에 빠져 다양한 정신적 신체 증상을 겪었습니다. 저의 책 『정신 에너지와 긍정적 사고』 (Demetra, 1993)에서 언급했듯이 제 동생은 저를 걸어 다니는 병리학 사전이라고 말하곤 했습니다.

자궁절제술을 받은 여성들은 거세된 기분과 함께 더는 어머니가 될 수 없을 뿐만 아니라 자신의 섹슈얼리티가 약해진다는 공포를 느낍니다. 온 세상이 자신에게로 무너져 내리는 느낌입니다. 그들은 풍요로움을 잃어버린 자신의 몸이 더는 사랑받지 못하는 것을 두려워합니다. 감정적으로도 불안정해집니다. 그들은 의사의 의학적 설명과 많은 심리적 지원을 절실히 필요로 합니다. 그러나 제 경우에, 또한 제가 알기로는 일반적으로도 (언제나 예외는 있을 수 있으며 이러한 예외에 해당하는 의사에게는 제가 지금 하고자 하는 말에 대한 용서와 이해를 바랍니다) 의사는 단 한 마디의 지지도 보태주지 않았고 어떠한 설명이나 조력도 제공하지 않았습니다. 제가 병원에 있는 동안 저는 심리학자의 그림자도 보지 못했습니다.

저는 제 사례에 관해 좀 더 명확히 알아보기 위해 미국으로 향해야 했습니다. 저는 베데스다 국립보건원과 조지 워싱턴 대학병원에서 진료를 받았습니다. 두 병원에서 같은 대답을 얻었습니다. 아직도 이름을 기억하고 있는 타마그나 교수는 저에게 "걱정 마세요. 자궁근종과 낭종 모두 양성이었습니다. 당신의 자궁 일부를 아직 남겨 두었다는 점이 그 사실을 증명합니다"라고 말해 주었습니다. 그러나 그녀는 "의사들이 당신의 난소 역시 남겨둘 수도 있었을 텐데, 아마도 문제를 빨리 해결하고 싶었나 봅니다."라고 덧붙였습니다.

저는 "서른 살도 되지 않은 여성에게 보존할 수 있는 장기를 구해 보려는 시도조차 하지 않고 여성으로서의 모든 것을 **빼앗아** 가다니 얼마나 훌륭한 의사들인가요?"라고 말했습니다.

심리적 수준에서 저는 저 자신을 도와야 했습니다. 미국에서 풀브라이트 장학재단 회원으로서 저는 우울한 사람들에게 창의적 시각화를 하게 하는 한 치료실에 방문했습니다. 그 치료실은 우울한 사람에게 이완의 경험을 제공하고 평온과 만족 그리고 행복이 있는 안락한 집에 있는 심상 등을 떠올리도록 했습니다. 이러한 방식으로 사람들은 천천히 자아상을 변화시키고 자신의 위기를 극복했습니다.

저는 스스로에게 "나도 함께 해보는 건 어떨까?"라고 물어보았습니다. 다행스럽게도 정신 역동 과정을 마련하여 운영 중이던 마르첼로 보나쫄라라는 사람을 만났습니다. 이 과정에 참석하면서 이 방법론이 심리적, 신체적으로 더 나은 기분을 느끼게 하는 일련의 기법을 제공하며 우리의 자아상을 강화하는데 유용할 수 있다는 점을 깨달았습니다(우리는 이제 신체적 측면과 심리적 측면이 얼마나 밀접하게 연결되어 있는지를 알고 있습니다. 자궁절제술을 처방받는 특정 자궁 병리가 심리적 위기를 겪고 있는 사람에게 더 쉽게 발생하지 않는다고 누가 장담할 수 있을까요?).

나는 정신 역동 방법론으로부터 큰 도움을 받았고, 그래서 마르첼로 보나쫄라와 함께 강한 의지를 가진 사람들이 모인 소규모의 그룹 〈유럽 학술 연구 학회 – 대안 교육 동역학 협회〉를 결성하기로 했습니다. 이 모임의 과학 국장은 사비노 사멜레 아콰비바입니다.

이 학회는 오늘날 국가가 인정하는 교훈적인 단체입니다. 개인의 정신력 회복과 마음-신체 균형 그리고 참가자가 평온한 상태에서 목표를 설정하는 방법을 개발하도록 하는 광범위한 활동을 다양한 수준에서 운영합니다. 이 단체의 목표는 다음과 같습니다. 개인의 힘의 회복과 정신과 신체의 균형을 위한 다양한 수준의 광범위한 활동을 하는 것입니다. 참가자들이 차분하게 목표를 설정하고 마치 종합적 경험을 통해 달성한 것처럼 정신적으로 목표를 실천할 수 있도록 가르치는 기술을 개선하는 것입니다. 예를 들어서 장기를 하나 잃은 사람에게 더 잘 작동하거나 대체할 수 있는 다른 장기가 있다는 보상 법칙을 알려주는 것입니다. 그리고 이는 사람들, 특히 여성, 특히 자궁절제를 당했거나 모든 종류의 신체적 또는 정신적 폭력의 희생자(오늘날 불행히도 그 수는 무수히 많습니다)에게 힘과 존엄, 희망을 주기 위한 것입니다. 저 자신의 경험에 힘입어 저는 자궁절제술을 당한 여성들에게 다음의 메시지를 전하며 제 증언을 마무리하고자 합니다.

"고통의 시간을 내려놓읍시다. 미래의 안녕으로 나아갑시다. 지금 여기의 순간을 격렬하고 창의적으로 살아갑시다. 자신을 위한 무언가를 시작합시다. 자신을 사랑하는 방법을 배웁시다. 자신을 보살핍시다. 자신의 개성을 강화할 수 있는 과정에 참여합시다. 또한, 제가 했던 것처럼 다양한 영역에서 자신의 창의성을 표현하는 과정에 참여합시다. 창의성은 우리가 걸었던 길이 올바르지 않을 때 또 다른 길을 하나씩 다시 찾아가는 것을 의미합니다. 만약 제가 누군가에게 자궁절제술을 당했다고 하더라도 저는 제 섹슈얼리티가 제 머리와 마음속에 존재한다는 것을 알고 있습니다. 또 저의 창의적 능력에 따라 결정된다는 것을 알고 있습니다. 그러므로 나는 계속해서 그 섹슈얼리티를 살아갈 것입니다. 전보다 더 낫고 완전한 방식으로 그렇게 할 것입니다. 내가 은퇴를 했다면 나는 그것이 무엇이든 내가 이전에는 하지 못했던 무언가를 하면서 살 것입니다."

저는 교육 지도자를 하다가 은퇴했기 때문에 다른 여러 활동에 전념할 수 있었습니다. 원하는 때 원하는 방식으로 예술 활동을 하고 책을 쓰기도 하며 심리교육 전문가로서 실제 업무를 진행하기도 합니다. 저는 대안적 교육 역동 협회를 운영하고 있으며 전 세계에서 정신 역동과 창의성에 관한 과정을 운영하고 있습니다. 또한 일주일 동안 진행되면서 모든 종류의 개인적 문제를 이야기할 수 있는 또 다른 과정에도 몸을 담았습니다. 남성들이 크게 부끄러워해야 할 점은, 과정에 참여한 여성의 절반, 때로는 그 이상이 학대로 인해 고통받았으며 대부분 매우 어린 시절에 그러한 경험을 했다는 것입니다.

다른 사람들, 특히 여성을 돕는 데 보낸 저의 삶을 통해 저는 여성은 여전히 세계 각지에서 다양한 방식으로 학대와 고문을 받고 있다는 사실을 더욱 분명하게 깨닫고 있습니다(12년 동안 아프리카에서 여성 학교를 운영하면서 다양한 형태의 여성 학대를 보았으며 요즘도 정조대infibulation와 음핵절제술clitoridectomy에 관해 생각하면 끔찍하다는 생각이 듭니다).

마무리하면서 제 이야기를 해보면, 저는 아이가 없다는 이유로 제 반평생을 눈물로 보냈지만, 지금은 전 세계에 제 아이가 수천 명이 있습니다. 저는 신체적인 모성만 있는 것이 아니라 영적인 모성이 존재한다는 사실을 이해했습니다. 제 나이는 이제 일흔두 살이지만, 삶의 모든 면에서는 서른 살처럼 살고 있습니다. 비록 여전히 불의와 학대에 대항하는 싸움을 지원하고 있지만, 저 자신과 타인 그리고 모든 세상에 대한 평화를 얻었고 이로 인해 행복하고 평온하며 즐겁습니다. 자궁절제술을 당한 여성 여러분, 여러분이 힘든 시간을 보냈다는 사실을 잘 알고 있습니다. 그러나 울며 제자리에 머무르기만 해서는 안 됩니다. 고개를 들고 즐거운 삶을 다시 시작하십시오. 제가 그렇게 했습니다. 당신도 할 수 있습니다.

줄리아나 마레리야
로마 G구역 단위 보건소 몬테로톤도 가족 상담 센터 심리학자

여성의 자궁절제술 경험이 주는 심리적 영향

제 발표는 다섯 부분으로 구성되어 있습니다. 먼저 제 경험에 비추어 어떻게 여성이 이 수술의 시술에 동의하게 되는지를 이야기하고자 합니다. 다음으로는 왜 자궁을 제거하는 행위가 신장을 제거하는 행위와 같지 않은지 설명하고자 합니다. 자궁절제술이 여성에게 미치는 영향에 관한 정보도 제공하고자 합니다. 또한, 이 문제를 다루었던 심리 상담자로서 제 경험을

이야기하고, 마지막으로 이 수술을 앞둔 여성을 돕기 위해 무엇을 할 수 있는지에 관한 의견을 제시하고자 합니다.

의료인들은 골칫거리가 된 자궁으로부터 여성들이 자유로워질 수 있는 유일한 대안이 자궁절제술인 것처럼 말합니다. 자궁이 커지거나 자궁근종이 발생함으로 인해 방광을 압박하여 비뇨기계의 문제를 일으키거나 적절하게 수축하지 않아 오랜 기간의 과다한 월경을 일으키고 빈혈과 피로를 유발할 수 있다는 것입니다.

그들은 자궁이 실제로는 아이를 가지기 위한 장기일 뿐이라는 말을 되풀이합니다. 아직 아이가 없다면 자궁을 보존하기 위한 모든 노력을 다해야 하지만, 그렇지 않다면 자궁은 암의 위험이 있기 때문에 제거해 버리는 것이 좋다는 것입니다.

수술이 끝나고 나면 임신에 관한 걱정 없이 자유롭게 성생활을 즐길 수 있기 때문에 여성은 훨씬 더 좋은 기분을 느낄 것이라고 말합니다. 여성의 관계를 제한하는 신체적 불편을 제거하기 위해서 여성은 이 수술을 받아들이게 됩니다.

이제 우리는 심리적인 관점에서 왜 자궁절제술을 받는 것이 다른 수술을 받는 것과 다른 의미를 가지는지 살펴보겠습니다.

정신분석 연구는 삶의 과정에서 자아의 구조와 개인의 정체성이 상당 부분 신체의 감각과 인지에 의존한다는 것을 밝했습니다.

남성은 외향적인 방식의 신체적 삶을 사는 반면, 여성이 자기 자신에 대해서 갖는 심상은 "중심 구강"a central cavity을 중심으로 하여 경험될 뿐만 아니라 고무되고animated, 환상이 만들어지고, 상징화되는 것입니다. 이는 여성의 삶의 여러 단계에서 신체의 경험과 구조가 달라지게 만듭니다.

이 비어 있는 공간은 쉽게 채워지는 경향이 있습니다. 모든 여성은 채움과 비움의 역동, 통합과 분리의 역동을 경험합니다. 특히 이는 성적 활동뿐만 아니라 초경에서부터 월경 주기에 이르기까지, 임신에서부터 완경까지의 변화가 제공하는 생리학적 지표들이 보여주는 이행들에서 잘 나타납니다. 따라서 여성의 정신psyche은 생식기 내부적 공간에 관한 인식에 따라 결정됩니다. 이 내부적 공간은 보듬거나 보존할 수 있고, 동시에 생산하고 창조할 수도 있습니다. 즉 중요한 과정들이 섹슈얼리티와 연결되어 있는 그러한 내부 공간입니다. 여성 정체성의 독특한 특성은 신체 내부의 흐름과 그 안의 주기週期적 언어를 인식할 수 있는 능력입니다. 생애 중 임신이 가능한 연령에서 생식기 내부적 공간이 주는 주기적 약동은 생명력의 표상이라고 할 수 있습니다. 그러므로 조화와 신체적 균형 그리고 주기성cyclicality은 여성 정체성의 기초가 되며 끊임없이 그 의미를 재해석하도록 합니다. 월경과 임신은 조직하고, 안정시키고,

통합하는 의미를 지닙니다.

그러므로 여성성, 생식 능력, 신체적 체제의 완전성을 보장하는 등 다양한 상징적 기능을 가지고 있는 장기를 제거한다는 것은 자궁절제술이 여성에게 심각한 심리적 문제를 촉발할 수도 있음을 의미합니다. 자궁절제술을 경험한 후에 신체상은 허약한 것이 되고 손상됩니다. 성인의 일상의 다른 사건들과의 동기화가 어렵게 되며 신체 리듬과 경험이 충격적으로 변경되기 때문입니다. 월경 주기의 중단은 월경의 상징적, 정서적 중요성으로 인해 갑작스러운 정서적 반응을 끌어낼 수도 있습니다. 도이치(Deutsch 1944~1945)에 따르면 어린 소녀의 자기애적 자아는 월경을 성인기로 향하는 만족스러운 발걸음으로 받아들인다고 합니다. 이는 임신과 번식의 상징과도 연관되며 여성성을 조직하는 요소로 작용합니다. 월경의 고통뿐만 아니라 기간의 규칙성과 개인의 신체를 관리하기 위한 규칙적 습관의 정립과 같은 월경 주기의 본질은 여성의 정신적 안정성과 전체성에 기여하고 있습니다. 체카토 외의 몇몇 연구자(Gennzzani and Facchinetti 1988의 편저서에서)는 둘리치와 비버가 수행한, 자궁절제술을 당한 여성들에 관한 연구를 인용하면서 월경은 세정과 배출이라는 중요한 기능을 수행하는 생체 주기의 중요한 요소로서 건강 유지의 규칙성에 필수적인 사건이라고 보았습니다. 자궁절제술을 받아야 하는 여성의 불안은 위에서 말한 모든 것에 기초한 것입니다. 그녀는 자신의 섹슈얼리티에 대한 혼란, 우울 기간, 신체적 증상, 그리고 자신의 파트너나 가족들과의 부적응 등을 일으킬 수 있는 새로운 균형에 직면해야만 하는 것입니다.

리차즈는 1974년에 "자궁절제술 후 증후군"을 정의하였습니다. 그에 따르면 이 증후군은 신체적 증상과 심리적 증상으로 특징지을 수 있으며 신체적 증상에는 무력감, 두통, 일과성 열감, 성교 통증, 불면증, 성욕의 감소가 있고 심리적 증상에는 우울감이 있습니다. 리차즈가 조사했던 56명의 환자 중 70퍼센트의 사례에서 자궁절제술 후 3년 이내에 우울감이 나타났습니다. 그러나 통제 집단에서는 30퍼센트에서만 우울감이 나타났습니다. 이러한 장애의 평균 지속 기간은 환자 집단에서는 12개월 9일이었지만 통제집단에서는 4개월 2일로 나타났습니다. 일과성 열감은 전체 난소절제술과 부분 난소절제술을 받은 환자 집단과 난소절제술을 받지 않은 35명의 환자 모두에게서 나타났기 때문에 이 증상의 원인은 불분명합니다.

데너스타인 등이 1977년 수행한 미국의 연구(Amore et al. 1988에서 인용)는 자궁절제술과 난소절제술을 받은 여성의 37퍼센트에서 발생한 성생활의 저하에 초점을 맞추었고 여기에는 수술받은 여성과 남편이 함께 겪는 부부 생활의 증후군이 포함되기도 했습니다. 이는 남성이 배우자의 절제술 경험을 수용하지 못함으로써 겪는 어려움에 따른 증후군으로 볼 수 있습니다.

다른 연구에서는 수술 후에 나타나는 가장 중요한 결과로 우울을 강조했습니다.

1980년에 메디나와 폴레오는 109명의 표본 여성에게서 우울 반응 외에도 자궁절제술의 순간부터 이미 나타나던 정신적 신체화 문제psychosomatic disorders가 강화되었다는 점을 발견하였습니다(이는 일부 부인과 질환이 정신적 신체화 증상에 기초한다는 가설을 확인하는 결과일 것입니다).

그러나 통제집단과 비교하여 우울의 증가가 발견되지 않은 다른 연구도 있습니다. 때로는 수술 후에 기분이 향상되는 경우도 있는데 이는 자궁절제술로 인해 이전에 갖고 있던 신체적 장애가 제거되었거나 또는 정신 역동적 해석으로 이 수술이 과거의 잘못을 씻을 수 있는 적절한 수단이라고 믿는 데서 기인합니다. 즉, "이제 나는 대가를 치렀고 편히 쉴 수 있다"고 믿는 것입니다.

자궁절제술을 받기 전에 임상 면접과 검사를 받은 20명의 여성을 대상으로 볼로냐 대학(Amore et al. 1988)에서 수행한 연구에 따르면 불안정한 성격 기질(심각한 신경증, 정신증 또는 경계선적 기질)이 있는 환자에게서 가장 심대한 정신병리 반응이 나타난다는 점을 발견하였습니다. 따라서 환자의 성격 구조가 수술에 따른 정신병리적 반응 발달의 결정 요인이 될 수 있습니다. 유방절제술 및 자궁절제술을 받은 여성의 심리사회적 단계에 관한 모데나 대학(Rigatelli, M. et al. 1988)의 연구는 수술에 대한 반응을 결정짓는 변수가 무엇인지에 관해 더 나은 정의를 제시했습니다. 이 연구는 사회적 맥락에서 환자가 속한 인종과 문화의 요소(종교, 교육, 여성의 역할에 부여된 중요성), 개인적 요소(이전 병리, 질병 발병 연령, 질병 특성, 문화적 수준, 성격 유형)를 비롯하여 환자가 받은 정보와 환자가 함께 생활하던 가족의 구조, 그리고 환자가 받은 사회적 지지의 유형과 같은 외적 요소가 매우 중요하다고 밝혔습니다. 어린 나이와 낮은 사회-문화적 수준 그리고 안정적인 관계의 결핍은 수술에 따른 결과에 악영향을 미치는 변수로 볼 수 있습니다.

이 주제를 다루어 본 상담심리학자로서 20년간의 경험을 통해 저는 앞서 설명한 연구 결과에 동의합니다. 자궁절제술을 받은 후에 자발적으로 상담센터를 찾아오는 여성은 아주 적습니다. 그들은 우울감, 공허함, "상실감", 성적 관계를 갖거나 그로부터 만족감을 갖기 어렵다는 고충을 털어놓습니다. 자신의 신체와 섹슈얼리티를 잘 유지하고 있는 여성의 경우 오르가슴 경험이 변화되었다고 보고했습니다. 그들에 따르면 이전보다 오르가슴 경험의 "강렬함"이 줄어들어서 마치 자궁이 이전에 "공명 장치"sound box의 역할을 하고 있었던 것 같았다고 합니다.

이러한 측면은 미국의 연구(The Hysterectomy Association 1997)에서도 확인됩니다. 이 연구에서는 일부 여성이 같은 경험을 보고했다고 기록하고 있으며 이는 오르가슴에 음핵만이 관여하는 것이 아니라 자궁과 자궁경부 역시 "수축성 근육으로 경험에 관여한다"라는 사실을 보여줍니다. 자연스럽게 여성들이 보고한 경험은 이 장기의 부재로 인한 것이라고 설명할 수 있습니다.

매스터와 존슨(Master and Johnson 1991)은 그들의 연구에서 이미 자궁과 자궁경부가 성적 긴장과 오르가슴에 직접 관여한다는 점을 보여주었습니다. 흥분기에 자궁이 먼저 골반 안에서 "고양"되면 고조기에 도달해야만 이러한 고양감이 완성됩니다. 절정기 동안 자궁은 수축을 통해 "관여"하며 이러한 수축은 해소기에 종료됩니다. 성적 반응의 주기 동안 나타나는 자궁 크기의 증가는 주로 혈관충혈vasocongestion된 혈액의 양이 증가함에 따른 것입니다. 이 반응은 흥분기와 고조기가 더 오래 지속하는 경우와 출산한 여성이 응답한 경우에 임상적으로 더욱 명확하게 나타났습니다.

자궁경부는 외부의 구멍[자궁경부와 질을 연결하는 구멍]을 개방하여 성적 반응 동안 관여하며 이러한 구멍의 개방은 여성이 도달하는 오르가슴의 강도와 직접 관련이 있는 것으로 보입니다. 이 과정은 자궁이 분만의 외상을 겪지 않은 아직 출산 경험이 없는 여성에게서 더욱 명확하게 나타납니다.

그러나 오르가슴의 강도를 결정하는 데 있어서 자궁과 자궁경부의 관여에 관한 집중적인 추후 연구가 필요하다고 생각합니다. 예를 들어 경구피임약으로 자유롭게 성생활을 즐기며 자신의 섹슈얼리티에 익숙하게 살아가다가 자궁절제술의 경험이라는 불행을 겪은 여성 집단에 관한 연구는 상당한 주목을 받을 수 있으며 아마도 이들 중 상당수에서 오르가슴 경험의 변화를 쉽게 발견할 수 있을 것입니다.

저희 가족상담센터에서는 자궁절제술을 당한 여성들을 위한 토론 집단을 구성하여 그들이 겪은 상실을 상세히 다룰 수 있도록 도왔습니다. 불행하게도 이 집단은 그렇게 성공적이지 못했는데 이는 아마도 참가자들이 이미 수술을 받고 어느 정도의 시간이 흘러 충분히 적응한 상황에 있었기 때문으로 보입니다. 실제로 그들 대부분은 몇 번의 만남 후에 더는 센터를 찾아오지 않았습니다.

지역 병원과의 협력을 통해 저희는 퇴원하는 여성을 곧바로 초청할 수 있게 되었습니다(저희와 협력한 병원은 12개의 침상을 갖추고 연간 60회의 수술을 합니다). 그 결과 토리노 대학교의 연구(Piccioni et al. 1988)에서의 발견을 다시 한번 확인할 수 있었습니다. 즉 여성들이 지지 집단을 구성하기 위해 모임에 참석한 것은 아니었기 때문에 "환자들은 수술과 관련된 문제는 신체적인 문제를 포함해서 모든 문제를 부정하는 경향이 있었습니다."

결론적으로 저는 자궁절제술이 강렬한 감정적-정서적 환경 속에서 경험할 수 있는 특별한 실존적 의미의 사건이라고 생각합니다. 각각의 개성을 가진 여성들은 "자신만의 경험으로서" 이 사건에 개별적으로 반응할 수 있습니다.

그러나 자궁절제술은 여성에게 심각한 상실이며 여성이 일생 동안 습득해 온 상실과 변화의 과정에 대응하는 방법을 상징적인 수준에서 다시 활성화합니다.

마지막으로 예방적 차원에서 자궁절제술이 "정말로" 유일한 대안일 경우 여성 개인이나 부부에 대한 심리치료 또는 수술 전 지원 체제가 필요한 것으로 보입니다. 특히 이미 심리적으로 불안정한 상황에 놓인 여성에게는 이러한 지원이 더욱 절실합니다(이 문제를 다루었던 모든 연구자가 여기에 동의하고 있습니다).

참고문헌

Amore, M. et al. (1988) *Reazione psicologica all'intervento di isterectomia, in Genazzani*, A. R. and Facchinetti, F. (editors).

Deutsch, H. (1944-1945) *The Psycology of Women. A Psycoanalytic interpretation*, Grune and Stratton, New York.

Ferraro, F. and A. Nunziante Cesaro, (1989) *Lo spazio cavo e il corpo saturato*, FrancoAngeli,

Milan.

Genazzani, A. R. and F. Facchinetti, (editors) (1988) *Psicosomatica e psicoprofilassi in ostetricia e ginecologia*, Cic Edizioni internazionali, Modena.

Hunter, M. (1990) *Your Menopause*, Pandora.

Langer, M. (1981) *Maternità e sesso*, Loescher, Turin.

Masters, W. H. and V. E. Johnson (1966) *Human Sexual Response*, Little, Brown and Co., Boston.

Nenci, A. M. (1992) *Il corpo femminile in evoluzione*, Bollati Boringhieri, Turin.

Piccioni, V. et al. (1988) *Valutazione dei risvolti psicosessuali dall'intervento dell'isterectomia, mediante test di Rorschach*, in Genazzani A. R. and F. Facchinetti, (editors).

Rigatelli, M., et al. (1988) *Mastectomia e isterectomia : sequele psicosociali*, in Genazzani A. R.and Facchinetti, F. (editors).

The Historectomy Association (1998, 15 April) *How hysterectomy affects women*, http://web.ukonline.co.uk/linda .newall/info/hyster/affect.htm.

에르미니아 마꼴라

빠도바 대학교 정치학부 스페인학과 교수

저는 저 자신에게 또 다른 관점의 질문을 던지며 시작하고자 합니다. 왜 여성들은 이토록 자주 생식기관과 관련된 문제를 경험하게 될까요?

생식기 질병은 우리 문명이 겪는 불편한 증상 중 하나일 수 있습니다. 의사들은 철저한 의문을 품지도 않고 불편의 원인을 제거함으로써 문제를 해결합니다. 의사들의 이러한 태도로 인해서 저는 너무나 쉽게 시술되어 출산율의 하락이라는 우리 시대의 또 다른 증상과도 연관되는 자궁절제술이라는 현상을 분석해 보기로 마음먹었습니다.

통계에 따르면 이탈리아와 스페인의 출산율은 1.2명이며 한 세대가 다른 세대를 대체하는 데 필요한 출산율은 2.1명입니다. 우리 문명 안에서 무언가가 죽어가고 있으며 이것이 문제입니다. 저는 핵심적인 내용을 바로 다루기 위해 이 현상에 대한 사회학적 해석은 제쳐두고자 합니다. 제가 다루고자 하는 핵심은 우리 시대의 개인과 과학 사이의 관계입니다. 이것은 우리가 오늘 이야기하고자 하는 주제와 무관하지 않습니다.

이제 우리는 과학이 모든 인간의 잠재력을 대체해 나가는 모습을 볼 수 있습니다. 먼저 과학은 물리적 힘을 대체했고, 다음으로 지식은 컴퓨터로 대체되면서 덕분에 우리는 이전 세대보다 훨씬 더 큰 기억의 상실을 경험하고 있습니다.

또한, 우리는 당황스러운 형태로 과학이 생식 계통을 대체할 수도 있다는 현실을 직면하고 있습니다. 인공수정, 시험관 아기, 대리모 그리고 이제 인공자궁조차 가능합니다. 생식에서 자연적인 자궁이 필요하지 않게 된 상황에서 우리는 이제 자궁을 가지고 무엇을 해야 할까요? 이미 우리는 초음파를 통해 우리 몸 안을 바라보고 화면에 투사하여 보면서 새로운 현실을 경험하였습니다. 그 결과 이전에는 수수께끼였고 놀라운 선물과도 같았던 과정을 이제 출산하는 여성과 의사 모두가 잘 알 수 있게 되었습니다. 그리고 그것은 그들 사이에서 계획되고 관리되는 과정이 되었습니다.

성적 욕망과 아이를 갖고자 하는 열망 사이의 복잡한 관계는 소외되었습니다become estranged. 과거에 여성은 임신을 하게 되면 자신이 이제 어머니가 될 것이라고 느꼈고 동시에 자신이 좀 더 여자가 되었다고 느꼈습니다. 중요한 역할을 맡고 있던 모든 것이 사라지거나 변화했고 출산은 점점 더 기술에 잠식당하는 대상이 되어버렸습니다.

불임不姙은 현재 이 문제로 인해 나타나는 널리 퍼진 반응 중 하나입니다. 저는 이 문제가 우리를 자궁 질환이라는 문제에 더 가깝게 데려간다고 생각합니다. 저는 자궁 질환도 어떤 설명할 수 없는 복잡한 불안의 일환이라고 생각합니다. 두 가지 경우 모두에서 우리는 여성 정체성의 두 가지 본질적인 원천인 여성으로서의 정체성과 어머니로서의 정체성 사이의 연대적 서약covenant of solidarity의 위반을 볼 수 있습니다.

제가 보기에 이러한 위반은 자신의 욕망과 신체의 실질적 경영자entrepreneur가 되고자 하는 여성의 역할, 생산에 방해가 되는 아이를 제외하고는 모든 것을 생산하라고 명령하는 자본주의, 그리고 우리 안에서 스스로 발견해 낼 수 있는 모든 잠재력보다 더 위대한 변화를 일으키려는 과학에서 기인하는 것으로 보입니다.

크리스띠나 수뻴

심리학자, 빠도바

제 이름은 크리스띠나 수뻴입니다. 저는 1986년 아솔로 병원에서 34세의 나이로 자궁절제술을 받고 1992년 에이즈로 빠도바에서 사망한 저의 친구 나디아 베리니의 이야기를 들려드리고자 합니다. 나디아는 자궁절제술로 인해 수혈을 받았고 이 질병에 걸린 후 오랫동안 병을 앓았습니다.

나디아는 여성이 처한 환경과 여성의 권리를 인식하고 있는 여성이었습니다. 여성의 권리를 위해 싸웠으며 생존에 대한 강한 의지를 가진 투사였습니다. 3월의 어느 날 두려움에 떨던 나디아가 걸었던 전화를 기억합니다. 그녀는 지독한 복통과 함께 자궁출혈이 의심될 정도의 생리혈을 흘리고 있었습니다. 우리는 부인과의사를 만나러 갔고 의사는 그녀의 몸에서 평소보다 두 배나 커진 자궁의 모습을 발견했습니다. 두 가지 가능성이 제기되었는데 나디아의 월경 주기에는 맞지 않지만, 임신 3개월 또는 4개월일 수도 있었고 아니면 "더 심각한" 무언가가 진행되고 있을 수도 있었습니다. 검진과 초음파검사 후에 다발성 자궁근종이라는 진단이 내려졌습니다. 나디아는 15일에서 20일마다 찾아오는 끔찍한 고통을 다시 겪어야 한다는 사실을 견딜 수 없었고 이 문제를 해결하기 위해 무엇을 해야 하는

지 물었습니다. 자연스럽게 그녀에게는 단 하나의 해결책으로 근치적 수술이 제안되었습니다. 나디아는 이미 난소 낭종의 문제로 인해 몇 해 전에 난소를 제거한 상황이었습니다. 의사들은 지난 수술에서 생긴 유착으로 인해 질식 수술로 자궁을 제거할 수 없으며 남아있는 난소의 상태를 알 수 없기 때문에 수술 중에 난소절제술을 함께 받아야 할 수도 있다고 말했습니다.

나디아는 수술이 미칠 영향의 다양한 가능성에 관해 알고 있었고 더 많은 정보를 요청했습니다. 아솔로 병원에서 수술을 담당한 의사는 그녀에게 자궁을 잃었을 때, 그리고 앞서 말한 상황처럼 난소를 잃었을 때 겪을 수 있는 심리적 문제와 함께 그녀가 더는 아이를 갖지 못할 것이라고 말했습니다. 그러나 그는 다른 가능성 있는 대안은 전혀 언급하지 않았습니다.

나디아는 시간을 갖고 심사숙고했지만, 고통이 다시 찾아오자 그녀는 아이를 가지지 않고 자궁도 갖고 있지 않은 삶을 직면하기에 자신이 충분히 강인하다는 결론을 내렸습니다. 그러나 나디아는 자궁과 난소가 제거됨에 따른 신체적 영향에 관해서는 전혀 알지 못했습니다. 즉, 갑작스럽고 폭력적인 방식의 폐경 진입과 유기체에 필수적인 호르몬의 상실로 인한 심각한 불균형 그리고 자궁 제거 후 겪을 수 있는 장 또는 방광의 문제 발생 위험에 관한 이야기는 전혀 들어본 적이 없었습니다. 만약 나디아가 이 모든 문제를 알고 있었다면 그녀는 아마도 기다렸을 것이며 그토록 급박하게 수술을 받지 않았을 것입니다. 무엇보다도 중요한 사실은 나디아가 이 상황의 기본적인 측면에 관한 사전 정보를 충분히 얻지 못했다는 점입니다. 즉, 그녀는 이런 종류의 수술에 수혈이 포함된다는 사실을 알지 못했습니다. 이 시기에 보건부는 일부 혈액 주머니가 에이즈 바이러스에 감염되었을 위험을 심각하게 제기하며 모든 병원에 조서를 보내서 극히 위험한 사례에만 수혈을 활용하도록 권장하였습니다.

나디아의 사례는 극히 위험한 사례가 아니었고 단지 수술 직후 심한 빈혈을 느꼈을 뿐이었습니다. 그리고 후에 이 문제에 관해 조언해 주었던 자격을 갖춘 의학 전문가에 따르면 이 빈혈은 철분 보충제로 충분히 치료할 수 있었습니다.

수술 후 깨어난 나디아가 가장 먼저 물어본 것은 "전부 다 들어낸 거야?"였습니다. 다행스럽게도 그렇지 않았습니다. 그들은 그녀의 난소를 남겨두었고 그녀는 어딘가 덜 손상된 기분을 느끼며 행복해했습니다. 4월이 되어 그녀는 병원을 떠나 집으로 돌아왔지만, 상태는 좋지 않았고 체중이 감소하고 있었으며 회복하지 못하고 있었습니다. 9월에 여러 번의 검진을 거친 후에 그들은 사형 선고를 내렸습니다. "당신은 HIV 양성 반응을 보입니다." 그러자 조사가 시작되었습니다. 조사는 심문과도 같았고 그녀의 사생활과 성적 습관에 관한 의심스러운 질문과 함께 그녀가 남편의 삶에 관한 모든 것을 알지 못하고 있을 수도 있다는 암시가 이어졌습니다. 그녀는 피해자였지만, 용의자로 바뀌어 있었습니다. 수년 전의 이야기이지만, 어쩌면 이런 일들은 오늘날에도 여전히 일어나고 있을지 모릅니다. 에이즈에는 여전히 동성애나 마약중독이라는 딱지를 붙이고 있으며 그로 인해 "차이"는 유죄가 되어 본보기 처벌의 대상이 됩니다. 나디아와 그녀의 남편은 포기하지 않았고 친구들과 이야기를 나누며 연대를 구했으며 고립되지 않고자 했습니다. 그들은 직접 나디아의 수혈에 사용된 혈액 주머니의 주인을 역추적했습니다. 혈액 기부자가 HIV-양성 반응이었고 병원이 이를 알고 있으면서도 아무 말도 하지 않았다는 점을 알아냈습니다. 왜 그들은 그녀에게 경고하지 않았을까요? 질병을 빨리 발견하지 못했다면 그녀는 남편까지 감염시켰을 것입니다. 몇 달간의 필사적인 노력 끝에 그녀는 병원을 고소하고 맞서 싸우기로 했습니다. 허울뿐인 정의가 이루어진 것은 그녀의 죽음 후였습니다. 이 모든 일의 원인이었던 자궁근종은 오늘날 널리 확인된 바와 같이 파괴적인 수술을 받지 않아도 치료될 수 있는 질병입니다. 이러한 수술은 너무나 많은 여성의 삶의 질을 영구적으로 잔인하게 파괴하고 있습니다.

R. B.
소아과 의사, 54세

저는 13년 전에 자궁절제술을 받았습니다. 저는 아이가 없었고 의사로서 제가 경험할 상실을 인지하고 있었기 때문에 자궁절제술만은 피하려고 최선을 다했습니다. 자궁을 보존하기 위해 기꺼이 또 다른 수술의 위험도 받아들였지만, 제 자궁은 섬유종과 함께 자궁내막증도 앓고 있었기 때문에 대안은 없었습니다. 결국 그들은 자궁과 난소를 모두 제거했습니다.

저는 5일 만에 퇴원할 수 있었지만 수술 후의 끔찍했던 경험이 기억납니다. 제가 겪은 경험은 비유하자면 "애도"의 경험이라고 할 수 있습니다. 의사로서 저는 불평하지 않으려고 노력했고 종양의 문제는 없었기 때문에 화학요법을 받지도 않았습니다.

기본적으로 저는 월경 주기가 그리웠습니다. 비록 저는 자궁출혈을 겪었지만 그렇다고 하더라도 저는 큰 상실감을 느꼈습니다. 저는 월경 주기를 놓치지 않으려고 노력했습니다. 월경 주기에 일치하는 날짜가 되면 배란의 증상을 감지하려고 노력하였고 이러한 노력은 성공적이었습니다. 저는 이것이 월경의 결핍을 상쇄하기 위한 기제였다는 사실을 깨달았습니다. 의사로서는 이러한 노력이 자궁절제술을 강제로 받은 여성에게

해 줄 수 있는 첫 번째 충고라고 믿습니다.

저는 복부에 반월형 횡절개Pfannenstiel의 경험이 있기는 했지만, 수술의 흉터를 받아들이는 데 큰 어려움을 겪었습니다. 저는 부끄러웠습니다. 체중 증가에 대한 두려움 때문에 식단을 더 통제하게 되었고, 내 몸에 일어난 일에 대한 감정은 그에 대한 보상으로 제가 외모에 더 신경을 쓰게 만들었습니다.

성적인 관계를 갖는 것은 극복해야 할 방해물과 같았기 때문에, 저는 치료하듯이 성생활을 다시 시작했습니다. 이전과는 분명 많이 달라질 것이라는 점을 분명히 의식하고 있었습니다. 그럼에도 자궁경부와 자궁이 있어야 할 자리에 흉터 조직이 있다는 생각을 떨쳐버릴 수 없었습니다. 성생활을 다시 시작한 것은 좋은 의지의 표현이었지만, 동시에 남편의 무의식적인 거부가 두렵기도 했습니다. 다행히도 남편은 그러지 않았습니다. 오히려 저는 그로부터 지지와 이해를 얻고 더 나은 회복으로 나아갈 수 있었습니다. 만약 이러한 지지와 이해가 없었다면 저는 그가 자신의 삶을 살아갈 수 있도록 그를 떠났을 것입니다. 왜냐하면 그 방법만이 상황을 정당화하고 완전히 잊을 수 있는 길이기 때문입니다.

비록 성생활에서 고통을 일으키는 심각한 양상의 자궁내막증이 있었지만, 그때는 잘 극복해 냈습니다. 성관계 중에 고통이 있었지만, 참을 수 있었습니다. 수술을 받은 후에 저는 수술을 받기 전의 상황으로 돌아가고 싶다고 느꼈습니다. 제가 처한 새로운 환경은 이런 것이었습니다. 자궁도 없고 자궁 가까이 지나가는 혈관들도 없는 제 배 속은 더 이상 더 이상 공명하지 않는 둔탁한 빈 상자처럼 느꼈습니다. 성생활의 질적 변화는 매우 컸고 남편의 도움으로 성생활을 다시 시작할 수 있었지만, 저는 항상 제가 경험한 상실을 의식하고 있었습니다.

직업적인 이유로 지금 여기에 직접 나설 수 없으므로 서면으로 저의 증언을 제출했습니다. 왜냐하면 보통 수술을 제안하는 부인과의사들은 자궁절제술이 성생활에 어떤 악영향을 초래하는지를 환자에게 설명해 주지 않기 때문입니다. 그래서 환자들은 나중에 이를 뒤늦게 발견할 위험이 있습니다. 그러나 이는 부인과의사들이 대안이 없을 경우에만 이 수술을 제안해야만 하는 또 다른 중요한 이유입니다. 여성들은 그 제안을 수락하기 전에 매우 신중하게 생각하고 모든 것을 확인해야 합니다.

M. D. C.
교사, 55세, 빠도바

저는 결코 특별한 부인과 치료를 필요로 한 적이 없었습니다. 건강하고 튼튼한 체질이었고 자연주의자로 살아가고 있었던 저는 한 친구가 추천한 의사를 부인과 전문의로 선택했습니다. 그를 선택한 이유는 그가 훈련받는 동안 끊임없이 연구하고 발전하는 세상에 뒤처지지 않는 모습을 보였기 때문입니다. 무엇보다도 그는 중요한 문제가 생겼을 때 신중한 태도를 보여 줄 사람이었습니다. 그러나 저는 아이를 가지지 않기로 했고 동시에 항상 피임약을 먹는 것을 거부했으며 IUD를 사용한 적도 없었기 때문에(대신 질내 피임용 격막diaphragm을 사용했습니다) 부인과 의학과 흔히 만나는 관계는 아니었습니다.

48세가 되었을 때 저는 과도한 월경을 시작했습니다. 후측 점막하 조직sub-mucosa에서 3센티미터의 작은 근종을 진단받았는데 5년간 매월 10일 동안 프로게스테론을 활용하는 일반적인 호르몬 치료를 수개월씩 받은 이후 근종의 크기는 4센티미터가 되었습니다.

5년간의 치료가 끝날 무렵에 의사는 출혈을 악화시키고 항상 저를 피곤하게 했던 근종의 성장이 약물로 인한 것일 수도 있다고 말해 주었습니다. 자궁근종은 가장 흔한 병리인데 저는 현재 그토록 많은 부작용이 있음에도 왜 아직도 더 나은 약물이 개발되지 않았는지가 궁금합니다. 자궁근종의 원인을 찾거나 부작용이 없는 효과적인 구제책을 개발하는 것에 대한 충분한 노력이 없었다는 생각이 듭니다. 위와 같은 경험을 한 후에 저는 자궁근종이 자궁절제술로 가는 중간 단계로 간주되기 때문에 아무것도 변하지 않는 것은 아닐까 하는 의구심이 생겼습니다.

처음부터 저는 의사에게 자궁근종이 제거될 수 있냐고 물어보았지만, 그는 항상 불가능하다고 말했습니다. 이처럼 작은 자궁근종조차 제거될 수 없다면 도대체 어떤 것이 제거 가능하다는 것인지 의아한 생각이 들었습니다. 그의 말이 이상하게 들리기는 했지만, 수년간 저의 의사와 함께하면서 저는 그를 신뢰했고 믿었습니다. 그러다가 저는 친구의 친척이 로마에서 저와 유사한 자궁근종 사례를 새로운 질식 기법(당시에 저는 그것이 자궁경 절제술이라고 불린다는 사실을 알지 못했습니다)을 통해 외부 절개 없이 완전히 해결했다는 것을 알게 되었습니다. 저는 이 사실을 부인과의사에게 알렸습니다. 그는 "제 경우에는" 그 방식은 절대로 불가능하다고 말했습니다.

해결책을 찾은 것 같던 저는 다시 미궁으로 빠졌습니다. 이 정보를 다시 확인해 보라고 말했던 사람들이 있었지만, 저는 이미 의사가 안 된다고 한 일을 알지도 못하는 사람들에게 전화로 확인해 보는 것은 어리석은 일이라고 대답했습니다. 저보다 그가 제 근종이 어떤 위치에 있는지 잘 알고 있을 것이 분명했습니다. 그러나 처음 그에게 이 방식에 관해 물어본 후 2년이 지나고 과도한 출혈로 여러 차례 철분 정맥주사를 맞으면서 쇠약해진 저는 다시 같은 질문을 해보았습니다. 저는 그에게 수술이 시술된 병원의 이름과 함께 의사의 이름도 알려주었습니다. 어쩌면 두 명의 의사가 서로 이해하고 소통할 좋은 기회가 생길 수도 있을 것 같았기 때문입니다.

대답은 같았습니다. 그는 저에게 난소를 제거하는 전체 자궁절제술을 제안했습니다. 그는 자신이 이미 제안했었듯이 5년 전에 먼저 수술을 받은 후에 호르몬 치료를 했어야 한다는 말을 되풀이했습니다. 이런 대화를 나눌 당시 제 나이는 53세였고 저는 한 번도 월경 주기를 거른 적이 없었습니다. 결국 그는 48세에 발생한 3센티미터의 자궁근종을 이유로 제가 수술적 폐경을 맞이하게 하려 했던 것입니다. 이 모든 과정이 제 눈에는 다소 불합리해 보였습니다. 왜냐하면 그는 5년이 넘는 시간 동안 대체 치료를 받는 것이 현명하지 않다고 말해 왔기 때문입니다. 실제로 [제가 자궁절제술을 받았었더라면] 53세가 된 시점에 저는 이미 제 모든 자원을 소비해 버렸을 것이고 난소도 잃고 호르몬 패치도 더는 사용할 수 없게 되었을 것입니다. 그는 저에게 이 수술은 특정 나이가 되면 진행되는 굉장히 평범한 사건인 것처럼 말했고, 새로운 호르몬 대체 치료가 가능한 상황에서도 결함이 있더라도 장기를 그대로 두는 방식보다는 그의 방식이 "더 최신의 방법"인 것처럼 말했습니다. 저는 이러한 태도를 후에 다른 사람들에게서도 발견했습니다. 수술의 단점이요? 전혀 없다는 것이었습니다.

저는 저 자신이 수술대에 눕는 일이 없도록 항상 매우 조심했기 때문에 이 수술에 관해서든 다른 수술에 관해서든 아는 것이 없었습니다. 하지만 제 심장이 얼어붙는 것을 느끼면서 감히 수술에 관한 걱정을 담은 소심한 의견을 처음으로 꺼내 보았습니다. 유착의 위험이나 날씨가 바뀔 때면 수술 부위가 느껴질 수도 있지 않겠습니까? 그는 웃으면서 "절대로 그럴 일 없습니다"라고 말했습니다. 저는 또한 신체의 모든 장기를 보존하는 것이 저에게 얼마나 중요한지도 설명하려고 노력했습니다. 저는 여러 장기 사이의 에너지 흐름이라는 기초를 가진 한의학Chinese medicine의 예시까지 들며 호소했습니다.

장기가 중요하지 않을 수는 없습니다. 그 순간부터 저의 필사적인 저항이 시작되었습니다. 저는 자궁절제술을 겪은 여성과의 이야기를 통해 자궁절제술에 관한 정보를 모으기 위해 노력했습니다. 여전히 수술에 관해서는 거의 알고 있는 것이 없었지만, 저는 이 수술이 제가 알고 있던 것보다 더 중대한 수술이며 부정적인 결과가 다분히 나타나고 있다는 점을 알게 되었습니다. 의사는 제가 완경에 접어든다는 생각을 받아들이지 못하기 때문에 수술을 받아들이지 않고 있다며 여전히 저를 비난했습니다. 그건 제가 결정할 문제였습니다. 그의 비난은 계속되었고 또 다른 이유들을 들었습니다. 저는 계속해서 수술을 거부했고 그가 3개월간 "난소를 휴식 상태로 만들 수 있는"

주사가 있다고 언급했던 사실을 그에게 상기시켰습니다. 그는 그러한 방식은 이제 비용이 너무 많이 들어서 고려할 가치가 없다고 말하며 대답을 피했습니다. 이러한 반응 역시 저에게는 불합리해 보였습니다. 수술을 대신할 방법이 존재하는데 말입니다….

그러나 의사는 저에게 이러한 방식에 관한 어떤 정보도 주지 않았습니다. 그러나 난소를 잠시 휴식 상태로 두는 것은 제게 좋은 생각인 것처럼 보였습니다. 저는 곧 이 주사가 실제로는 뇌하수체와 난소에 직접적인 영향을 미칠 만큼 대량의 합성 호르몬을 주입하는 방식이며 그래서 다른 의사들은 이 주사를 매우 조심스럽게 예외적으로 사용한다는 점을 알게 되었습니다. 실제로 제가 첫 주사를 맞기 위해 진료를 받을 때, 그는 이미 손에 주사기를 들고서 이 주사로 제가 폐경이 되었으면 좋겠다고 하면서 특정 나이가 지나서 주사를 맞으면 종종 일어나는 일이라고 말했습니다. 또다시 찾아온 폭력이었습니다. 왜 그는 제가 더 생각하고 알아볼 수 있도록 미리 말해 주지 않았을까요? 저는 병원 침대에서 급히 내려올 수밖에 없었고, 매우 당황스러웠습니다. 그러나 그 자리를 떠나버리는 것은 적절하지 않다고 생각했습니다. 저는 지금까지 항상 규칙적인 월경을 해 왔기 때문에 저에게는 그런 일이 일어나지 않을 것이라고 믿고 싶었습니다. 자궁근종에는 최대 세 번의 주사가 권장되었지만 저는 다섯 번의 주사를 맞았습니다. 원하던 효과도 나타났습니다. 월경이 사라지자 세상과의 연결이 끊어진 기분이 들었습니다. 저는 심리적으로 완전히 동떨어진 느낌이었고 혼란스러웠습니다. 다른 사람이 된 듯한 기분이었습니다. 스스로 전혀 통제할 수 없는 상황에 던져진 것처럼 느껴졌습니다. 이처럼 폭력적인 폐경의 시작은 어떤 결과를 낳을까요?

몇 달 후 의사를 다시 찾아가 초음파 검사와 검진을 받아야 했습니다. 초음파 검사를 받는 도중에 다른 의사에게 다른 것은 제거하지 않고 자궁근종만을 제거할 수 있을지 의견을 물었습니다. 그녀는 당연히 가능하다고 말했지만, 다섯 번의 주사로 근종이 더욱 단단해져서 골다공증을 일으킬지도 모르므로 햇볕을 더 많이 쬘 필요가 있다고 대답했습니다.

저는 제 의사를 찾아가서 왜 거짓말을 했는지 물어보았습니다. 그는 마치 제가 알지도 못하는 일을 아는 척하고 있다는 듯이 고개를 가로저었습니다. 하지만 그는 질식 수술로 자궁근종을 제거할 수 있는 새로운 의료 기기가 빠도바에 들어오기는 했지만, 필요한 경우 자궁 제거에 동의하는 양식에 "당연히" 서명해야 한다고 말했습니다. 실제로 그는 새로운 수술법을 시술하는 과정에서 문제가 발생할 수 있으며 그로 인해 장기를 제거하게 될 수 있다고 말했습니다. 그가 저에게 한 말은 수술한 의사에 대해서는 모든 책임을 면제하고 제 무덤을 스스로 파라고 하는 것이나 마찬가지였습니다. 저는 마음속에 서리는 냉기를 다시 느꼈습니다.

저는 그가 냉소와 악의로 가득 찬 것처럼 보였습니다. 그리고 저는 말했습니다. "이것이 바로 제가 이야기했던, 로마에서 사용했던 그 도구군요." 그사이에 그는 편지를 한 통 쓰기 시작했습니다. 그 편지는 동료에게 저를 의뢰하는 편지인데, 저는 아직도 그 편지를 간직하고 있습니다. 편지에는 "친애하는…자궁절제술 시술을 원하지 않는…이 여성을 보내드립니다…"라고 썼습니다.

편지에서도 여전히 자궁절제술은 그의 관점에서는 최우선의 선택이었습니다. 누구를 위한 선택입니까? 저는 대답했습니다. "아니요. 의사 선생님 저는 이제 로마로 가겠습니다." 사실 저는 폭력적인 과정을 통해서 폐경에 이르게 되었을 때 일어날 수 있는 심각한 일들이 두려웠기 때문에 자궁근종을 제거하고 싶었습니다. 그런 일들이 생긴다면 그것들을 통제하기 위해 대체 요법이 필요한 상황이었습니다. 그러나 자궁근종이 여전히 남아있는 상태에서 치료가 계속되면 과다 출혈로 이어질 수도 있었습니다.

저는 로마의 산 카를로 디 낸시 병원에서 성공적으로 자궁경 절제술을 받았고 그곳의 의사들이 환자를 대하는 태도에서 상당한 존중과 민감성을 경험할 수 있었습니다. 단 하나의 예외는 있었습니다. 수술 이틀 전, 매우 심한 복부 팽창과 약간의 통증을 겪었습니다. 저는 원인을 알지 못했습니다. 맹장염일 수도 있었고, 아니면 병원의 음식 때문이었을까요? 그날 저녁 저는 검진을 해 줄 의사를 찾았습니다. 수술이 임박한 상황이었고 불안한 느낌을 받았기 때문입니다. 지난 몇 달간 때때로 부기가 있기도 했지만 이 정도로 많이 붓거나 이 정도의 고통과 함께 나타난 적은 없었다는 점을 의사에게 상세하게 알렸습니다.

의사의 진단은 "제 의견으로는 복부가 노쇠했기 때문인 것 같습니다."라는 것이었습니다. "제가 곧 다시 와서 직접 살펴보겠습니다."라고 그는 말했습니다. "제 생각에는 나이 때문이 아니라 병원 음식 때문인 것 같아요."라고 저는 대답했습니다. 그는 저를 검진했습니다. 맹장염은 아니라고 했고, 병동 책임자가 보는 앞에서 앞서 언급한 가학적인 논리의 진단을 다시 언급하지는 않았습니다. 저는 점심과 저녁 식사에서 의심스러운 음식은 모두 피했고 증상은 재발하지 않았습니다. 어느 연못에나 못생긴 새끼 오리는 있기 마련이지만, 제 생각에 이 오리는 절대 백조로 변하지 않을 것입니다.

몇 달 후에 저는 화학적 폐경의 결과로 심각한 일련의 부작용을 겪었습니다. 6개월간 대체 치료를 받았지만, 그러한 약물로는 손상을 더 치료할 수 없다는 것을 알게 되었습니다. 저는 약물치료를 중단했습니다. 약물에 의존할 생각이 없었고 가능하다면 의사에게도 의존하고 싶지 않았습니다. 피임약조차 허용하지 않고 보호해 왔던 제 몸은 어떻게든 자신이 감내했던 폭력을 극복할 방법을 스스로 찾아낼 것으로 생각했습니다.

제가 살고 있던 도시에서 저는 또 다른 폭력도 경험했습니다. 수술 후 병원에서 검진을 받는 동안 의사는 제 나이에는 자궁경 절제술 대신 전체 자궁절제술을 받는 것도 나쁘지 않았을 것이라고 말했습니다. 그는 거의 한탄하듯 말했습니다. 수술 한 건을 놓쳤다는 듯이. 이 대화를 하는 동안 세 명의 간호사 또는 학생 간호사가 자리하고 있었습니다. 저는 제 대답이 그들에게 가르침을 주었기를 바랍니다.

추가로 말씀드리고 싶은 것은 얼마 후에 다리에 부종이 생기면서 앉는 것에 불편을 겪어 정맥 검사를 받으러 갔다는 것입니다. 도플러 검사[도플러 효과를 활용한 초음파 검사]를 했던 의사는 양쪽 복재 정맥saphenous veins 모두를 제거해야 한다고 알려 왔습니다. 저는 "그런데 요즘에는 다른 치료를 통해 최대한 그런 것을 살려 보려고 하지 않나요? 이러한 신체 일부는 나중에 수술을 받는 경우에 심장이나 다른 기관에 매우 중요한 역할을 할 수도 있어요."라고 반대했습니다.

그는 "건강하지 못한 상태에서는 오늘이든 내일이든 쓸모가 없습니다"라고 답했습니다. 불신에 찬 저는 제 다리를 바라

보았습니다. 그렇게 나쁜 상황에 놓인 것 같지도 않았습니다. 그러나 그들이 도플러 검사로 뭔가를 봤을 수도 있습니다. 저는 유명한 혈관 전문의를 찾아가 보기로 했습니다. 그는 제 다리의 상태는 괜찮으며 다른 무언가를 할 필요는 없고 하지정맥류를 앓고 있지도 않다고 말했습니다. 그들이 준 크림으로 정기적인 발목 마사지를 하는 방법을 배워서 순환을 촉진할 수도 있었습니다. 더운 날에 중량감이 느껴지면 소량의 주사를 맞을 수 있었습니다. 그는 주사를 처방해 주었지만, 오직 제가 꼭 필요하다고 느낄 때만 주사를 맞도록 했습니다. 저는 이 문제가 아마도 최근의 수술과 관련된 어떤 원인으로 인해 발생했다고 추측합니다. 주사를 맞지 않고도 문제는 저절로 사라졌습니다. 그 이후로 제 다리는 전 세계를 수월하게 다니며 좋은 사람을 찾고 나쁜 사람의 정체를 밝혀내고 있습니다.

A. D.
57세 주부, 빠도바

저는 1992년에 자궁을 긁어냈습니다. 병원을 떠날 때 그들이 준 문서에서 읽은 바로는 자궁내막의 낭성 증식으로 자궁강의 세포질이 분절fragment되는 증상의 변형이었습니다. 그 후

2년 동안 호르몬 치료를 받았지만, 큰 성과 없이 1994년에 출혈성자궁증으로 입원했습니다.

의사는 제 자궁과 난소를 제거하기로 했지만, 수술의 부정적 결과에 관해서는 이야기해 준 것이 없었던 것으로 기억합니다. 그는 단지 "짧은 휴식"이 필요하다고만 언급했습니다. 열흘이 지나면 병원을 떠날 수 있을 것이라고 했습니다.

도리어 수술이 끝난 후에 합병증이 찾아왔습니다. 8일이 지난 후 고열 증상이 나타났습니다. 저는 정확하게 무슨 합병증이 생긴 것인지도 몰랐습니다. 결국 저는 17일 동안 입원해야 했습니다. 퇴원하기 직전에 수간호사는 제가 한 달은 쉬어야 한다고 말해 주었습니다. 왜 그들은 여성이 그동안 도움을 줄 사람을 찾을 수 있도록 처음부터 이러한 내용을 말하지 않았을까요?

제게는 가족이 있었습니다. 두 딸과 남편이 저를 기다리고 있었고 돌보아야 할 가정이 있으며 남편의 일을 돕고 있습니다. 사전에 적절한 준비를 하지 못했기 때문에 편히 쉴 길을 찾기조차 쉽지 않았고 그 기간은 장바구니도 들어 올릴 수 없었습니다. 제 생각에 합병증이 없더라도 이러한 기간은 두 달간 지속되었을 것입니다. 만약 합병증이 있었다면 그 기간은 훨씬 더 길었을 것입니다.

이런 점에 관해서 여성에게 제때 알려주지 않는 것은 부조

리합니다. 그리고 여성들이 갑자기 그에 대한 대안을 쉽게 찾을 수 있다고 생각하는 것도 이해할 수 없습니다.

실제로 의사가 방광 탈출증이나 탈장의 위험 또는 장 합병증의 위험을 경고했음에도 의사가 정해 준 기간만큼 완전한 휴식을 취하는 것은 거의 불가능했습니다. 이 모든 위험에 관해서 저는 사전에 듣지 못했습니다.

저는 수술 후 2개월에서 3개월 동안 정맥염을 조금 앓았습니다. 그러나 수술을 받은 지 4년이 지난 지금도 수술의 악영향을 느끼고 있습니다. 남편과 좋은 관계를 유지하고 있지만, 성생활에서 어려움을 겪고 있습니다. 여전히 관계 중에 고통을 느끼며 그 이유가 수술로 인한 것인지 아니면 합병증(아마도 질 봉합부의 유착?)에 의한 것인지도 모르는 상태입니다.

그러나 수년간 지속된 회복 기간으로 인해 또 다른 악영향이 생겨났습니다. 수술 후 첫해에는 수술의 영향이 매우 컸고 전처럼 건강하다는 느낌을 받을 수 없었습니다. 저는 너무 지쳐 있었기 때문에 가사노동을 하거나 남편의 일을 돕는 것이 매우 힘들었습니다. 둘째 딸을 키우는 데 원하는 만큼 모든 에너지를 쓸 수 없다는 점이 매우 아쉬웠습니다. 상당한 시간이 지나고 나서야 어느 정도의 심리적 안정을 얻을 수 있었습니다. 어느 정도의 혼란을 겪었지만, 가족과 사랑하는 사람들의 평온을 유지하기 위해 내 안의 혼란을 억누르려고 노력했습니다.

그러나 과거의 활력은 다시 돌아오지 않았습니다. 실제로 저는 전보다 훨씬 쉽게 지칩니다.

저의 이야기를 바탕으로 하여, 그리고 수술로 인한 상당한 기간의 예측할 수 없었던 영향을 직접 겪는 과정에 대해서 지금 다시 생각해 보면, 여성 생식기 질병에 대해서 거의 당연한 것처럼 이 수술이 빈번하게 제안된다는 점은 문제가 있다고 생각합니다. 아마도 제 경우에는 대안이 없었을 것입니다. 그러나 수술의 여러 중요한 측면들이 수술 전에 언급되지 않았습니다. 저는 수술이 끝난 후에야 알게 된 것이 많았고 그 과정은 놀라움의 연속이었습니다. 오늘 이러한 주제에 관한 이야기들을 들으면서 저는 아마도 많은 경우 대안들이 있으리라는 점을 알게 되었습니다. 부인과의사들이 진정으로 필요하지 않은 상황에서 여성들이 수술로 인한 무거운 결과와 위험을 감수하도록 제안하는 것은 무책임한 행동입니다. 덧붙이자면 제 어머니는 57세가 되어서 완경을 맞이하셨습니다. 아마도 이러한 사례가 그렇게 희귀하지는 않을 것입니다.

G. T.

52세 대학생, 베네치아 지방 출신

저는 어렸을 때부터 항상 읽고 공부하는 것을 좋아했습니다. 우리 가족은 제가 여자아이라는 이유로 제 공부에 큰 관심이 없었습니다. 그들은 여성은 머지않아 결혼하게 될 테니 공부가 그다지 유용하지 않을 것으로 생각했습니다. 얼마 후 우리 가족이 경제적인 이유로 이사를 하면서 학교에 다니기 쉽지 않은 상황에 부딪혔고 학업에 대한 제 희망을 빼앗은 부모님은 그 일로 제 학업 중단을 정당화했습니다. 저는 지독한 환멸감을 느꼈고, 또한 제가 남성이 아니기 때문에 근본적인 편견을 떨칠 수 없다는 사실이 이러한 환멸을 더 악화시켰습니다. 이러한 잘못된 생각은 다양한 방식으로 표현되며 저를 매우 예민하게 만들었고 나중에는 이러한 생각이 우리의 일상생활과 얼마나 얽혀 있는지 알게 되었습니다.

어른이 되어 이제는 결혼한 여성으로서 그리고 어머니로서 뚜렷한 역할과 함께 완전한 선택의 자유를 가지게 되면서 항상 꿈꿔 왔던 것을 할 시간이 왔고 이제 모든 것은 오직 저 자신과 저의 준비 능력에 달려있다는 것을 알게 되었습니다. 그래서 저는, 반대가 없지는 않았지만, 큰 노력을 기울여 차근차근 단계를 밟아가는 야간 학교 과정에 입학했고 차츰 목표에 다가갔습니다. 현재 두 딸의 어머니인 저는 목표로 했던 대학입학에까지 이르렀습니다. 이러한 환경에서 저는 모든 종류의 여성 문제에 큰 관심을 두게 되었고, "자궁절제술"에 관한 이야기 자리에 참석하게 되었습니다. 제가 차지할 지면이 한정되어 있어 원하는 말을 다 할 수는 없기 때문에 제 견해는 후에 밝히는 것이 효율적이리라고 생각합니다.

저는 이 수술을 받는 것에 관해 저의 몇몇 친구와 지인들에게 물었고 그들의 생각으로부터 제가 알게 된 점을 자궁절제술에 관한 이 토론에 보태고자 합니다. 무엇보다도 그들의 경험에 따르면 처음 자궁 병리가 나타나면 의사는 일단 일시적인 해결책을 제안하기는 합니다. 그러나 의사는 처음부터 그들에게 조만간 결정적인 수술이 필요할 것이라는 점을 이해시키려고 했습니다. 이러한 방식으로 여성은 점진적으로, 노화로 인해 여성 생식기에 병이 생기면 결국 제거 수술을 해야 한다는, 수술의 필연성을 받아들이게 됩니다.

이러한 선택지를 더욱 강화하기 위해 의사는 종종 완경을 맞이하게 되면 자궁과 난소는 이제 어떤 목적도 없으며 여성이 원하는 수의 아이를 가졌다면 더는 쓸모가 없다는 점을 강조합니다. 관찰한 바에 따르면 이 마지막 이유에 따라 40대의 젊은 여성조차 수술을 선택하는 것이 논리적이라고 생각하게 되기도 합니다. 또한, 완경에 "가까운" 나이라는 근거로 실제 완경 발생 시기보다 훨씬 이른 시기에 수술을 받게 되기도 합니다.

처음부터 가장 과감한 해결책으로 유도하는 의학적인 권

유는 여성에게 이익이 될 것이 없습니다. 실제로는 여성이 여성성의 본질이라고 할 수 있는 장기를 빼앗기는 것이라고 저는 생각합니다. 사실 이러한 장기들은 생식의 목적을 위해 존재한다고만 볼 수 없습니다. 여성 신체 전체의 맥락에서 그것들에 관해 생각해야 하며, 전체에 속하는 한 부분으로 보기보다는 전체를 위해 존재하는 한 부분으로 보아야 합니다.

실제로 자궁이나 난소 또는 두 가지 모두를 빼앗긴 여성은 다양한 영향을 받습니다. 가장 먼저 신체적, 정신적 영향으로 여성의 건강과 가족 내에서의 역할 그리고 배우자와의 성적인 관계가 훼손됩니다. 또한, 직장 경험이 있는 여성에게 들은 바로는 자신의 "상"이 흐려지면서 자신은 다른 여성과 경쟁이 안 된다고 느끼게 됩니다. 마지막으로 이런 변화들은 여성이 역할을 수행하고 있는 사회적 영역 전체에 영향을 줍니다.

남성적 논리에 따르면 여성은 그들의 아름다움과 젊음에 따라 그리고 잠재적인 생식 기능에 따라 가치를 가집니다. 이 논리에 따른다면, 여성이 (나이가 들며) 하나를 빼앗기거나 (훼손의 과정을 거치며) 또 하나를 빼앗겼을 때 그 여성은 이제 어떠한 가치도 없게 됩니다. 그래서 개인적으로는 이러한 의료 행위가 여성의 존재를 편취하고 거세하는 것이라고 봅니다. 그들은 여성이 현대 사회에서 비공식적으로나마 여전히 가지고 있는 유일하고 실제적인 힘인 여성성을 거의 무의식적인 수준에서 부인하고 결국 제거하려 하는 것으로 보입니다.

사실 저는 여성들이 그들의 사회적 역사에서 수없이 겪어온 것처럼 오늘날에도 여전히 그들의 신체를 부당하게 수탈당하는 고통을 겪고 있다고 생각합니다. 실제로 자궁절제술과 관련해서 부인과의사가 앞서 설명한 이러한 접근을 따를 때, 그것은 의사에 대한 환자의 신뢰를 배신하는 것이라고 봅니다. 그때 의사는 여성 신체에 대한 폭력적 형태의 남성 지배를 수행하고 있습니다.

2000년을 앞둔 지금도 단지 말뿐이거나 종잇조각들에 적힌 선언들만이 난무할 뿐, 남성과 여성의 진정한 평등은 찾아볼 수 없습니다. 이러한 점은 우리의 최고 교육 기관에 여성이 부족하다는 것만 보더라도 충분히 알 수 있습니다. 그러나 남성과 여성 사이 평등권의 관점만으로 이러한 평등을 이야기하는 것은 제한적이라고 생각합니다. 왜냐하면 남성이나 여성 모두, 특히 여성이 그들의 자연스러운 다양성을 완전하고 자유롭게 표출하며 살아갈 수 있어야 하기 때문입니다.

그러므로 개인과 그의 개성의 여러 측면을 모두 포함하는 다양성은 개인적 부일 뿐만 아니라 사회적 가치로 고려되어야 합니다. 또 그 부는 부와 가치를 시민의 기본권으로서 보호하기 위해 만들어진 모든 기관과 소속 관리자들이 의해 안전하게 지켜져야 합니다. 그리고 인간의 건강을 보장하고 책임지는 일을 하는 의사들이 가장 먼저 이를 실천해야 할 것입니다.

여성과 부인과의사 사이의 관계를 이야기하는 데 제 딸이 태어났을 때의 제 경험을 이야기하는 것이 효과적일 것이라고 생각합니다.

의학적 정보의 관점에서 볼 때 제 첫 번째 임신과 분만의 과정에서 저에게 확실한 것은 하나밖에 없었습니다. 바로 이 과정에 관해 확실한 것이 아무것도 없다는 점이었습니다. 저의 주기가 규칙적이었던 적이 없었기 때문에 그 당시(1970년대) 제가 살고 있던 지역의 부인과의사나 주치의 또는 산부인과의사 누구도 저의 출산 예정일을 알려주지 못했습니다.

당시 큰 명성을 얻고 있던 저의 부인과의사는 (검사 결과를 기다리고 있었기 때문에 저 자신조차 제가 임신했다는 사실을 알지 못했지만) 이미 임신해 있는 순간에 저에게 와서 아이를 갖기 위해서는 "특별한 치료와 함께 상당한 인내를 가져야 한다"라고 말했습니다.

첫딸을 출산하던 날 밤 첫 진통이 왔을 때 출산의 시간이 되었는지 알아보기 위해 저는 그 지역의 산파를 불렀습니다. 그녀는 아직 출산까지는 삼사일은 더 남았으니 편안하게 있어도 된다고 말해 주었습니다.

(여자의 직감 덕분에 달려간) 병원은 저에게 극도로 거부감을 주는 위생 상태로 기억되기는 하지만, 출산하는 동안 저를

도왔던 산과 의사의 서투르지만 온화한 태도 역시 기억에 남습니다. 이 여성은 맡은 바 임무를 수행하는 데 실용적인 태도를 보이기는 했지만, 분명히 인간적인 온기가 없지 않았습니다.

오히려 분만 후에 마취도 없이 봉합하면서 저에게 시술 중이니 가만히 있으라고 말했던 성미 고약한 의사의 말이 지독하고 잊을 수 없는 기억으로 남아 있습니다. 당시에 저는 분명 움직이지 않으려고 최선을 다해서 노력하고 있었습니다. 저는 그에게 저 자신은 천 조각이 아니라 살아있는 사람이며 최선을 다하고 있다고 답했습니다. 가장 작은 충치를 치료할 때조차도 치과의사는 항상 마취를 사용합니다. 그런데 오늘날까지도 조금의 부분 마취도 없는 분만 후 봉합으로 불필요한 추가적인 고통을 일으키는 이러한 가학적인 관행이 어째서 계속되고 있는지가 궁금합니다.

약 8년 뒤 둘째 딸의 출산은 첫 아이의 출산보다 훨씬 더 큰 진통과 함께 시작되었고 매우 무례하고 부적절한 진료로 이미 고통을 겪고 있던 저에게 더 큰 고통을 주었던 의사를 저는 분명히 기억하고 있습니다. 그는 수축이 가장 심한 고통의 순간에 제가 잠시만 기다려 달라고 요청했음에도 당장 저를 검사해야 한다고 고집스럽게 말했습니다.

다행스럽게도, 우연히 제가 출산하던 시기에 병원 직원들이 모두 수술실에서 급박한 수술을 준비하느라 바빴기 때문에 결국 8년 전에 만났던 같은 산과 의사만이 홀로 저의 진통과 분만을 도왔습니다. 비록 첫 아이 때와 마찬가지로 마취는 없었지만, 그녀가 봉합을 해 주었기 때문에 다행스럽다고 저는 생각했습니다. 다른 의사보다 훨씬 인간적인 이 산과 의사마저도 약간의 마취를 해 줄 사람을 부르는 대신에 저에게 "미안하지만 이제 당신은 아주 용감해져야 할 거예요. 왜냐하면 이제부터 제가 하는 일은 정말로 아플 것이기 때문이에요."라는 말로 경고를 할 뿐인지 다시 한번 궁금증이 듭니다. 여성이 불필요하게 고통을 겪는 것은 당연시되어야 할까요?

이런 출산의 과정 뒤에는 당시 막 끝났던 파업과 관련된 고난이 전개되었습니다. 산모 병동이 아닌 부인과 병동에 입원함으로써 (두 병동의 수면 주기와 모유 수유에서의 서로 다른 요구로 인해) 저는 상당히 어려움을 겪었습니다. 가족들이 환자를 방문하여 병실에 들어와서 머무르는 시간이 밤 10시가 넘는 경우도 있었습니다. 또한, 이렇게 방문한 사람들이 환자의 병실에서 담배를 피우기도 했습니다. 불행하게도 당시 산모 병동이 아닌 부인과 병동에서는 흡연이 허용되었습니다.

출산의 통증이나 그 뒤로 며칠 동안 이어진 출산 후의 고통을 덜어주기 위해 제공된 것이 당시에 아무것도 없었다는 사실이 제 머릿속을 떠나지 않습니다. 저는 첫 아이 때보다 둘째 아이를 출산할 때 고통이 훨씬 심하다는 사실을 그때 몸소 배우게 되었습니다.

여성으로서 저는 오늘날 세 번째의 새천년을 시작하는 이 시점에 와서도 여성이 여전히 커다란 고통뿐만 아니라 거의 완전한 무관심과 체념 속에서 출산해야 한다는 사실이 미개하고도 믿을 수 없는 일이라고 생각합니다.

사실상 아이의 출산이라는 행복한 사건의 긍정적인 측면을 제외하고, 단지 여성의 인생뿐만 아니라 그녀가 속한 공동체에 가장 중요한 순간에 남는 것은 결국 인간의 외로움에 관한 인식이었고, 이는 친척들이 가까이에 있다고 하더라도 마찬가지였습니다.

이 점을 객관적으로 분석해 본다면 인간적 관점에서 볼 때 출산 후 입원은 저에게 다른 형태의 입원과 비교해서 최악이었다고 생각합니다. 사실 다른 형태의 입원에 대해서도 일부 불만인 점이 있었지만, 굴욕감과 인간 존엄성이 심각하게 훼손된 느낌을 받은 적은 없었습니다. 그러나 출산 과정에서는 이러한 느낌이 너무나 컸고 다시는 "그들의 손아귀에서" 아이를 낳으러 오지 않겠다고 결심했습니다.

일반적으로 누군가 입원을 하게 되면 그들은 보살핌받고 보호받아야 할 개성을 지닌 인간이 아닌 "숫자"로 취급됩니다. 그리고 이것은 여성이 특히 신체적으로 취약하고 병에 걸리기 쉬운 때인 출산을 위해 입원했을 때 가장 극명하게 나타납니다. 여성들은 성경적 기원을 가진 그 설명 불가능한 고통 – 너는 고통 중에 아기를 낳게 될 것이다 – 을 감내할 준비가 되어 있다고 간주되기 때문입니다.

이 모든 사실은 우리가 속한 시민 사회와 모든 사회적 공간에는 어느 곳이든 항상 행동의 "규범"이 있으며 이러한 규범은 때로는 성문화되어 있지 않지만, 어떻든 작동하고 있다는 점을 생각하게 합니다. 공장, 사무실, 교실, 극장 또는 응접실과 같은 모든 장소는 우리의 존재와 개성을 표현하는 방법에 관한 다소 엄격한 규칙을 가지고 있습니다. 그래서 병원은 일반적으로 환자에게 암묵적인 행동을 요구하며 특히 산모에게는 이러한 요구가 더 분명합니다. 이러한 규칙에 따르면 불평을 거의 하지 않거나 극도의 자제심으로 고통을 참는 산모는 고통에 완전히 굴복한 사람들보다 암묵적으로 더 큰 존중과 존경을 받을 가치가 있는 사람이 됩니다.

이러한 "규범"을 준수하고 산모가 자신의 존엄성을 극복하기 위해서는 환자의 상당한 노력이 필요합니다. 그리고 유일한 보상은 그녀가 병원에 머무르는 동안 자신에 맞서 승리했고 거기에 따라오는 다른 사람들의 감탄과 존경을 "즐길 수" 있다는 점뿐입니다. 따라서 마취 없이 봉합하는 시술을 하는 중에 움직였다는 이유로 저에게 아이 꾸짖듯이 잔소리를 했던 의사는 여성이 "분만실에서" 얻은 공로를 빼앗기 위해 조악하고 가학적인 유사pseudo 전문성으로 여성을 농락하고 경시한 것입니다. 그러므로 그는 이 직업이 요구하는 의무론과 직무의 복합성에 부합하지 않는 것입니다.

이에 저는 제 경험을 바탕으로, 남성 의사들이 부인과 의학을 여성에 대한 복수의 기회로 활용하고 있다는 결론을 내립니다. 왜냐하면 그렇지 않다면 그들의 태도는 확연히 달랐을 것이기 때문입니다.

안나 아르바티

연금 수급자, 58세, 은퇴한 빠도바 시민병원 사회복지사

38세에 저에게는 체리 크기의 자궁근종이 생겼습니다. 39세가 되었을 때 그것은 호두만큼 커졌습니다. 매년 검진에서 그 크기는 기하학적으로 커져 갔고 결국 자몽만 한 크기가 되었습니다. "곧 완경이 와서 크기가 줄어들기를 바라 봅시다. 그렇지 않고 출혈이 시작된다면 결국 자궁을 제거해야 할 것입니다." "그러면 난소는 어떻게 되죠?" "남겨둘 예정입니다." 47세에 자궁출혈이 시작되었습니다. "제거합시다." "좋아요."

입원하는 과정에서 그들은 저에게 날인할 서류를 건넸습니다. "나는 자궁과 난소의 제거에 동의합니다." 저는 반대했습

니다. "정말로 심각한 병을 찾아낸 것이 아니라면 난소는 안 돼요." 저는 그 내용을 서류에 직접 써넣었습니다. 젊은 의사가 신경질적으로 반응했지만, 저는 완고했습니다.

수술 대기실에 도착한 의사는 체리 크기의 자궁근종이 자몽 크기가 될 때까지 함께했던 의사였습니다. 준비가 거의 반쯤 끝났을 때 그는 "난소도 제거해야 합니다. 아시다시피 병원에서 이 과정을 승인했습니다. 난소암의 위험이 있기 때문에 이것이 더 나은 방법입니다. 통계적으로…." 그 순간, 그 상황에서 저는 더 저항할 수 없었습니다.

지금은 그러한 결정이 과학적 수준에서 논의 중인 것으로 알고 있습니다. 그때는 어떻게 이러한 결정이 정당화될 수 있었는지가 궁금합니다. 그들은 아마도 8년 정도의 젊음을 제게서 앗아갔을 것이고 제 몸의 건강한 균형을 파괴했다는 것은 분명합니다. 사실 저의 어머니는 55세에 완경을 하셨습니다. 제 자매도 마찬가지였습니다. 아마도 저도 그때쯤 완경을 하게 되었을 것입니다.

일 년 후에 저는 호르몬 치료를 요청했습니다. 왜냐하면 뼈에서 정상보다 24퍼센트 이상의 칼슘 상실이 나타나고 일과성 열감과 불면증도 생겼기 때문입니다(밤마다 시간당 평균 4~5회의 열감이 찾아왔기 때문에 그럴 만했습니다). 저는 병원에서 일했기 때문에 수술적 폐경 이후 호르몬 복용량에 관한 절차를 확인하는 임상 시험 단계에 쉽게 접근할 수 있었습니다. 16가지 종류의 서로 다른 실험 분석과 같은 수의 의료 검진, 그리고 두 달간의 끈질긴 요구도 그들의 실험에 참여하기 적합한 사람인지 결정하는 데 충분하지 않았습니다. 저는 그들을 믿지 않기로 했습니다. 오늘 제 나이는 58세가 되었고 호르몬 패치를 붙이고 있으며 골다공증과 끊임없는 뼈의 통증을 겪고 있습니다. 때로는 소변을 흘리기도 하고 수술 전에는 없었던 변비도 갖게 되었습니다. 저에게는 자궁과 난소가 없습니다. 저는 유방절제술을 받았던 어머니가 수술받은 병원에서 퇴원하며 했던 말을 기억합니다. 그녀의 유방 전체를 절제하기 전에 의사는 한 방울의 마취약도 쓰지 않고 생체 검사를 위해 악성 결절을 떼어냈습니다. 그녀는 끔찍하고 잊을 수 없는 고통에 관해 이야기해 주었습니다. 그녀는 저에게 "애야, 나는 전처럼 살아갈 수 있을지 모르겠구나. 가슴을 잃어버려서가 아니라 너무나 큰 폭력을 겪었어!"라고 말했습니다. 집에 돌아온 어머니는 더 많은 폭력을 경험했습니다. 그녀를 진료하던 가정의는 "불쌍한 엘리아(남편 이름), 젖이 한쪽밖에 없으니 어쩌면 좋아요?"라고 말했습니다. 바위처럼 굳건했던 저의 어머니는 수술의 폭력을 결코 극복하지 못했습니다.

그녀와 마찬가지로 저 역시 예전처럼 살아가지 못하고 있습니다.

그리고 생각하게 됩니다. 만약 의학이 이토록 폭력적이지 않았다면, 만약 의사가 기관이나 그들의 경력이 아니라 사람을 위해 봉사했다면, 만약 제 직업이 그들에게 대적할 만큼의 권한이 있었다면(이러한 시설에서는 부차적인 서비스직은 중요하게 생각되지 않는다는 것을 잘 알고 있지만 말입니다), 이러한 가정을 하다 보면, 그랬다면 어쩌면 제가 자궁과 난소를 그대로 가지고 있을 수도 있다는 생각을 하게 됩니다. 많은 다른 여성들도 마찬가지 아니겠습니까? 그 숫자가 얼마나 많은지 누가 알 수 있겠습니다?

이번 기회에 저는 많은 환자가 널리 공유하고 있는 광범위한 요구를 한 가지 언급하고자 합니다. 즉, 환자들에게 수술 전에 "그들이 당신에게 무엇을 할 것인지"("고지에 입각한 동의"로는 이러한 요구의 극히 일부분만이 해결되며, 오히려 이러한 절차는 의사들이 환자와 소통하지 않고도 스스로 권위를 가진다고 느끼게 하며 법적으로 그들 자신을 방어하는 편리한 방법이 됩니다)를 알려주는 문서를 주는 것만으로는 부족합니다. 그뿐만 아니라 환자가 병원을 떠날 때는 그들이 수술로 인해 겪을 예상 가능한 결과와 관련된 이용 가능한 공적, 사적 자원에 관한 완전한 서면 정보를 주어야 합니다.

지나 피친 두고

시인

「부서진 희망이었네」[4]

나를 가득 채운 아름다움과 사랑스러움
어머니가 된다는 것
포근한 강을 따라 흘러야 하건만,
부정의 폭력을 겪었다.
나의 어린 꽃은,
무자비한 가지치기로 황폐해져
꽃 피울 수 없으리.
내 깊은 샘은
생명의 물줄기를 뿜어낼 수 없으리.
잘려 나간 살이 울부짖고
나의 마음은 난파된 희망에 굴복하며
텅 빈 손을 필사적으로 움켜잡아
희망이 부서질 때까지 놓지 못한다.

---

4. 이 시는 저자가 이번 논의의 장에 참가한다는 의미로 보내 왔으며 1984년 레벨라토 출판사에서 나온 『내 어린 시절을 돌려주오』에 수록되어 있다.

나는 다른 어머니들의 아이가 짓는 미소로
상처를 묶어보지만,
나의 위안은 쓰라릴 뿐이다.
두 사람이 걸어가는 외로운 삶은
용기의 길이면서 고통의 길이며
함께 짊어질 십자가의 길이다.
나와 태어나지 못한 아이들의 아버지
우리가 찾은 것은
잊힌 음악이다.
그리고 새로운 노래이다.
그러나 그 목소리는 차분하고 깊은 음색으로
눈물이 담겨있다.

그리고 우리의 음악회에
아이들의 합창 소리는 항상 비어 있다.

피에라

59세 주부, **빠도바**

(그녀는 자신의 의료 기록과 검사 결과의 사본을 제공했다)

저는 47세의 나이에 자궁근종을 진단받았고 이로 인해 저에게는 어떤 문제도 일어나지 않았습니다. 부인과의사는 제 나이에 자궁은 이제 필요하지 않다는 점을 강조하며 가능한 한 빨리 전부 제거해 버릴 필요가 있다고 말했습니다. 저는 제 생식기가 그토록 쓸모없다는 사실을 받아들이지 않고 몇 년을 지냈습니다. 매번 검진마다 특별한 문제는 없었지만, 저는 항상 "너무 늦기 전에" 결정을 내리라는 압박을 받았습니다. 그러나 실제로 저는 어떤 면에서도 "악성"이라거나 심각하다는 느낌은 받지 못했습니다. 그들은 음부의 선을 따라 보이지 않을 정도의 작은 수평 절개로 수술을 하겠다고 설명했고 결국 저는 그 설명을 믿고 공공 병원에서 수술을 받기로 했습니다.

설명과 달리 차마 눈 뜨고 볼 수 없을 정도로 끔찍하고 엉망으로 봉합된 수직 절개선이 배꼽에서 음부까지 이어져 있었습니다. 그 순간부터 남편은 저와의 성관계를 원하지 않았고, 결국 그는 제가 겪은 손상의 상처를 극복하지 못하고 저를 떠났습니다. 한순간에 저는 생식기를 빼앗기며 신체적으로 망가졌고 심리적으로 파괴되었으며 남편마저 잃었습니다. 흉터를 깊이 남긴 이 수술은 이후에도 저를 다른 남자와 관계 맺을 수 없게 했습니다. 때로는 성형외과를 찾아가 볼 생각도 하지만, 혼자 남겨진 저에게 그만한 돈은 없고 새로운 위험과 새로운 고통을 마주하는 것 역시 너무나 두렵습니다.

로레다나 칼레가로

50세 주부, 빠도바

제가 수술로 폐경을 맞은 지는 19년이 되어갑니다. 1970년에 22세였던 저는 오른쪽 난소의 낭종으로 심각한 고통을 겪으면서 빠도바 지역의 병원에 입원하여 급히 수술을 받았습니다. 수술은 즉시 이루어져야 했고 오른쪽 난소 역시 남겨둘 수 없었습니다. 32세가 되어서 또 다른 낭종이 왼쪽 난소에 생겼습니다. 처음보다는 심하지 않았지만, 통증이 있기는 했기 때문에 검사를 위해 입원했습니다. 수술이 결정됐고 두 번째 난소도 제거되었습니다. 첫 번째 수술과는 다르게 난소를 전부 제거할 필요는 없었습니다. 후에 조언을 받아본 모든 의사는 제가 견뎌야 할 심각한 손상을 고려한다면 매우 "어리석은" 짓이었다는 데에 동의했습니다. 그 후로 수년간 저는 신체적·심리적으로 큰 고통을 겪었습니다. 그러나 두 번째 수술 후 7년 동안 저를 진료했던 부인과의사는, 유능하고 좋은 사람이었지만, 저에게 대체 치료를 처방하지 않았습니다. 그는 단지 일과성 열감이 심리적이라고 말하며, 저의 불안과 우울을 어떻게 다룰지 모르겠다고 말하곤 했습니다.

기본적으로 그는 저를 믿지 않았거나 얕보고 있었고, 마치 제 문제의 해결은 제 의지에 달려있다는 듯이 책임을 저에게 떠넘겼습니다. 의사는 궁금한 내용을 물어보면 항상 비웃듯이 말하며 제가 이미 폐경을 맞이했다는 점을 이해해야 한다고 말했습니다. 결혼한 사람으로서, 그리고 출산을 한 번 경험한 입장에서 저는 질의 건조함과 함께 잦은 감염과 궤양으로 성생활을 계속하는 데 엄청난 어려움을 겪었습니다. 그리고 저의 결혼생활은 파탄이 났습니다. 7년이 흐른 후 저는 심각한 골다공증을 겪게 되었습니다. 정상 수준보다 32퍼센트나 적은 칼슘 수준을 보였고 부인과의사는 이러한 결핍을 채워줄 치료를 처방하는 대신에 계속해서 피임약을 처방해 주었습니다. 두 번째 수술을 받은 지 8년 만에 저는 걷지 못하게 되었습니다. 이 사건 이후로 부인과의사가 아닌 다른 의사를 만났고 그 의사는 저를 마음으로 이해하며 돌봐주었습니다. 저는 이제 부인과의사들의 말을 듣고 싶지 않았습니다. 제 경험으로 볼 때 그들은 아무것도 모릅니다. 오늘 저는 '빠도바 완경 센터'와 연락이 닿았고 좋은 예감을 받았습니다. 저는 제 신체에 관한 이 불쾌한 이야기와 함께 배에 길게 새겨져 있는 엉망으로 봉합된 긴 흉터를 간직하고 살아왔습니다. 그리고 해변에 가서 저처럼 한 벌로 이어진 수영복을 입은 여성을 볼 때면 저는 궁금해집니다. 그중 얼마나 많은 이들이 자기 신체에 새겨진 무의미하고 빈번한 흠집을 가리고 학대의 흔적을 보여주지 않기 위해 저처럼 그런 수영복을 입은 것일까요.

:: 마리아로사 달라 코스따의 후기

일 년 후

여성들이 함께 낳은 작은 존재인 이 책은 성장한다. 그 성장은 무엇보다도, 선의를 가진 여성들과 의사들 사이에서 이 책이 창출해낸 인식과 소통을 통해서 이루어진다. 1990년대 이탈리아의 자궁절제술 빈도는 〈이탈리아 산부인과 협회〉의 기록보다 훨씬 더 높았다. 후에 보건부에서 내가 입수한 자료에 따르면 1994년에는 38,000건의 자궁절제술이 기록되는 데 비해 1997년에는 68,000건의 자궁절제술이 기록되었다. 여성 다섯 명 중 한 명은 이 수술을 받은 것으로 볼 수 있다. 1997년에 〈이탈리아 산부인과 협회〉가 발표한 연간 40,000건의 자궁절제술은 1994년의 수준에 가까운 수치이다.

이러한 숫자에 기록된 수술의 빈도와 놀랄 만한 증가세 (1994년에는 모든 병원이 기간 내에 병원에서 시술한 수술의 빈도를 행정구에 보고한 것은 아니었다는 점을 염두에 두어야 한다)는 사회적 경각심이 필요한 상황임을 드러내고 있다. 만약 이러한 수치조차 너무 낮게 나타난 것이라면 어제와 오늘의 현실은 훨씬 더 끔찍하다는 의미이기도 하다. 베네토 지역 역시 후에 병원이 보고한 수치를 포함하여 최근의 통계를 대입하면 1996년의 자궁절제술 빈도는 이미 앞서 언급했던 6,685건에서 6,977건으로 그 빈도가 높아진다.

이토록 높은 수술의 빈도를 정당화할 근거는 보이지 않는다. 눈에 띄게 증가하는 추세를 설명할 근거는 더욱 빈약하다. 이는 앞서 언급한 것처럼 다른 선진국에서 1970년대 이후에 수술 비율이 감소하는 경향이 나타난 것과 대조를 이룬다. 그리고 진단 및 치료 대안이 개선되고 최소한도로 침습적인 수술 기법에서의 개선이 이루어졌고 이는 이탈리아의 많은 병원에서 오랫동안 시행되어야 왔다는 점, 이러한 것들이 여성 생식기에 대해 파괴적인 접근법을 취하기보다는 보수적인 접근에 기초하고 있다는 점과도 대조를 이룬다. 그러나 많은 경우에 수술이 전혀 필요하지 않았다는 점 역시 기억해야 한다.

이웃한 프랑스에서는 보건복지부의 정보 및 문서 센터가 제공한 자료에서 국가적으로는 여성 20명 중 1명, 그리고 (약 1,200만 명의 인구가 거주하는) 파리와 근교 지역에서는 25명 중 1명이 이 수술을 받았을 것으로 보고되고 있다. 파리와 비교해 보면 이탈리아의 자궁절제술 중 80퍼센트 정도는 근거가 부족한 수술이라고 볼 수 있다. 심지어 파리에서는 수술 경향 역시 감소하고 있다.

나는 더 많은 이야기를 듣게 되었다. 커다란 손상과 불필요한 고통을 가져온 불합리한 자궁절제술과 난소절제술에 관한 이야기와 증언이 끊임없이 빈번하게 몰려왔다. 이런 이야기들을 참을성 있게 듣는 것만으로도 충분하다. 친척, 이웃, 방금 처음 만난 여성이 이 책의 이전 판본을 읽었을 수 있다. 그리고 그녀는 결코 그전까지는 충실히 표현하거나 원인을 찾으려 하지 못했던 결과들이 사실은 그 수술로 인한 것임을 알게 되었을 수 있다. 그녀는 수많은 다른 사람들도 같은 결과를 겪고 있으며 그저 감내하는 것보다 더 나은 방법이 있을 수 있다는 것을 모르고 있었다. 혹은 그녀는 자신의 항의와 치료의 요구를 축소하거나 심지어 부정해 버리는 의료 관리자의 태도에 직면했을 수도 있다. 나는 이 수술을 제안받은 여성의 자녀들이 나에게 다가와 그들의 어머니에게 이 책을 읽게 했고 더 많은 정보를 얻어서 수술을 수동적으로 수용하지 않고 신중하게 평가하도록 유도했다는 이야기를 들을 때 마음이 놓인다.

더 많은 증언을 수집하는 데는 특별한 노력이 필요하지 않다. 불행하게도 그들은 우리 주변 어디에나 있고 봄의 들판에서 데이지 꽃을 따는 것처럼 어디에서나 그들의 이야기를 들을 수 있다. 그러나 그들 하나하나는 항상 그들만의 특별한 이야기를 가지고 있었기 때문에 그들 모두의 이야기를 출판하고 싶다. 그리고 어쩌면 언젠가는 그렇게 할지도 모른다. 삶의 한순간을 담은 이야기는 모두 특별했고 수술로 그 삶이 어떻게 변했는지에 관한 이야기 역시 특별했다. 그중 여기에 두 편의 이야기를 더 공개하기로 했다. 초판에 공개된 증언에 피에라와 로레다나 칼레가로의 이야기가 추가되었다. 피에라의 이야기는 1999년 1월 22일 베네치아에서 개최된 학회에서 다른 여성을 통해 공개될 예정이었지만 당시에 발언자가 많았던 이유로 시간이 충분하지 않아 공개되지 못했다.

불행하게도 여성의 자궁과 난소를 제거하는 불필요하고도 사악한 관행은 최근까지도 계속되고 있다. 서구 문명과 의학에서 여성 생식기를 절단하는 과거의 사례들과 더 최근의 선례들은 모두 생각보다 더 널리 퍼져 있는 것으로 드러났다. 19세기 초부터 1960년대까지 이탈리아를 포함한 유럽과 미국의 정신병원(정신병원이 아닌 곳에서도 이러한 사례가 기록되어 있다)에서는 근거 없는 의학적 이유로 음핵절제술을 시술했다. 이는 본질적으로 여성과 그들의 섹슈얼리티에 대한 처벌의 형태였다.

나는 1979년 펠트리넬리 출판사에서 출간된 베르나르 드 프레마빌의 『더 강해지는 이유』라는 책을 내게 권하여 이러한 사실을 알게 해 준 우디네 지역의 팔마노바 정신보건국 안젤로 리게띠 박사에게 감사를 표한다. 자궁절제술의 남용은 현시대에 널리 퍼진 여성 생식기 절단의 형태이다. 이를 막기 위한 다양한 노력의 일환으로 나는 수술의 과도한 빈도와 그것의 기이한 변이들을 비판하고, 여성의 경각심을 높이는 노력을 하고 있는 의료인들을 만나게 되었다. 그중에는 스위스 티치노주 보건 서비스국의 국장이자 로잔 대학교와 제네바 대학교의 경제학 교수인 지안프랑코 도메니게띠 박사도 있었다. 그는 다른 연구자(Domenighetti et al. 1998)들과 함께 학술지 『랜싯』에 티치노주에서 1977년부터 1986년 사이에 수행한 연구의 결과를 발표했다. 그들은 대중에게 적절한 정보를 전달하는 캠페인이 실시된 티치노주에서는 수술의 비율이 감소했지만, 같은 기간 내에 교육적 캠페인이 없었던 다른 지역에서는 오히려 그 비율이 증가했다는 점을 발견했다. 더욱이, 교육 캠페인이 진행된 병원보다 교육 활동이 없었던 병원에서 감소세가 더 뚜렷하게 나타났다.

대중 사이에 이 수술의 지역적 빈도와 언제 이러한 수술이 필요한지에 관한 정보가 언론을 통해 확산되면 의료 행위에 변화를 가져올 수 있다는 것이 드러났다. 앞서 언급한 학술지(p. 1417)에서 같은 저자는 경제학자 안토니 카사비앙카와 함께 수행한 연구 결과를 발표했다. 여성 의사와 변호사의 아내들의 경우 다른 여성과 비교해 자궁절제술을 덜 받은 것으로 나타났으며 가장 수술을 많이 받은 여성 집단은 건강보험 보장 범위가 가장 넓은 집단과 가장 낮은 교육 수준을 가진 집단인 것으로 나타났다. 또한, 여성 부인과의사의 경우 남성 부인과의사보다 평균 50퍼센트 낮은 비율로 자궁절제술을 시술하는 것으로 나타났다.

이러한 결과를 바탕으로 그들은 "부인과의사들이 개인적 이익을 위해 여성을 착취하거나 심지어 이러한 수술을 통해 숨겨진 쾌락을 추구하고 있다."라는 가설을 더는 배제할 수는 없다는 결론을 내렸다. 이탈리아의 사례와 관련해서는 남성적 정신psyche과 사적 이익의 은폐된 측면들에 대한 반성이 진행되어야 한다. 그리고 그와 더불어서 우리는 국가 의료 체제의 일부 측면들이 불필요한 수술들을, 혹은 정당하기보다는 파괴적인 수술들을 얼마만큼이나 촉진하고 있는지를 자문해야 한다. 그리고 미국 환자들의 변호사들이 암시했듯이 교육적 이해관계뿐만 아니라 직업적 이해관계가 어느 정도로 이 문제와 얽혀 있는지도 자문해야 한다.

나는 부인과의사이자 남녀 산과 및 부인과의사 협의회인 〈안드리아〉의 대표이며 국립 출산 연구 센터의 센터장인 동시에 같은 센터에서 출판하는 『ISTAR : 출생에 관한 다학제적 학술지』 편집위원회의 구성원인 로베르토 프라이올리로부터 지안프랑코 도메니게띠의 연구와 함께 추후 연구를 위해 검토 중인 또 다른 관련 자료를 얻을 수 있었다. 이 학술지의 창간인이자 관리자인 저널리스트 안토넬라 바리나로부터 다른 자료도 제공받을 수 있었다.

나는 이렇게 새로운 관계망이 형성되는 것이 즐거웠다. 이 관계망은 자궁이 존재할 권리를 중심으로, 그리고 자궁에 질병이 생기거나 나이가 들었다는 단순한 이유로 자궁에 문제가 생기거나 혹은 충분히 이해되지 않고 있는 이유들로 인해 자궁에 문제가 생겼을 때 자궁이 존중받을 권리를 중심으로 형성된 것이었다. 그리고 이러한 관계망은 자궁의 재생산적 기능에 대한 존중을 중심으로, 그리고 자연스러운 출산에 대한 존중을 중심으로 형성된 여성과 남성들의 네트워크와 결합되었다. 부인과 분야나 다른 분야에서 일하면서 자궁절제술과 난소절제술 남용의 결과를 직면해야 했던 여성과 남성 의사들이 나에게 접촉해 왔다. 그들은 긍정적인 측면과 부정적인 측면을 알려 주었고 그들의 노력을 함께 나누며 나에게 꼭 필요한 도움을 주었다. 마리오 뜨리벨라토 교수는 빠도바 노인병원의 순환기 내과장이며 병원이 보유하고 있는 자원과 기술을 활용하여 완경기 여성과 완경 후의 여성을 위한 진단과 가능한 치료적 방식을 신속하게 제공하는 "여성 건강을 위한 길"이라는 프로그램을 계획하고 책임지고 있다. 그는 이 문제에 관한 광범위한 경험을 바탕으로 난소 호르몬이 극도로 중요한 역할을 하므로 이 기관을 유지하는 것이 다양한 측면에서 중요하다는 점을 강조했다. 무엇보다도 여러 선진국의 주요 사망 원인으로 특정 심혈관계 질환이 지목되고 있는 상황에서 건강한 심장 기능을 위해서도 이러한 호르몬의 역할이 중요할 수 있다는 것이다. 완경한 여성이 이러한 질환에 걸릴 위험은 최근 몇 년 사이에 눈에 띄게 높아지고 있다. 나는 이탈리아에서 최근 몇 년 동안 자궁절제술과 난소절제술을 받은 여성의 수가 대폭 증가한 것 역시 사실이라고 본다. 자연스럽게 나는 그의 연구 자료에서 수술이나 약물로 폐경을 맞은 여성과 그렇지 않은 여성의 데이터를 구분하여 결과를 살펴보도록 요청했다.

실제로 내가 읽었던 문헌에서는 난소가 중요한 역할을 수행한다고 주장했다. 수술적 폐경으로 난소가 제거되면 생리학적 완경과 그 이후까지 지속될 수 있었던 호르몬 수용기를 제거하게 된다(난소의 기능을 파괴하는 약리적 폐경에서도 마찬가지이다). 또한, 자궁은 앞서 언급한 프로스타사이클린의 생성과 같은 중요한 역할을 수행한다. 나는 호르몬 대체치료에 관한 수많은 논의가 있었던 당시에 의료 분야 전문가들이 이미 표방하고 있는 "자연적 치유법"을 최대한 활용하여 여성 생식기를 보호하도록 장려해야 한다고 믿었기 때문에 이 내용을 그에게 제시하며 확인을 부탁했다.

베네치아 지역 키오지아 병원과 빠도바 지역 피오베 디 사코 병원의 노인의학과장이자 〈뜨리베네토 이탈리아 노인의학 및 노인학 협회〉의 대표인 로돌포 스카르파 교수는 노인 여성과 관련된 문제와 함께 여성이 사는 다양한 사회적 맥락 속에서 이 수술이 가질 수 있는 몇 가지 결과에 주목하도록 했다. 뛰어난 인간성과 전문성으로 일하다가 현재는 은퇴한 빠도바의 산부인과의사 지오반니 데가니 박사는 평생 한 번도 환자에게 고소를 당한 적이 없는 사람으로 의사회의 사무관을 지냈고 항상 나를 지지해 주었다. 그와 함께 나와 이 문제에 관해 여러 측면에서 논의하는 것을 좋아했던 최근 세상을 떠난 그의 아내 마리아루이사에게 감사를 전한다. 아직 이 문제에 관한 논의가 충분하지 않고 문제를 악화시킬 위험도 있기는 하지만, 내가 이 문제를 계속 탐색하도록 다양한 방식으로 도움을 준 모든 이에게도 감사를 전한다.

사실 최근 몇 개월 동안 호르몬 대체치료에 관한 나의 "인상"은 그것이 부당한 자궁절제술과 난소절제술을 시술하는 데 필요한 또 다른 근거에 불과하다는 것이었다. 또한 특정 병원이 환자에게 제시한 것을 내가 복사본으로 보관하고 있는 어떤 "고지에 입각한 동의" 양식에서는 매우 수상한 문장으로 40세밖에 되지 않은 여성에게 동의를 구했다. 이는 호르몬 대체치료에 관한 나의 인상을 더욱 악화시켰다. 고통을 수반하지 않은 작은 자궁근종을 가진 "완경기에 거의 다가선" 여성에게 호르몬 대체치료로서 대량의 에스트로겐을 투여하는 패치를 처방하고 후에 예상되는 결과로 근종의 크기가 커져 버리면 자궁절제술과 난소절제술을 제안하여 "계속해서 호르몬 패치를 사용할 수 있도록" 하는 사례들을 보았을 때 인상은 확신에 가까워졌다. 우리는 이러한 상황이 그들의 무지 때문이 아니라 제약 회사의 압력 때문에 발생한 것으로 보아야 한다.

바레세에서 일하는 가정의 피오렐라 가제따와 필립뽀 비앙케띠는 나에게 자궁절제술 남용의 문제와 호르몬 대체치료의 과용과 왜곡으로 인한 위험에 관해 들을 수 있게 되어 기뻤다는 소식을 전해 왔다. 이렇게 제기된 문제들은 모두 그들이 실제 현장에서 이미 직면했고 오랫동안 고민해 온 문제였다.

"유행성 자궁-난소절제술"이라고 미심쩍게 불렀던 상황에 맞섰던 필립뽀 비앙케띠 박사는 1997년 8월에 진료소 대기실에 「갱년기 여성에게 보내는 편지」를 게시하기로 하고 자신의 환자들에게 개인적으로 복사본을 나누어주기도 했다. 편지에서 그는 여성이 일반적인 자궁의 병리로 인해 대안도 없이 자궁과 난소를 제거해야 한다는 말을 듣는 전형적인 상황을 설명했다. 그리고 극단적인 해결책을 생각하기 전에 고려해 보아야 할 대안적 해결책의 목록을 적어두었다. 이렇게 그는 환자들에게 대안을 알리고 그들이 가정의인 자신뿐만 아니라 전문가인 부인과의사들과 함께 자신의 사례를 논의할 수 있도록 장려했다. 나는 이 편지에서 그가 일반 개업 의사로 전문의에게 책임을 전가하지 않고 일차적인 의학 전문가로서 환자의 건강을 최우선에 두며 포괄적인 시민 건강 보호를 위해 보여준 책임감이라는 정신이 사랑스러웠다. 나는 이 편지가 모든 여성이 똑같지 않다는 신체의 생리학에 관한 정보를 제공하고 있다는 점이 매우 중요하다고 생각한다. 예를 들어 자궁의 제거가 필요한 경우에 난소를 유지하게 되면 생리적인 완경을 맞이할 가능성을 열어둘 수 있다. 또한, 수술을 받는 것은 수술과 마취의 위험으로 인해 가장 위험한 선택이 될 수 있고 건강한 난소를 제거하는 것이 유용하다는 증거는 없으므로 난소가 건강하다면 제거하지 않겠다는 점을 분명하게 밝힌 그의 책임감에 감사를 전한다. 그래서 나는 이 「갱년기 여성에게 보내는 편지」의 전문을 이 책에 실어 바레세 외의 지역에 사는 많은 여성에게 유용한 초기 정보를 제공할 수 있도록 했다. 아마도 이는 자신들을 찾아온 여성과 남성 환자의 안녕에 무관심하고 성급하게 결정을 내렸던 다른 가정의들에게 솔선수범하고 책임감 있는 행동의 본보기가 되었을 것이다.

피오렐라 가제따 박사는 이 책의 존재를 알고 난 후 나를 대신해 한 신문에 편지를 보내주었다. 그러나 최근 몇 개월 사이에 발칸 반도의 전쟁과 같이 언론의 시선을 끄는 일들이 많이 있었기 때문에 그녀는 그 편지가 기사화되지는 않았을 것으로 생각했다. 그녀가 말하고자 한 내용은 매우 중요했다. 여성 가정의가 여성을 불필요한 훼손이라는 불행한 운명으로부터 구하기 위해 이러한 현실을 공개적으로 비판한 것은 훌륭한 본보기이며 실질적인 가치를 지닌다고 믿는다. 이러한 이유로 그녀의 편지 역시 이 책에 수록하기로 했다.

빠도바에서 개최된 이 문제에 관한 첫 번째 학회의 성과를 문서화한 이 책이 출판된 해에 녹색당 의원 미켈레 보아토는 베네토 지역 의회에서 이 문제에 관한 설명을 요구했다. 베네토 지역의 자궁절제술 빈도가 이미 높은 수준인 국가의 평균을 훨씬 웃돌았기 때문이다. 혼합 집단 국민회의Mixed Group of the Chamber of Deputies의 발피아나 민의원Deputy Valpiana 역시 같은 질문에 관한 의회 조사를 개시했다. 이 문제에 어떤 식으로든 관여된 다양한 여성과 남성 청중과 다양한 수준의 건강, 인권, 사회과학, 지역의 활동가 그리고 봉사 단체의 인정받는 대표자들이 함께 모인 학회는 두 차례 더 있었다. 첫 번째 학회는 '자궁절제술과 여성의 신체 완전성에 관한 권리'라는 주제로 1999년 1월 22일 베네치아의 라비아 궁전에서 개최되었다.[1] 두

---

1. 이 학회는 빠도바 대학교 정치학부 소속의 〈개인과 집단 권리 연구와 교육 센터〉, '인권 보호를 위한 제도와 기술 대학원' 또는 SDU. '인권 및 민주화에 관한 유럽 석사 과정' 또는 Medud에 의해 개최되었다. 의학, 심리학, 역학, 법률, 인권 그리고 국가와 지방 정부의 보건의료 분야의 권위 있는 인물들이 참석했다. 건강 고등 위원회 부회장인 질베르토 무라로와 베네토 지역 의회 의장 아말리아 사르토리 그리고 기회 평등을 위한 지역 위원회의 회장 마리아 트렌틴이 학회에서 인사말을 전했다. 연사로는 빠도바 대학교의 국제관계학 교수이자 인권 보호를 위한 제도와 기술 대학원의 관리자인 안토니오 파피스카가 국

번째 학회는 '자궁절제술의 남용: 여성에 대한 폭력과 건강의 해악. 가능한 대안과 다양한 현실'이라는 주제로 1999년 5월 7일 로마의 사회학부 회의 센터에서 개최되었다.[2] 이러한 회의

> 제 인권 자료에 비추어 자궁절제술 남용의 영향을 분석했다. 또한, 빠도바 대학교의 위생과 공중보건학 교수인 브루노 파카그넬라는 다른 수술 절차를 포함한 유사한 현상들과 이 문제를 비교하였다. 빠도바 병원의 종양의학과의 심리학자이자 심리치료사이며 〈이탈리아 정신종양학 협회〉의 지역 관리자인 엘레오노라 카포빌라는 종양 병리의 구조 안에서 자궁절제술의 문제를 분석했다. 자궁절제술에 따른 결과와 가능한 대안이라는 이 문제의 의학적 측면은 빠도바 대학교 종양 자율 병원의 종양학과 교수이며 부인과 과장이기도 한 다리아 미누치와 로마 산 카를로 디 낸시 병원의 부인과 조교수 리카르도 사마리따니 그리고 〈이탈리아 산부인과 병원 협회〉의 대표이자 〈이탈리아 산부인과 협회〉 이사회의 전 구성원이었던 루치오 마싸케시가 조사했다.
> 연구자들은 이 문제에 관한 밑그림을 그려 나갔다. 저널리스트 밀바 안드리올리가 이 작업을 담당했다. 베네토 지역에서 베네토 지역 의회와 베네치아 자치시가 이러한 작업을 후원했다. 기회 평등을 위한 지역 위원회 역시 이 작업을 지원했다. 사회연대부 장관인 리비아 투르코는 전보를 보내 이러한 움직임에 지지를 보내며 다른 일에 묶여 있어 참석하지 못한 점을 사과했다.
> 2. 이 학회는 로마 대학교의 사회학부 교수단에 의해 개최되었다. 사회과학 방법론 정교수 엔조 캄펠리가 참가자들에게 인사말을 전하며 학회를 시작했고 최근에 갑작스럽게 운명한 사회학부 정교수이자 교수단 학장인 지안니 스타테라가 축하 인사를 전했다. 그들은 이 문제의 중요성을 쉽사리 이해했고 이를 논의할 회의 자리를 마련하는 데 동의하였다.
> 같은 교수단 소속인 발전사회학 교수 가에타노 콘기는 학회 프로그램을 소개하고 조정하는 역할을 했다. 로마 산 카를로 디 낸시 병원의 부인과 조교수 리카르도 사마리따니는 의학적 문제와 외과 및 내과적 대안을 설명했고 파리 제6대학의 내분비학 교수이자 부인과의사, 내분비학자, 노인학자인 도미니크 드 클레리 박사는 프랑스에서 실시되는 가장 보존적인 접근을 설명했다. 로마 G구역 단위보건소의 몬테로톤도 가족 상담 센터 심리학자인 줄리아나 마렐리야 박사는 자궁절제술이 여성과 부부의 정신에 미칠 수 있는 영향을 분석했다. 연구자들은 일부 의학적 문제와 법적 문제의 밑그림을 그렸다. 보건부와

를 통해 여성 생식기의 다양한 질병에 대한 파괴적인 해결책의 대안들에 관하여 여성에게 상세하고 사려 깊은 정보를 제공할 가능성이 점점 높아졌다. 이러한 대안을 설명하기 위해 여기에 의학에 관한 글을 한 편 더 추가하는 것이 나는 매우 중요하다고 생각했다.

이 책은 여성들에게 바쳐졌다. 나는 이와 같은 위대한 깨달음을 완수하는 것은 여성들에게 달려 있다고 생각한다. 여성 스스로 그들이 겪었던 거대한 학대를 인식하고 이러한 고통이 지속되도록 내버려두지 않고 의학적 지식을 되찾아 부당한 훼손 제안에 맞서야 한다. 또한, 여성이 그러한 제안 자체가 근거가 없다는 점을 인식하여 이를 거부하고 책임을 요구해야 한다. 적절한 분노를 담아 구시대의 표현인 "네가 감히?"How dare you?를 이 시대에 다시 되살릴 수 있기를 바란다.

참고문헌

Domenighetti G. et al. (1988) "Effect on Information Campaign by the Mass Media on Hysterectomy Rates", in *The Lancet*, December 24/31.
Domenighetti G., Casabianca A. (1988), "Rate of Hysterectomy is Lower Among Female Doctors and Lawyers' Wives", in *The Lancet*, December 24/31.

기회균등부 그리고 사회연대부가 이러한 작업을 후원했다. 로마의 〈병원 자원봉사자 협회〉는 이 작업을 지원하고 회의의 개최를 도왔다. 보건부 장관 로시 빈디는 전보를 보내 회의가 완전한 성공을 거둘 수 있기를 기원했고 다른 일에 묶여 있어 참석하지 못한 점을 사과했다.

Istar, multidisciplinary review on birth, published from 1988 to 1994 in Padua by the Centre of Studies for a Natural Birth with its offices in Mestre

Bernard de Fréminville (1977) *La raison du plus fort. Traiter ou mailtraiter les fous?*, Editions du Seuil , Paris (Italian translation, 1979, La ragione del più forte, Feltrinelli, Milan).

:: 피오렐라 가제따 박사의 공개서한[1]

… 저의 동료들 사이에서는 환자들에게 (난소절제술과 그에 뒤따르는 에스트로겐 대체 요법의 이점을 설명하는 '교육적 사전 고지 문건'을 첨부하여!) 자궁절제술과 난소절제술을 권하는 경향이 지배적입니다. 저는 오랫동안 이러한 지배적 경향에 반대하고, 도전하며, 이를 줄이기 위해 노력해 왔습니다. 저는 일반 개업 의사로 일하는 가정의로 제가 "기초 부인과 의학"이라고 부르는 분야를 다루고 있습니다. 저는 여러 해 동안 급여도 받지 않고 부인과 병동의 인턴으로 일했지만, 저 자신이 병원 시스템의 일부로서 동화되어 가는 것이 흥미롭기보다는 두려웠습니다. 그리고 보통 사람들과 직접 접촉하는 현장에서 일하면서 환자들의 일상적인 문제를 예방하고, 교육하고, 그에 관한 정보를 제공하는 일을 더 잘할 수 있다고 생각했습니다.

현재 50~60대인데 15~20년 동안 자궁이 없거나 많은 경우 난소도 없는 채로 살아온 여성들을 저는 너무나 많이 보았습

---

1. [편저자 주] 이 편지는 바레세의 가정의 피오렐라 가제따 박사가 한 신문사에 보낸 것으로 그녀는 이 책의 출판으로 인해 자궁절제술의 남용에 관한 질문이 광범위하게 논의될 것이라며 기뻐했다.

니다. 또한 40세에서 50세 사이의 여성이 이처럼 근치적인 수술을 받을 만한 실제적 필요성도 없이 난소절제술을 제안받는 사례 역시 너무나 자주 보았습니다.

수술의 근거는 너무나 비인간적이며 "남성적"이고 "건강에도 좋지 않은 것"으로, (요즘에는 어떤 일에도 크게 분개하지 않고 있습니다만) 이는 항상 분개할 만한 일이었습니다. 결과적으로 저는 신체적이고 심리적인 절단이라는 치료로 여성을 내몰아 여성을 학대하면서 개인을 학대하고 있다는 점을 알게 되었습니다. 그렇습니다. 여성에게 자궁을 제거할 수도 있다고 말하는 것은 단지 장기를 제거하는 것이 아니라 그녀 삶의 일부와 여성으로서의 상징을 떼어간다고 말하는 것과 같습니다. 이 모든 점을 망각하거나 무시하는 것은 범죄이며 윤리적으로도 옳지 않고 부당합니다.

아직도 너무나 많은 여성이 수술 후의 모습(과 삶의 방식)을 숙명으로 받아들이고 살아갑니다. 너무나 많은 여성이 수술의 여파로 우울과 불안을 안고 살아갑니다. 이러한 여파로 인해 그들은 갑자기 '초로'autumnal에 접어들게 됩니다. 완경에 대해서 현재 유행하고 있는 이러한 방식의 묘사는 여성들이 완경기에 에스트로겐을 사용하도록 만들기 위해서 '매스미디어', 제약회사, 다양한 분과의 과학이 가하는 압력을 정당화하는 데 쓰이고 있습니다. 늙고 쓸쓸하며 우울하고 황폐해지고 있으며 무성無性의 혼란한 상태, 이것이 호르몬을 사용하지 않은 완경기 여성의 모습으로 그려집니다. 그러나 호르몬의 사용 역시 심장마비, 뇌졸중, 알츠하이머, 그리고 골다공증이라는 다모클레스의 검2을 그녀들의 머리 위에 드리웁니다.

저는 호르몬을 복용하지 않고도 온전하고 행복하며 만족스러운 여성으로서 살아가는 60대나 80대의 아름다운 여성을 자주 만납니다.

우리는 여성으로서의 권리를 지켜야 하며 완경기에 불행하게 맞이할 우연한 사고를 막기 위해 '할 수 있는 모든 일을 해버리지' 않는 것에 대한 죄책감에 저항해야 합니다. 자연스럽지도 않고 종종 필요하지도 않으며 미뤄둘 수 있는 치료를 제안받은 우리가 어떻게 행동해야 하는지 결정할 수 있도록, 우리는 우리가 직면한 상황에 대한 명확하고 완전한 설명을 요구해야 합니다. 그리고 필요하다면 우리는 능동적으로 치료에 참여하여 우리에게 어떤 일이 일어났고 다음에는 어떤 일이 일어날지 인지하고 있어야 합니다. 진정한 민주주의에서는 자신의 신체에 필요한 치료, 부작용, 결과, 대안적 치료법을 잘 인식하고 알고 있는 개인들의 자유로운 선택을 존중해야 합니다. 질

---

2. * 그리스 신화에 나오는 검으로 권력 또는 기회가 가진 매력과 그 위태로움을 함께 상징한다.

병의 과장된 위세scarecrow에 사로잡혀 억눌리고 굴복당한 사람은 자유로운 선택을 할 수 없는 입장에 있게 됩니다. 제안된 치료법을 거부하고 다른 선택을 했다는 이유로, 확인되지 않은 위험들을 근거로 가족 또는 사회로부터 겁박을 받는 사람 역시 자유로운 선택을 할 수 없습니다. 이 모든 점을 잊거나 무시하는 것은 범죄이며 윤리적으로도 옳지 않고 부당합니다. 여성으로서 저는 이러한 학대에 저항합니다. 의사로서 저는 부끄러움을 느낍니다.

:: 필립뽀 비앙케띠 박사의 갱년기 여성에게 보내는 편지

    이 짧은 편지는 바레세의 가정의 필립뽀 비앙케띠 박사가 작성한 것으로 그 지역의 자궁절제술이 높은 비율로 나타난 것에 대한 대응으로서 그의 진료소에 게시되었다.

    유행성 자궁-난소절제술?
    지난 몇 달 동안 저는 제가 일하고 있는 도시의 여러 부인과의사가 자궁근종으로 인한 출혈로 자궁절제술과 양측 난소절제술을 제안하는 것을 여러 차례 보았습니다. 부인과의사들은 대안에 관해서는 전혀 언급하지 않았고 심지어 몇몇 경우 추가적인 설명이 필요하다고 제가 환자를 돌려보냈을 때 신경질을 내기도 했습니다. 이 과민한 반응이 저를 의심하게 만들었습니다. 그리고 저는 여러 나라의 자궁절제술 비율에 상당한 차이가 있다는 점에 관한 글을 읽었던 기억이 났습니다.
    이런 현상이 단순한 유행이라고 생각하십니까?
    저는 아래에서 이어질 「갱년기 여성에게 보내는 편지」(돈 밀라니께서 관대히 봐주시기를 부탁드립니다[1])를 작성하여 대기실에 걸어두거나 필요한 사람에게 적절한 때 나누어주어야

겠다고 생각했습니다. 이 "사례"는 대여섯 개 정도의 실제 상황을 혼합해 만든 것이며 여기에서 언급된 여성은 분명 가상의 인물입니다.

친애하는 상기네띠 부인께,[2]

먼저 상황을 정리해 보고 난 후에 부인의 사례에 관한 제 의견을 설명해 드리고자 합니다. 제 의견이 자궁을 제거하거나 남겨두는 결정에서 부인이 어떻게 할지 결정하는 데 도움이 되기를 바랍니다.

상황은 다음과 같습니다. 수개월간 상당한 양의 불규칙한 월경이 빈번하게 있었고 이로 인해 약간의 빈혈이 생겼습니다 (최소 12는 되어야 하는 헤모글로빈 수치가 3개월 전에는 11이었습니다). 48세는 완경 전 호르몬 불규칙이 나타날 수 있는 시기이며 자궁근종이 퍼지면서 자궁의 크기가 약간 커질 수 있는데 (10×6×7센티미터 이상으로 커지지 않는다면) 이는 흔히 볼 수 있는 상황입니다.

---

1. * 돈 밀라니(1923~1967)는 바르비아나의 교구 사제로 가난한 사람과 없는 사람 그리고 노동자 계급을 위해 헌신하다가 당시 교회로부터 반역자로 몰렸으며 자신의 학생들에게 "선생님에게 보내는 편지"를 쓰게 하면서 당시의 학교 제도를 비판하였다.
2. [편저자 주] Mrs. Sanguinetti. 출혈 부인이라는 뜻이다.

최근 부인의 질경유초음파검사에서 난소는 건강해 보이며 탈출증이나 배뇨장애는 없는 것으로 보입니다.

잘 알려진 이유로 인해서 부인께서는 최근 극도의 피로와 약간의 우울감을 느끼기는 하지만, 일반적으로 건강한 상태이며 특별한 위험 요인도 발견되지 않습니다. 과도한 월경이 지속하면 빈혈은 더 심해지고 건강도 허약해질 것입니다. 따라서 치료를 위해서는 철분을 구강으로 섭취하여 혈액의 손실을 보충하도록 해야 하지만, 가장 중요하게는 과도한 출혈을 멈춰야 합니다.

이러한 이유로 부인과의사는 자궁과 난소 모두를 복식 수술을 통해 제거해야 한다고 제안했습니다. 부인께서 말씀하셨듯이 난소는 건강한 상태일지라도 제거되어야 하며 부인과의사는 "이제 우리 나이에 난소는 필요가 없으며 수술을 받게 되면 더는 종양을 걱정할 필요가 없습니다."라고 말했습니다.

저의 견해는 다음과 같습니다. 철분을 섭취하고 3개월마다 한 번씩 혈액 검사(혈액도)를 받는 것 외에, 가장 단순한 치료에서부터 시작하여 필요한 경우에만 과단성(과 위험성)이 있는 치료로 옮겨가는 점진적인 전략을 따르는 것이 좋다고 생각합니다.

실제로 완경이 코앞에 다가왔을 수도 있고 그로 인한 호르몬 결핍이나 자연적인 자궁근종 축소로 문제가 사라질 수도 있습니다.

이러한 이유로 기다려 보는 것이 더 바람직해 보입니다.

다음은 필요에 따라 논의해 볼 수 있는 가능한 치료법의 목록입니다.

프로게스티닉 호르몬 단독 치료 : 월경 주기의 16일에서 25일에 맞추어 10일 동안 알약 한 알을 경구 복용합니다. 특별한 부작용은 없으며 월경 주기를 조절해 줄 수 있습니다.

에스트로겐과 프로게스티닉 호르몬 치료 : 극소량의 에스트로겐이 포함된 실제 "[피임]약"pill을 28일 주기 중 21일간 복용합니다. 프로게시티닉만을 사용할 때보다 더 효과적일 수 있으며 피임의 효과도 있습니다.

성선자극호르몬 억제제 치료 : 3개월 동안 한 달에 1회 주사합니다. 일시적으로 폐경을 유도하고 자궁의 크기를 감소시킵니다. 갱년기 문제를 유발할 수 있으며 비용이 많이 듭니다.

자궁내막 절개 : 극초단파요법을 자궁에 적용하여 자궁을 덮고 있는 점막을 영구적으로 파괴하고 출혈을 막습니다.

자궁 제거 : 제왕절개 수술과 같은 방식으로 시술될 수도 있지만, 다른 치료를 통해 자궁의 크기가 줄어든다면 질식 시술도 가능합니다. 이 방식은 진정 돌이킬 수 없는 결정이면서 수술과 마취의 위험이 있기에 가장 위험하기도 합니다. 자궁만

제거하는 경우에 난소는 제 기능을 계속하게 되고 완경은 원래의 예정되었던 시기에 조용히 일어납니다. 그러나 난소가 제거되면 폐경은 즉시 일어납니다. 또한, 건강한 장기를 "예방적으로" 제거하는 것이 유용하다는 증거는 없습니다(따라서 저는 이 대안은 배제하고자 합니다).

이러한 일반적인 정보를 고려하여 당신의 사례를 저와 당신의 주치의 그리고 전문적인 치료를 제공할 신중한 책임을 지고 있는 부인과의사와 함께 추가로 논의한 후에야 어떤 선택을 해야 하는지에 대해서 더 잘 평가할 수 있으리라 믿습니다.

부인의 가정의 드림

::옮긴이 후기

 이 책을 번역하는 과정은 단순히 한 언어에서 다른 언어로 문장을 옮기는 일이 아니었다. 그것은 곧 저자가 던진 문제의식을 다시 읽고 해석하며, 그와 마주 앉아 대화하는 경험이었다. 번역자로서, 그리고 평소 심리적 건강과 신체적 권리에 관심을 가져온 전문가로서 나는 저자와의 대화를 통해, 원문 속에서 제기되는 역사적 억압, 제도적 폭력, 그리고 여성의 몸에 대한 지식의 왜곡과 상실을 재조명하는 동시에, 그 생생한 통찰을 오늘날 우리가 살아가는 현실과 연결해 보려 했다. 그렇게 번역은 내게 독서의 연장이자 저자와의 대화를 통한 사유의 공간을 창출하는 일이었다.

 이 책이 처음 세상에 나온 지 26년이라는 시간이 지났다. 그사이 세상은 변했지만, 역설적으로 이 책이 다루는 쟁점은 사라지지 않았다. 오히려 여성 건강의 이슈는 더욱 복잡해지고 심화하였으며, 의료와 제도의 불평등은 기술 발전 속에서도 여전히 뿌리 깊은 구조적 문제를 드러낸다. 따라서 이 책의 의미는 시효가 지나지 않았고, 오히려 지금 이 순간에도 유효하다.

저자는 "여성의 몸과 지식은 화형대에서 불타버렸고 그 자리는 국가와 교회가 통제하는 남성의 "과학"과 남성 부인과 의사들이 차지하게 되었다"라고 말한다. 이 역사적 폭력의 흔적은 단지 과거의 일이 아니라 현재 속에 잠복해 있다. 국가와 제도의 틀 안에서 여성의 몸은 여전히 제삼자의 관리 대상이 되고, 그에 관한 지식은 여전히 왜곡되거나 은폐되곤 한다. 이 책은 그러한 과거와 현재의 연결고리를 끊임없이 우리에게 상기시키면서 우리가 다시금 질문하도록 촉구한다.

그러나 저자는 그 역사는 단절되지 않았으며, 우리는 오늘날 현대 의료의 관행 속에 그 역사가 어떤 형태로 되살아나고 있는지를 질문해야 한다고 말한다. 이런 생각은 현재 우리의 의료 체제와 이를 둘러싼 과학적 담론에 대한 근본적 문제 제기를 담고 있다. 우리는 여성 건강을 단순히 의학적 관리의 대상으로 바라보는 관성에서 벗어나, 누가 치료를 주도하고, 어떤 지식이 인정되며, 어떤 목소리가 배제되는지 성찰해야 한다. 여성 중심의 지식 회복과 대안적 의료 패러다임의 탐색은 결코 과거의 낭만적 상상이 아니라 오늘날의 실천 과제다.

이 책은 여성 건강의 본질을 재정립하려는 급진적 페미니즘의 통찰을 제안한다. 이는 기존의 남성 중심적 의료 지식에서 벗어나기 위한 이론적, 실천적 바탕을 제공하는 동시에, 과거의 억압을 현재의 도전으로 재해석한다. 번역자로서 이 책을 옮기며, 나는 저자의 문제 제기와 통찰이 과거의 사건이 아닌 현재의 언어로 전달되도록 노력했다. 나는 독자들이 이 책을 통해 여성 건강 문제의 깊은 뿌리와 이를 둘러싼 권력 구조를 다시금 성찰할 수 있는 통찰을 획득하기를 희망한다.

   이 책을 단지 과거의 논쟁으로 치부해서는 안 된다. 번역 과정에서 느낀 것은 저자의 목소리가 여전히 우리 시대를 관통하고 있으며 그 메시지의 울림은 더욱 절실해졌다는 점이다. 독자 여러분께서 이 책을 통해 여성 몸의 역사, 지식, 의료 체제를 둘러싼 불평등에 대해 다시 한번 숙고하고, 변화를 위한 작은 실천과 연대에 동참하기를 기대한다. 번역을 마무리하는 마침표가 여러분의 독서와 질문 속에서 다시 번져나가길 기원하며 옮긴이 후기를 마친다.

2024년 12월
옮긴이

:: 글쓴이 소개

마리아로사 달라 코스따

Mariarosa Dalla Costa, 1943 ~

빠도바 대학교 정치과학 학부에서 '정치사회학', '전 지구화와 인권 그리고 여성 환경 진흥', '전 지구화:문제와 동향'을 가르치는 교수이다. 1970년대 초반부터 국제적인 수준의 페미니스트 운동의 대표자로 널리 알려져 왔다. 그 이후의 자본주의 발전에 대해 계속해서 갱신되는 연구를 진행해 왔으며 특히 여성이 처한 조건에 대한 질문과 관련된 이론적이고 실천적인 헌신을 지속해 왔다. 또한, 1990년대 이후에는 토지에 영향을 미치는 정책과 물리적이고 사회적 신체에 영향을 미치는 정책 간의 상관관계를 분석하는 인간 재생산에 관한 문제에도 연구를 집중했다. 이러한 관점 내에서, 달라 코스따는 이 책에서 제기되고 논의된 자궁절제술의 문제를 다루었다.(이 책은 일본의 임팩트 출판회[도쿄, 2002]에서 『의학의 폭력에 노출된 여성들 : 이탈리아에서의 자궁절제술』[医学の暴力にさらされる女たち : イタリアにおける子宮摘出]이라는 제목으로 일본어판

이 출간되었다.) 그녀는 다음의 운동에 관해 많은 글을 썼다. 공예들 간의 유기적 관계를 유지하기 위한 운동들, 소농 운동, 전통적인 어민 운동, 대안적인 식량 정책 운동, 기초 공통장 등 생물학적 자원들을 지키기 위한 운동들 등이다. 그리고 그 안에서의 여성의 역할에 특별한 관심을 기울여 왔다.

그녀의 주요 저작은 다음과 같다. 『여성 권력과 공동체 전복』(*The Power of Women and the Subversion of the Community*, Selma James와 공저, Falling Wall Press, Brislol, 1972)[이 글은 갈무리에서 2020년에 출간된 선집 『페미니즘의 투쟁』에 수록되었다];『재생산과 이민』(*Riproduzione e emigrazione*), 이 글은 A. 세라피니 등이 편저한 『유럽의 다국적 노동자』(*L'operaio multinazionale in Europa, Feltrinelli, Milan*, 1974, 2판 1977)에 수록되었다[갈무리에서 2020년에 출간된 선집 『페미니즘의 투쟁』에도 수록되었다];『집안의 노동자:뉴딜이 기획한 가족과 여성』(*Famiglia welfare e stato tra Progressismo e New Deal*, FrancoAngeLi, Milan, 1983, 3rd ed. 1997 [갈무리, 2017]);『우리의 어머니인 바다』(*Nostra madre Oceano*, M. Chilese와 공저, Derive Approdi, Rome, 2005, [갈무리, 근간])이 있다. 그녀의 선집은 한국어(갈무리, 서울, 2020)와 일본어(임팩트 출판회, 도쿄, 1986, 제2판, 1990)로 출판되었다. 편저서로는 『대가 치르기:여성과 국제 경제 전략의 정치』(*Paying the Price. Women and the Politics of*

International Economic Strategy, Giovanna F. Dalla Costa와 공동 편저, Zed Books, London, 1995)(일본어 번역본 : 임팩트 출판회, 도쿄, 1995)와 『여성의 발전과 재생산 노동. 투쟁과 운동』(*Women Development and Labor of Reproduction. Struggles and Movements*, Giovanna F. Dalla Costa와 공동 편저, Africa World Press, Trenton, N.J., and Asmara, Eritrea, 1999) 등이 있다.

달라 코스따의 주요 논문은 다음과 같다. 「가사노동과 1970년대 이후 이탈리아 페미니즘 운동」("Domestic Labour and the Feminist Movement in Italy since the 1970s," in *International Sociology*, vol. 3, n. 1, March 1988, Sage Publications) ; 「자본주의와 재생산」("Capitalism and Reproduction," in *Capitalism, Nature, Socialism*, CNS, USA, vol. 7, n. 4, 1996), 「신자유주의, 토지, 식량에 대한 몇 가지 기록」("Some Notes on Neoliberalism, on Land and on the Food Question," in *Canadian Woman Studies*, Les Cahiers de la femme, North York, Ontario, Canada, Spring, 1997) ; 「우리 안의 토착민, 우리가 사는 땅」("The Native in Us, the Land We Belong to," in *Common Sense* n. 23, 1998; 그리고 *The Commoner* n. 6, 2002, www.thecommoner.org). 다른 글들은 다음의 온라인 저널에서 확인할 수 있다. 『커머너』(*The Commoner*, www.thecommoner.org), 〈전 지구적 민중 행동〉(Global People Action)이 발행하는 『마테리알

스』(*Materials*, www.agp.org), 『뮤트』(*Mute*, www.metamute.com), 『에페메라』(*Ephemera*, www.ephemeraweb.org). [이 단락에 소개된 모든 글이 갈무리에서 2020년에 출간된 달라 코스따의 선집 『페미니즘의 투쟁』에 수록되었다.]

주세뻬 뻬릴로

Giuseppe Perillo

치안판사로서 베네치아 항소법원의 법률 고문을 맡고 있다. 의료 전문가를 포함한 지적 분야 전문가의 활동에서 발생할 수 있는 민사 책임에 관한 다툼을 주로 다루었다. 그는 다양한 주제의 연구에 기여했으며 이는 다음 글들에 잘 반영되었다. 「규범의 중심성」("La centralità delle norme," in *Si, Rivista di studi sociali nel Veneto*, 4th Year, n. 14, 1992), 「법령 26.6.1990, n.162 약물 중독에 나타난 규정 적용 방향과 본질적 요점」("Aspetti applicativi delle norme introdotte della L. 26.6.1990, n. 162 sulle tossicodipendenze. Alcuni punti essenziali" in *Si, Rivista di studi sociali nel Veneto*, 3rd Year, n. 11, 1991), 「지역사회 권한 관리자의 책임」("La responsabilità dei dirigenti degli Enti locali" in *Ente locale e società*, 1988), 「법령 28.2.1985, n.87에 나타난 형

법의 일반적인 방침과 도시계획-건설 체제」("Le linee generali del sistema sanzionatorio penale ed urbanistico-edilizio, contenute nella L. 28.2.1985, n. 87" in *Ente locale e società*, 1986), 「법령에서 논리의 역할에 관한 일반적인 고찰」("Considerazioni generali sul ruolo della logica nel diritto" in *Verifiche*, 1983), 「평등권에 따른 결정」("La decisione secondo equità" in *Scritti in memoria di Patrizia de' Mozzi*, Cleup, 2nd vol., 1993, 1995).

다리아 미누치

Daria Minucci

빠도바 대학교의 부인과 종양학 교수이며 부인과 종양과 세포 진단을 위한 자율 서비스의 총책임자다. 1973년 빠도바 대학에서 자궁경부의 암종을 선별하는 세포병리사의 훈련을 위한 최초의 질세포학 특수대학원을 조직했다. 후에 이 대학원에서 가르치기도 했고 이 대학원 과정은 1995년 그녀가 현재 가르치고 있는 생의학 실험 기술자를 위한 대학 학위 과정의 일부가 되었다. 1987년에 그녀는 최초의 자궁확대경 검사와 자궁, 질, 음문 질환을 위한 의과대학원 과정의 창립을 제안했고 현재 이 과정을 매년 진행 및 관리하고 있다. 여러 국가 및 국제 학회에서 강연했고 대부분 생식의 생리병리학에 관한 것으로 특히 부인과 종양의 예방에 관한 문제를 다루며 거의 180편에 달하는 연구를 출간했다. 〈이탈리아 산부인과 협회〉와 〈유럽 부인과 종양 학회〉 그리고 〈이탈리아 자궁확대경 및 자궁 음부 병리 협회〉의 회원이다.

빠올로 벤치올리니
Paolo Benciolini

빠도바 대학교 법의학 정교수이며 생명윤리 지역 위원회의 의장이다. 출간한 연구는 다음과 같다. 『자발적 임신중지: 과업과 문제 그리고 책임』(*L'interruzione volonataria della gravidanza. Compiti, problemi, responsabilità*, A. Aprile와 공저, Liviana, Padua, 1990), 『생명윤리와 의학의 의무론과 양심적 거부』(*Deontologia e obiezione di coscienza in Bioetica e medicina*, A. Bompiani, C.i.c., Rome, 1995), 「의무론적 성찰. 의학 의무론의 새로운 강령. 환자와의 관계: 정보」("Riflessioni deontologiche. Il nuovo codice di deontologia medica. I rapporti con il paziente: l'informazione," in *Bollettino dell'Ordine dei medici chirurghi e odontoiatri*, Padua, vol. 38, n. 2-3, 1996), 「의무론적 성찰. 의

학 의무론의 새로운 강령. 환자와의 관계 : 동의」("Riflessioni deontologiche. Il nuovo codice di deontologia medica. I rapporti con il paziente: il consenso," in *Bollettino dell'Ordine dei medici chirurghi e odontoiatri*, Padua, vol. 38, n. 5, 1996), 「환자가 알아야 할 진실, 고지에 입각한 환자의 동의」("Quale verità al paziente, ovvero il consenso informato del paziente" in *Impegno ospedaliero*, vol. 7, 1996), 「일반 병원의 새로운 '문제' : 장기 이식과 에이즈에 관한 정신의학적 조언에서의 의료적-법적 사고」("I nuovi problemi nell'ospedale generale: il pensiero medico-legale" in *La psichiatria di consultazione nei trapianti d'organo e nell'AIDS*, G. Rupolo 엮음, monograph of *Psichiatria generale, età evolutiva* vol. 34, 1997), 「생명윤리에 관한 의학의 자가적 질문」("La medicina si interroga di fronte alla bioetica" in *La questione dei trapianti tra etica, diritto, economia*, S. Fagiuoli 엮음, Giuffré, Milan, 1997).

리카르도 사마리따니
Riccardo Samaritani

로마 IDI[마리아의 아들 수도회 소속 의료 과학 연구소] 소속 산 카를로 디 낸시 병원의 종양 내과에서 일하는 산부인과 전문의다.

1989년에 개발도상국의 사회적 건강 문제에 관심이 있던 그는 세네갈의 티에스에 있는 생 장 드 디외 병원 산부인과에서 일하며 생애 일부를 보냈다. 그가 받은 교육으로 인해 그는 항상 보존적인 치료법을 선택했다. 현재는 부인과 종양의 치료에 전념하고 있으며 특히 만성 종양 환자의 질병 전개에 따라 삶의 질을 유지하기 위한 완화적 치료에 초점을 두고 있다. 로마의 정신통합 센터에서 3년간 수련을 받았고 현재 이 센터와 공동 연구를 진행 중이다. 그곳에서 그는 인간을 생리적-정신적-영성적 완전체로 보는 심리학적 실천을 배웠고 종양학적 질병으로 일어나는 실존적 문제와 심리적 결과에 더욱 민감할 수 있도록 하는 공감적 태도를 가지게 되었다. 복강경과 종양학 문제를 다룬 출판물에 공동 저자로 참여했으며 현재 〈이탈리아 산부인과 협회〉, 〈유럽 산부인과 협회〉, 〈이탈리아 완화적 치료 협회〉 그리고 〈이탈리아 종양 내과 학회〉의 회원이다.

:: 인명 찾아보기

ㄱ

까스띨리오니, 마리아(Castiglioni, Maria) 11

ㄷ

두고, 지나 피친(Dugo, Gina Piccin) 242
드라노프, 펄라(Dranov, Paula) 36, 46, 49, 51, 52, 63, 82, 83, 91, 92
뜨리벨라토, 마리오(Trivellato, Mario) 253

ㄹ

라이언, 마거릿 M.(Ryan, Margaret M.) 49, 82~84, 86, 92, 120
람파쪼, 프란체스카(Rampazzo, Francesca) 35, 175

ㅁ

마꼴라, 에르미니아(Macola, Erminia) 206
마렐리야, 줄리아나(Mareglia, Giuliana) 259
미누치, 다리아(Minucci, Daria) 111, 259, 276

ㅂ

바르보스, 포르틸리아띠(Barbos, Portigliatti) 96, 99, 108, 109
바쏘, 루치아(Basso, Lucia) 172
베이커-벤필드, 벤(Baker-Benfield, Ben) 77, 78
벤치올리니, 빠올로(Benciolini, Paolo) 131, 276
보르사또, 마우리치오(Borsatto, Maurizio) 179
뻬릴로, 주세뻬(Perillo, Giuseppe) 4, 93, 275

ㅅ

사마리따니, 리카르도(Samaritani, Riccardo) 149, 259, 277
쇼터, 에드워드(Shorter, Edward) 92, 94
수뻴, 크리스띠나(Zuppel, Cristina) 209
시바, 반다나(Shiva, Vandana) 21, 31, 56,

92

ㅇ

아르바티, 안나(Arvati, Anna) 238
에런라이크, 바버라(Ehrenreich, Barbara) 66, 70, 71, 75~78, 91, 142
잉글리시, 디어드러(English, Derdre) 66, 70, 71, 75, 76, 78, 91, 142

ㅋ

칼레가로, 로레다나(Callegaro, Loredana) 245, 250
클레이, 찰스(Clay, Charles) 79

ㅍ

파라켈수스(Paracelsus) 69
페데리치, 실비아(Federici, Silvia) 68, 80, 91
페린, 노르베르또(Perin, Norberto) 184
포르뚜나띠, 레오폴디나(Fortunati, Leopordina) 68, 70, 80, 91
포르티글리아띠 바르보스, 마리오(Portigliatti Barbos, Mario) 96, 99, 109
플렉스너, 에이브러햄(Flexner, Abraham) 74
피에라(Piera) 243, 250
피오로, 카르멘 메오(Fiorot, Carmen Meo) 188

:: 용어 찾아보기

ㄱ

개복 수술(laparotomy) 52, 161, 167
〈개인과 집단 권리 연구와 교육 센터〉(Center of Studies and Education for the Rights of the Person and of People) 258
고지에 입각한 동의(informed consent) 40, 41, 83, 129, 132, 178, 187, 241, 255
공통장(commons) 67, 89
국민건강보험(National Health Service) 41, 103, 187
균질화(homogenization) 180
기능성 자궁출혈(dysfuntional metrorrhagia) 152~155, 160, 163, 167

ㄴ

난개발(maldevelopmet) 29
난관절제술(salpingectomy) 162, 167
난소절제술(ovariectomy) 12, 17, 19, 38, 40, 42, 45~47, 49, 60~62, 76, 77, 79~81, 115, 116, 137, 145, 162, 191, 200, 210, 249, 253~256, 262, 263, 266
남용(abuse) 13, 20, 21, 28, 29, 42, 45, 57, 85, 90, 250, 253, 256, 259, 262
『내 어린 시절을 돌려주오』(*Ridatemi l'infanzia*) 242

ㄷ

다나졸(danazol) 153, 156, 160, 167
다모증(hirsutism) 153, 160, 168
대중 건강 운동(Popular Health Movement) 72
『대 캘리번 : 자본주의 첫 단계에서의 반란적인 사회적 신체의 역사』(*Il grande Calibano. Storia del corpo sociale ribelle nella prima fase del capitale*, 포르뚜나띠·페데리치) 68
『더 강해지는 이유』(*La ragione del più forte*, 드 프레마빌) 250
〈뜨리베네토 이탈리아 노인의학 및 노인학 협회〉(Triveneto of the Italian Geriatrics and Gerontology Society) 254

ㄹ

〈런던 산부인과 협회〉(London Obstetrical Society) 76

ㅁ

무월경(amenorrhea) 160, 168
미용 수술(aesthetic surgery) 102

ㅂ

배종설(germ theory) 73
베네토(Veneto) 18, 86, 172, 173, 185, 186, 248, 258, 259, 276
보존적 수술(conservative operation) 127, 128, 151, 157, 158, 161, 185
복강경(laparoscopy) 114, 127, 157, 162, 164, 166, 168
부인과(gynecological) 12, 13, 17, 19~21, 25, 27, 33, 35, 36, 38, 50, 57, 59, 60, 77, 79, 81, 83, 85, 117, 118, 124, 152, 154, 158, 173, 174, 176, 178, 185, 188, 201, 209, 215, 217, 228, 232, 233, 235, 238, 244~246, 252, 253, 256, 259, 262, 266, 268, 270, 272
『불평과 장애 : 질병의 성적 정책』(Complaints and Disorders: The Sexual Politics of Sickness, 에런라이크·잉글리시) 66
비인격화(depersonalization) 95
빠도바(Padova) 9, 11, 16, 26, 27, 35, 51, 94, 172, 175, 179, 184, 188, 206, 209, 215, 221, 225, 238, 243, 245, 246, 253~255, 258, 259, 274, 277, 278
빠도바 완경 센터(Menopause Center of Padua) 246

ㅅ

사회적 몸(social body) 14
산전 운동(prenatal exercise) 178
생식기 탈출증(genital prolapse) 165, 168
선근증(adenomyosis) 159, 162, 168
설파제(sulpha drugs) 95
섬유근종(myoma) 164, 168
성교 통증(dyspareunia) 151, 159, 168, 200
성선자극호르몬 분비호르몬 유사체(GnRH analogues) 60, 153, 156, 160, 163~165, 168
성선자극호르몬 분비호르몬(GnRH) 168
성적 학살(sexocide) 13
수단의 의무(obligations of means) 100, 102

ㅇ

악성 종양(malignant tumors) 122, 123, 169
〈안드리아〉(Andria) 252
암묵적 동의(tacit consent) 15
양성 변형(benign alterations) 123, 125
에스트로겐 저하(hyposetrogenicity) 153, 169
여성 건강 센터(Woman Health Center) 26
〈연구 학습 센터 - 대안 교육 역동 협회〉

(Centro Ricerche e Studi - Istituto di Dinamica Educativa Alternativa 또는 C.R.S.-I.D.E.A) 188
『우리는 원래 간호사가 아닌 마녀였다』(Witches, Midwives, and Nurses: A History of Women Healers, 에런라이크·잉글리시) 66, 91
원인대(round ligament) 159, 169
월경 전 증후군(pre-menstrual syndrom) 78
월경과다(menorrhagia) 157, 169
월경통(dysmenorrhea) 77, 159, 160, 162, 169
〈유럽 학술 연구 학회 — 대안 교육 동역학 협회〉(European Academy C.R.S.-I.D.E.A) 193
육종(sarcoma) 155, 163, 169
음핵절제술(clitorectomy) 12, 75, 76, 195, 250
의학 의무론(medical deontology) 41, 139, 278
〈이탈리아 국립 생명윤리 위원회〉(Italian National Committee for Bioethics) 140
〈이탈리아 노동조합 총연맹〉(Confederazione Generale Italiana del Lavoro) 184
〈이탈리아 산부인과 협회〉(Società Italiana di Ginecologia e Ostetricia, SIGO) 18, 24, 33, 86, 247, 259

ㅈ

자궁경검사(hysteroscopy) 169
자궁경수술(resectoscopic) 169
자궁근종(fibroids) 33, 34, 36, 51~53, 122~125, 127, 128, 155~157, 164, 167, 169, 174, 182, 185, 186, 190, 192, 197, 209, 212, 216~218, 220~222, 238, 239, 243, 255, 266, 267, 269
자궁내막 절제술(endometrial ablation) 169
자궁내막종(endometrioma) 169
자궁내막증(endometriosis) 122, 128, 159~161, 165, 168, 169, 213, 214
자궁절제술(hysterectomy) 7, 8, 12, 13, 15~21, 24, 27, 31~35, 37, 38, 40, 42, 45~50, 52, 54, 57, 58, 61~64, 78, 79, 81, 83~86, 90, 105, 112~120, 122, 123, 125, 127, 128, 131, 134~136, 139, 148, 150~152, 154~159, 161, 162~167, 172~174, 181, 182, 184~188, 191, 193, 194, 196, 197, 199~202, 204~206, 209, 213, 215, 216, 218, 219, 222, 224, 229, 232, 247~255, 258, 259, 262, 266
자궁 출혈(metrorrhagia) 122, 128, 152~156, 159, 160, 162, 163, 167, 170, 209, 213, 238
재생산 건강(reproductive health) 16
절제자궁경(resectoscope) 170
『정신 에너지와 긍정적 사고』(Energia mentale e pensiero positivo) 191

진통제(analgesic) 48, 154, 170
질식(transvaginal) 52, 115, 119, 150, 151, 159, 161, 164~166, 170, 210, 217, 221, 269

ㅊ

초음파 유도(ultrasound guided) 162, 166, 170
칩코(Chipko) 55, 56

ㅍ

페미니즘(feminism) 25, 29, 68, 73, 272
페서리(pessary) 158, 165, 170
표준화(standardization) 62, 104, 180
프로게스티닉(progestinic) 154, 160, 163, 164, 170, 269
프로스타글란딘(prostaglandin) 48, 152, 156, 163, 164, 170

ㅎ

하베아스 코르푸스(habeas corpus) 15
항섬유소용해제(antifibrinolytic) 152, 163, 164, 170
허혈성 괴사(ischemic necrosis) 157, 170

기타

『ISTAR : 출생에 관한 다학제적 학술지』 (*Istar, Rivista Multidisciplinare Sulla Nascita*) 252